法治建设与法学理论研究部级科研项目成果

职业许可论

一个法经济学的视角

高景芳　著

知识产权出版社

全国百佳图书出版单位

图书在版编目（CIP）数据

职业许可论：一个法经济学的视角/高景芳著.—北京：知识产权出版社，2015.9
ISBN 978-7-5130-3774-7

Ⅰ.①职… Ⅱ.①高… Ⅲ.①职业—劳动制度—研究—中国 Ⅳ.①F249.213

中国版本图书馆 CIP 数据核字（2015）第 219013 号

内容提要

本书从理念与制度两个层面全面、系统地考察了职业许可这一重要的经济社会现象。在理念层面，本书尝试用法经济学的方法解释"职业许可悖论"。意欲申明的立场是：职业许可在解决一些问题的同时，或许也制造了新的问题。因此说，职业许可或许不是绝对的糟，但也不是绝对的好。对特定职业是否实施许可的关键在于，职业许可相比其替代性选择是否享有比较优势。在制度层面，本书对中国职业许可制度中的标准和程序问题提出了自己的思考。

责任编辑：崔　玲　　　　　　　　　　责任校对：董志英

装帧设计：王　莹　　　　　　　　　　责任出版：刘译文

职业许可论

一个法经济学的视角

ZHIYE XUKELUN

高景芳　著

出版发行：知识产权出版社有限责任公司　　网　　址：http://www.ipph.cn

社　　址：北京市海淀区马甸南村 1 号（邮编：100088）　天猫旗舰店：http://zscqcbs.tmall.com

责编电话：010-82000860 转 8121　　　　责编邮箱：cuiling@cnipr.com

发行电话：010-82000860 转 8101/8102　发行传真：010-82000893/82005070/82000270

印　　刷：北京科信印刷有限公司　　　　经　　销：各大网上书店、新华书店及相关专业书店

开　　本：720mm×1000mm　1/16　　　印　　张：12.5

版　　次：2015 年 9 月第 1 版　　　　　印　　次：2015 年 9 月第 1 次印刷

字　　数：224 千字　　　　　　　　　定　　价：36.00 元

ISBN 978-7-5130-3774-7

前　　言

　　职业许可，是指在法律一般禁止的前提下，行政主体根据行政相对人的申请，经依法审查，通过颁发许可证、执照等形式，确认行政相对人从事某种职业活动法律资格的行为或制度。职业许可是职业资格许可与职业行为许可的结合，具有强烈的人身专属性，但并不具有排他性。职业许可以对公民职业自由的一般性限制为前提，系对公民职业自由的法律化转换。职业许可与营业许可、职业认证、职业准入、职业管制、职称资格等之间，既有一定的联系，也存在明显的区别。

　　根据公共利益理论，职业市场存在市场失灵，政府有必要加以干预。政府通过实施职业许可，可以矫治某些职业行为的负外部性；可以缓解存在于职业市场主体之间的信息不对称。这是靠市场本身难以完成的。公共利益理论的前提假设是，政府及其职员恪尽职守、大公无私。公共选择理论则从对政府及其职员人性的冷峻质疑出发，认为职业许可根本就是"政府失灵"的结果。根据公共选择理论，职业许可的实施是基于政府的信息无能、规制俘获、政治屈从或不计代价的率性。但是，作为两种解释模式，不论是公共利益理论还是公共选择理论，事实上都不可能单独地解释全部职业许可现象。莫若说，现实中大部分职业许可的设定系出于维护公共利益之正当目的，但由于行政政策的偏倚或行政职员的悖德渎职而令这一目的难以实现，从而事实上维护了利益集团的私益。或者说，大部分职业许可可能既有利于公共利益之维护，却也便宜了特定的利益集团。

　　从社会性规制的视角看，职业许可的正当性仍然是弥补"市场失灵"，其经济学的理论基础是外部性理论和信息不对称理论。而成本收益分析及在其基础上的比较制度分析，则是对职业许可设定进行经济分析的中心任务。通过对职业许可设定进行经济分析，第一，验证一项职业许可的收益是否能够抵销其成本，只有收益大于成本，该项职业许可才有必要；第二，比较哪一种管制措施最有效率，即选择使得社会净收益最大化的职业管制措施，而不一定是职业许可。除职业许可之外，职业管制的路径包括但不限于：职业认证、侵权诉讼、税收、职业责任保险以及市场机制等。就职业许可的制度目标而言，在外部性的矫治方面，侵权诉讼、税收、市场机制（取消管制）、职业责任保险等在一定程度上与职业许可具有相互替代性；在信息不对称的缓解方面，市场机制、职业认证等在一定程度上与职业许可具有相互替代性。因此说，职业许可或许既不是最好，也不是最糟。问题的关键在于，职业许可相比其替代性选择是否享有成本上的比较优势。进一步而言，政府机构有必要对各种可能的管制工具进行"整合性衡量"，并在法治的前提下，将各种工具有效地结合使用。针对不同职业，有效地利用不同的管制工具，根据不同管制工具的功能优势对其匹配不同的职业领域，并建立起不同管制工具之间的协调机制，以实现职业管制的最终目标。

职业许可的标准和程序是职业许可实施的两项重要内容。职业许可标准，是指职业许可申请人为获得某种职业许可必须满足的条件。职业许可标准的制度目标是，以尽可能低的成本产生职业许可机关所期望的最低限度的职业服务质量和安全级别。设定职业许可标准的任务，就是寻找合适的参数并赋予其适当的阈值。具体而言，第一，选择哪些参数作为准入标准；第二，准入标准参数值应该精确到何种程度，在选择职业许可参数及给其赋值时，要考虑成本和收益问题。只有当选择更多的参数以及赋予其更确定的阈值所取得的收益大于所要付出的成本时，才值得去做。同时，从公共选择理论的视角而言，对那些明显与公共利益无关的参数及其过于严苛的阈值应予以警惕。

职业许可程序，就是在职业许可实施过程中，有关什么人，在什么时间、什么地点、做什么事的一系列规则。职业许可程序的经济学目标应该是实现职业许可决定准确性与速率的均衡。一般而言，职业许可程序可以增加准确率、提高速率，但也增加行政成本。因此，职业许可程序设置的技术玄奥在于，在最小成本的约束下，寻找准确率与速率的均衡点。具体而言，职业许可程序的效率目标可以表述为实现职业许可直接成本和错误成本之和的最小化。而职业许可程序经济目标的实现路径，包括了设计得当的职业许可程序并保障其运作得当两个方面。

总之，看待职业许可这一职业管制措施，应秉持历史观念、市场观念、成本观念和法治观念。

目　　录

1

3

第一章

引　论

"有一种知识，它不是试图扩展知识，而是排除无知。"

——约翰·肯尼思·加尔布雷思*

一、问题与意义

（一）问题的提出

职业许可是劳动力市场上一种非常重要的社会现象。

在今天，如果你想成为一位医师、律师或者注册会计师，那么你必须事先分别考取执业医师资格、法律职业资格、注册会计师资格；不仅如此，如果正式执业，你或许还要经过一个由政府（通过法律或者未通过法律）事先规定的实习期，在实习期内，薪水会低于正常水平。如果你是一位电焊工、农机修理工或者家畜繁殖员，那么你也必须持证上岗。上述"资格"或者"证书"，实质上就是来自国家的职业许可。职业许可，意味着"没有证，别上岗"。如果在较早一些时间，在中国，如果想成为一位企业的普通文员（秘书）、家庭保姆（家政服务员）甚至是木工，你都必须持证上岗；❶ 至于像证券从业人员、期货从业人员、企业法律顾问❷等看起来所谓"高端"一点的职业，就更是无证莫进了。因此，可以说，我们正处在一个"证书的时代"。如果用"汹涌澎湃"来形容人们每天需要面对的成百上千的职业资格证书，似乎一点也不为过。因为，人们

---

* ［美］约翰·肯尼思·加尔布雷思：《权力的分析》，陶远华、苏世军译，河北人民出版社 1988 年版，第 3 页。

❶ 根据原劳动和社会保障部发布的《招用技术工种从业人员规定》（2000 年），共有 90 个工种（职业）被列入持职业资格证书就业的目录。

❷ 如今，这三类职业资格，都从准入类职业资格调整为了职业能力水平评价类资格。这意味着，国家强制转变为了市场决定。

发现似乎只有采用负面例举法发问：不需要证书的职业还有哪些？❶

问题是，人们已经被这种现代社会的职业管制围剿得近乎麻木，而且有人深深参与其中，乐此不疲；而全然没有意识到自己在职业选择上的权利正受制于公共权力，当然更谈不上对这种限制及其正当性的有价值的反思了。这倒也无怪其然，因为人们似乎普遍认为，"许可能最好地维护他们的利益"，❷ "技术资格证书是进入现代的、由高技术决定的经济的最有效的入场券"。❸

然而，如果说对医师、律师、注册会计师等职业设置进入"门槛"还易被人接受；对电工、锅炉工或者水手必须持证上岗也还为人理解的话；那么，对于为他人"洗衣做饭"（保姆）、为他人"保媒牵线"（婚姻介绍师）等职业也需要事先取得政府许可才能从事，就多少令人匪夷所思了。也就是说，难道所有的职业许可都是必须的么？如果不是，那么，哪些职业许可应该有，为什么应该有？哪些职业许可可以没有，为什么可以没有？已经有的那些职业许可是否真正具有其所期望的那种实效？如何在职业许可与职业自由之间进行恰当的调适？中国现有职业许可制度有哪些值得改进的地方？如此等等，这些问题就是本书将要探讨的若干主题。本书将紧紧围绕上述问题做一些基础性研究，以期能一定程度上促动中国职业许可制度的法治化。

总而言之，本书将要探讨的是两个向度的问题：一是为什么公民从事某些职业必须事先取得某种资格？二是我国的职业许可制度是否真的有效，或者说，本书将以系统地分析职业许可的意义与局限、问题与对策为目的。

（二）研究的意义

研究的意义，包括了研究对象的意义和研究本身的意义。职业许可，既是一种行政行为，也是一种行政法律制度。因此，研究职业许可的意义可从深化理论研究与指导制度实践两个层面予以提炼。简而言之，本书的研究具有如下三个方面的理论意义与实践价值。

1. 促进职业许可的理论研究

对职业许可的系统性研究，有助于廓清职业许可的基本内涵、分析职业许

---

❶ 马宇先生就曾发出这样的追问。参见马宇："证书经济实质是权力经济"，载《南方周末》2010 年 8 月 12 日，第 C15 版。

❷ 张卿：《行政许可：法和经济学》，北京大学出版社 2013 年版，第 43 页。

❸ ［英］拉尔夫·达仁道夫：《现代社会冲突——自由政治随感》，林荣远译，中国社会科学出版社 2000 年版，第 197 页。

可的可能成因、梳理职业许可的发展历史、解释职业许可的经济意蕴。这都有助于职业许可基本理论的正本清源。但是，既有的研究未能很好地做到这一点。本书的研究力求进一步丰富既有研究的内容，为职业许可的研究"增砖添瓦"。这不仅有助于深化对职业许可的理论认识，也有助于我国职业许可理论自身的建立与完善。

2. 开拓部门行政法学研究的新领域

相对于日臻成熟的行政法总论研究而言，部门行政法（行政法分论）的研究显得十分薄弱。正如余凌云教授所指出的，部门行政法的研究存在两种偏向，要么是对行政法的简单翻版，要么是与行政管理学趋于雷同。❶ 可以说，既有部门行政法的研究成果成色严重不足。本书以职业管制领域中存在的特别问题为中心，主要运用法经济学研究方法，将行政许可行为与制度的基本理论有机地应用于职业管制领域，试图构建具有理论系统性和逻辑自恰性的职业许可的原理与制度体系。我们期待这种努力能够为拓展我国部门行政法学研究的领域、丰富我国部门行政法学的研究成果有所贡献。同时，本书的研究也可为今后类似研究提供有益的参考和借鉴。

3. 深化我国职业资格制度的改革与完善

当前，我国职业资格制度改革正在进行之中。总的来看，改革的方向似乎是减少许可类职业资格（职业许可），增加能力水平评价类职业资格（职业认证）。但是，"要清理行政许可，使其合理化，就必须对许可制度的优点和缺点有充分的认识，在对两者比较衡量的基础上来决定取舍。"❷ 因此，认为职业许可越少越好的观点是似是而非的。重要的是，要在充分比较职业许可正反两方面效应的基础上，作出立、改、废的决定。这有赖于对职业许可基本理论的科学认识。本书对职业许可基本理论的研究，为中国职业许可制度之完善提出了改革的"路线图"，可供相关部门决策时参考。

二、国内外研究现状

就职业许可这一论题而言，不论是国内学者还是国外学者都有涉及。但总体而言，既有文献仍然留下了大片的研究空白以待填补。以下本书对国内外研

---

❶ 参见余凌云：《行政法讲义》，清华大学出版社 2010 年版，第 61 页。

❷ 参见杨建顺：《日本行政法通论》，中国法制出版社 1998 年版，第 461 页。

究现状的梳理，意在向前人研究成果表达足够的敬意，同时寻找并确立本项研究创新的可能空间。

（一）国内的研究状况

1. 涉及的主要论题

近些年，国内学者对职业许可问题给予了一定程度的关注。研究所涉及的论题可以概括为以下几个方面：（1）职业许可的概念分析。例如，董志超分析了职业许可与职业认证的区别；❶ 汤向玲对职业资格与执业资格进行了辨析；❷ 张步洪指出了职业许可从性质上属于行政许可中的资格许可。❸ （2）对职业许可的反思与质疑。例如，马宇出色地提出了"证书经济实质是权力经济"的命题；❹ 周光明提出了完善我国国家职业资格许可制度的初步设想；❺ 陈海萍对文化职业设定资格许可提出的质疑给人以深刻的印象；❻ 郭德忠检讨了职业资格立法中的问题；❼ 朱勇则对职业资格证书制度进行了法理分析；❽ 贾若君和李锦辉从行政许可的角度探讨了我国职业资格考试制度；❾ 何丽杭则从德国职业自由权的视角对中国职业资格制度进行了审视。❿ （3）对具体职业准入问题的研究。例如，葛洪义探讨了法律职业准入问题；⓫ 王丹丹和张卿分

---

❶ 参见董志超：《就业两道槛：职业许可与职业认证》，载《人力资源》2008 年 6 月（上）。

❷ 参见汤向玲：《职业资格与执业资格——两种资格的历史变迁与概念辨析》，载《天津职业大学学报》2006 年第 1 期。

❸ 参见应松年主编：《当代中国行政法》（上卷），中国方正出版社 2005 年版，第 703 页。

❹ 参见马宇：《证书经济实质是权力经济》，载《南方周末》2010 年 8 月 12 日，第 C15 版。

❺ 参见周光明：《职业资格许可制度研究》，载《湖南社会科学》2006 年第 2 期；周光明：《职业资格许可制度研究》，湘潭大学 2004 年硕士学位论文，第 30-44 页。

❻ 参见陈海萍：《对文化职业设定资格许可的质疑——基于行政许可设定的法规范分析》，载《法治论丛》2007 年第 6 期。

❼ 参见郭德忠：《试论职业资格证书立法的问题及对策》，载《教育与职业》2007 年第 14 期。

❽ 参见朱勇：《职业资格证书设置制度的法理分析——以〈行政许可法〉为视角》，载《安徽警官职业学院学报》2012 年第 1 期。

❾ 参见贾若君：《我国执业资格考试制度的评价与完善——以行政许可为视角》，载《行政与法》2009 年第 5 期；李锦辉：《我国职业资格考试的行政许可规制问题探析》，载《行政与法》2011 年第 4 期。

❿ 参见何丽杭：《从德国职业自由权的宪法保护看中国职业资格制度》，载《美中法律评论》2008 年第 7 期。

⓫ 参见葛洪义：《法律职业准入制度的含义、意义与构架》，载《法学》2001 年第 9 期。

别对医师和律师的执业准入问题进行了法经济学分析。❶（4）对他国职业资格制度的引介。❷

在研究方法上，有的研究采用了法学分析方法，有的研究从公共管理学角度切入，也有的研究是从职业教育学视角进行观察。比较突出的是经济学分析方法的运用。例如，肖林在职业资格许可制度研究中引入了规制理论；❸ 张卿则运用法经济学理论对律师执业准入许可进行了细致入微的分析。❹

2. 对国内既有研究的总体评价

总体来说，在我国，职业许可还不是一个惹人注目的话题；就其重要性而言，尚未获得与其应有价值和意义相称的注意。主要表现为：（1）研究成果极为稀少。以职业许可为名的专著尚未见诸市场，以职业许可为题的论文也极为少见。❺ 由于一些从职业教育学或劳动经济学角度对职业资格证书制度的研究，严格来说还算不上是对职业许可的研究，❻ 因此就更显得关于职业许可的研究文献的难能可贵。（2）分类研究多，系统研究少。一些研究职业准入的文章多是从某特定职业（如律师❼、教师❽、医师❾、建筑师❿、注册会计师⓫等）出发，而较少从一般性的制度层面对"职业许可"进行高度概念化的系统性研究。（3）权利保护理念缺失。既有研究中论说某种职业许可必要性的

7

---

❶ 参见王丹丹：《执业医师准入制度的法经济学分析》，中国医科大学 2008 年硕士学位论文；张卿：《行政许可：法和经济学》，北京大学出版社 2013 年版，第 59-71、127-137、174-182 页。

❷ 例如刘育锋：《四国职业资格制度及发展脉络》，载《中国职业技术教育》2005 年第 18 期；史艺农、滕勇：《西方发达国家职业资格证书制度探析》，载《教育与职业》2007 年第 20 期。

❸ 参见肖林：《规制理论视角下的职业资格制度研究》，载《中国人力资源开发》2008 年第 2 期。

❹ 参见张卿：《行政许可：法和经济学》，北京大学出版社 2013 年版，第 59-71、127-137、174-182 页。

❺ 就系统研究而言，截至 2013 年 11 月 30 日，笔者通过 CNKI 网查到的只有周光明一篇硕士学位论文涉及职业许可。参见周光明：《职业资格许可制度研究》，湘潭大学法学院 2004 年硕士学位论文。

❻ 例如田大洲：《我国职业资格证书制度研究》，首都经济贸易大学 2004 年硕士学位论文。

❼ 例如郑成良、李学尧：《论法学教育与司法考试的衔接——法律职业准入控制的一种视角》，载《法制与社会发展》2010 年第 1 期。

❽ 例如张茂聪、李拉：《教师职业准入制度研究》，载《山东师范大学学报》（人文社会科学版）2008 年第 1 期。

❾ 例如王丹丹：《执业医师准入制度的法经济学分析》，中国医科大学 2008 年硕士学位论文。

❿ 例如蔡志扬：《建筑结构安全与国家管制义务》，台湾元照出版有限公司 2007 年版，第 144-176 页。

⓫ 例如冯卫东、罗梅：《英国特许公认会计师公会执业监管制度及其启示》，载《会计研究》2004 年第 5 期。

占有相当比例，而普遍缺乏在法治视野下（主要是在职业自由概念的对照下❶）对国家职业许可权的深刻反思。❷（4）研究方法较为单一。既有研究从法学或经济学角度探讨的多，而对职业许可制度进行多元视角分析的研究成果迄今尚未出现。（5）研究议题较为狭窄。对职业许可或相关制度的既有研究，多着墨于职业许可制度的法治化方面，而职业许可的概念界定、法理基础等议题尚没有得到充分讨论；对职业许可的正当性论证亦缺少令人肃然起敬的卓见；即使就职业许可制度的法治化来说，也缺少富有独创性的有深度的研究。本书即试图在这些问题的"夹缝"中，提出并探讨一些问题。

（二）国外的研究状况

1. 国外研究概况

就国外来说，很多学者对职业许可现象都作过描述。美国学者沃尔特·盖尔霍恩从"生存权"的高度系统地分析了"限制人们根据自己意愿工作"的职业许可制度，深刻分析了职业许可扩展的诸种原因，认为职业许可看起来是为了维护公共利益，但公民利用其能力自由选择职业的权利已经被挤压的超过了正当理由。❸ 理查德·L. 埃贝尔一针见血地指出，职业许可本质上是"控制生产者自身的产生"。❹ 米尔顿·弗里德曼在其那本极具价值且极富趣味的著作中指出，即使在医药领域，自由主义的原则也不能证实颁发执照的正确性。在有证书和没有证书的人之间的价格差异会大得足以导致公众使用没有证书的开业的人。❺ Shirley Svorny 教授较为详细地梳理了有关职业许可的若干争议。❻

---

❶ 只有将职业许可与职业自由对照并综合考量，才能对职业许可有较为深刻的理解。

❷ 即使法学研究者，也往往缺失保障公民职业自由的理念自觉。例如，有人就建议实行婚姻登记员全国统一考试制度。参见张迎秀：《结婚登记制度之重构》，载《法学杂志》2010 年第 3 期。

❸ Walter Gellhorn, *Individual Freedom and Governmental Restrain*, Louisiana State University Press, 1956, pp. 105-151.

❹ ［美］理查德·L. 埃贝尔：《美国律师》，张元元、张国峰译，中国政法大学出版社 2009 年版，第 34 页。

❺ 参见［美］米尔顿·弗里德曼：《资本主义与自由》，张瑞玉译，商务印书馆 2004 年版，第 148、160 页。

❻ Shirley Svorny, "Licensing, Market Entry Regulation", in B. Bouckaert and G. De Geest (eds.), *Encyclopaedia of Law and Economics*, Vol. Ⅲ, (Edward Elgar, 2000), pp. 302-309.

还有人对美国的专业和职业许可的研究文献进行了较为全面的辑录和评注。❶
英国学者安东尼·奥格斯则对职业许可进行了经济正当性和非经济正当性分
析。❷ 另外，还有大量的文献通过实证研究，对职业许可进行了多样性的
评价。❸

在大陆法系国家中，日本学者猪木武德指出，由于许可是以法律的形式公
然限制供给，因此难以避免产生已持有执照的同业者之间的合谋，进而有可能
发生这些团体左右公共政策的情况。❹ 而德国学者则多从"经济宪法"的角度
解释和批判职业许可制度。例如，罗尔夫·施托贝尔就认为，职业资格考试属
于对公民职业自由中择业自由的限制。❺

就目前来看，国外学界——特别是美国学界——针对职业许可的现有研究
多转向对具体职业许可制度的实证分析，❻ 而一般性地研究职业许可的文献日
渐稀少。在研究方法上，采用法经济学分析的居多，纯粹法学的作品几不可
见。这也反映了职业许可这一法律现象所具有的强烈的经济学意蕴。

2. 对国外既有研究的简要评价

应该说，职业规制曾经是经济学一个有着长期显著传统的研究论题，但是
在过去的一段时间，却有些黯然失色。❼ 这多少是因为经济学家对职业准入的
学术挖掘已经足够深入，后继研究者提出新的理论见解变得日益困难。同时，
这也是对特定职业许可进行实证研究趋多的根本原因。

9

---

❶ Robert. Hollings and Christal Pike-nase, *Professional and Occupational Licensure in the United States*,
Greenwood Press, 1997.

❷ 参见［英］安东尼·奥格斯：《规制：法律形式与经济学理论》，骆梅英译，中国人民大学出
版社 2008 年版，第 219-222 页。

❸ 由于这方面的文献十分浩瀚，在此不便逐一列出，更不可能对它们加以概述和评论。不过，其
中有些文献在后文需要的地方将会被引用。

❹ 参见［日］猪木武德：《经济思想》，金洪云、洪振义译，生活·读书·新知三联书店 2005 年
版，第 62 页。

❺ 参见［德］罗尔夫·施托贝尔：《经济宪法与经济行政法》，谢立斌译，商务印书馆 2008 年
版，第 171 页。

❻ 例如 Chyi-Lu Jang, Occupational Licensing in the New Health Care Environment: an Intergrated
Framework and Empirical Analysis, a dissertation presented to the faculty of the graduate school University of
southern california in partial fulfillment of the requirements for the degree doctor of philosophy, August 2000;
Stuart Lister, Philip Hadfield, Dick, Accounting for Bouncers: Occupational Licensing as a Mechanism for
Regulation, Criminology and Criminal Justice, 2001, (1) 4: 363-384, 等等。

❼ Morris·M. Kleiner, Occupational Licensing, *The Journal of Economic Perspectives*, Vol. 14, No. 4
(Autumn, 2000), pp. 189-190.

三、方法与框架

（一）研究方法

1. 研究方法的多元选择

研究方法在很大程度上是由研究对象决定的。学科差别的根本决定因素是研究对象而不是研究工具。❶ 因此，"一切认识之方法的最终目的在于获得知识，故对方法不能盲目排斥，因只是达到认识目的的手段而已。"❷ 宋功德博士也正确地指出，"学术研究应该是问题立场而非主义立场，应该是科学态度而非学科态度。"❸ 也就是说，学科的划分是为了人们学习和研究的便利，因此切不可过度设栏划界、互不往来，反而使其成为寻求现实问题综合解决方案的羁绊。实际上，由于社会科学考察的对象都是人类社会的现象和问题，而人类社会的现象和问题并非专属某单一学科。虽然现代专业分割往往预设了特定的知识形态，以及特定的理论与方法，但现代社会现象的纷繁复杂性，客观上要求研究者"破除现代知识的分割边界，……在路径与方法上旨在会通，而后于有所心得处进行专题性的研究"。❹ 事实上，最好的社会科学作品往往都是跨学科的。❺

如果狭隘地把职业许可作为一种所谓的"行政法学"现象，那么"它自身并不存在特殊的研究方法和知识资源"。❻ 甚至说，法律学自身也是处于科学之树的末枝，不是一门可以自给自足的科学。离开其他学科的滋养，法学就会变得狭隘。正是在这种意义上，有学者指出："把行政法作为一套由白底黑字的规定组成的独立自足的规则体系加以研究，无法取得令人满意的效果。"❼

---

❶ 参见 [美] 罗纳德·H. 科斯：《论经济学和经济学家》，罗君丽、茹玉骢译，格致出版社、上海三联书店、上海人民出版社 2010 年版，译者的话，第 5 页。

❷ 杨日然：《法理学》，台湾三民书局股份有限公司 2005 年版，第 21 页。

❸ 宋功德：《论经济行政法的制度结构——交易费用的视角》，北京大学出版社 2003 年版，第 33 页。

❹ 何俊：《西学映照下的宋明哲学与思想史研究——20 世纪中国学术史的几帧剪影》，载《杭州师范大学学报》（社会科学版）2012 年第 5 期。

❺ 如苏力教授指出的，如今，美国最有影响的法学家，如果从引证率来看，几乎全是一些"混血儿"，而不是传统的法条主义法学家。参见苏力：《也许正在发生》，法律出版社 2004 年版，第 6 页。

❻ 包万超：《行政法与社会科学》，商务印书馆 2011 年版，第 7 页。

❼ [英] 彼得·莱兰、戈登·安东尼：《英国行政法教科书》，杨伟东译，北京大学出版社 2007 年版，第 5 页。

正如台湾地区翁岳生先生在评价德国行政法学的研究成果时所指出的那样，"总体来说，从方法论上都侧重法释义学之探讨，而忽略了行政法学作为管制科学的多侧面功能，以及行政本身具有目的取向的国家作用特性。因此，有思谋改善之道的必要。"❶ 行政许可本身即属于经济学、社会学、政治学和法学等众多学科共同的研究对象。❷ 因此，本书对职业许可所做的多元认知需要行政法邻近学科研究方法的支援。这是因为"如果我们的学术研究过多地服从学科的归属，会失去问题意识和社会关怀"。❸

总之，在研究方法上，本书尽量保持对各学科的开放。具体而言，本书对职业许可的研究所使用的方法，除了下文着重予以说明的法经济学方法以外，还借鉴了法学（规范分析）、公共管理学（公共政策分析）、历史学（历史分析）、语义学（语义分析）等多种学科中的研究方法。

2. 法经济学研究方法

尽管本书体现了对研究对象（职业许可）的多元认知，但总体而言，本书的主要研究方法还是法经济学分析方法，或者说是一种广义的法经济学研究方法。

法经济学被认为是一种运用经济学的理论和方法认识，评价法律制度的生成、运作、变革及其效果的一门交叉学科。在科斯和波斯纳等的推动之下，法经济学已对传统法学造成了深远的影响。有学者甚至认为，法学就是法经济学，传统的法学没有前途。应该承认，对法律规则与制度事实的分析，法律解释学（法教义学）具有知识上的优势。但法律解释学的贫困在于，它过分专注于法律规则本身，而不考虑这种规则背后的社会现实。因此，其局限性也是非常明显的。而如果将法学分析方法和经济学分析方法结合起来，或许能有意外收获。恰如张建伟教授所言，由于法学和经济学有着共通的研究对象，因此应该"可以在良好秩序和可行的治理安排这一点上找到共通点"。❹ 事实上，经济学是给法学研究带来很多养分的。首先，由经济学上"行为理论"的角

11

---

❶　参见［德］施密特·阿斯曼：《秩序理念下的行政法体系建构》，林明锵等译，北京大学出版社 2012 年版，"推荐序"，第 4 页。还应当说明的是，一般而言，如果将行政法学分成总论和各论两块，那么行政法的各论部分，实际上就是行政法学与其他学科交叉互动形成的。行政许可作为行政法学的一部分，笔者认为不妨称其为管制行政法。

❷　参见应松年主编：《当代中国行政法》（上卷），中国方正出版社 2005 年版，第 694 页。

❸　孙笑侠：《论行业法》，载《中国法学》2013 年第 1 期，第 58 页。

❹　张建伟：《法律、经济学与国家治理——法律经济学的治理范式与新经济法理学的崛起》，法律出版社 2008 年版，第 52 页。

度，可以分析人在面对不对价格时，会如何因应。其次，在分析法学问题时，经济学上的分析重点——市场活动和价格机能，都可以作为比较和对照的基准。最后，法律隐含诸多规则，而各个规则都有其功能上的效益和成本。❶

如果简单地概括法经济学研究方法的特质，我觉得著名法经济学家熊秉元先生说过的那句话较为恰当，即："对公平正义的追求，不能无视代价。"❷ 经济分析方法之所以能够攻城略地"侵入"其他学科的"地盘"，乃至形成"经济学帝国"之势，一个重要原因就是，经济分析能够"以简驭繁"。❸ 正像主流法经济学家贝克尔（Becker）指出的那样："凡是以多种用途为特征的资源稀缺情况下的资源分配与选择问题，均可以纳入经济学的范围，均可以用经济分析加以研究。"❹ 因此，经济学被定义为"人类选择的科学"，其研究对象也包括人类所有的目的性行为。

从法经济学的视角看，职业许可作为一种对职业的规制，它起着分配稀缺人力资源的作用。因此，职业许可的立法、执法和司法都应以人力资源的有效配置和利用为目标。

在本书中，所运用到的法经济学分析方法，一是微观经济学中福利经济学❺的部分原理和基本范畴，例如，市场失灵及其矫治理论，主要是运用负外部性和信息不对称理论分析职业服务市场的失灵，并提出相应的政策主张。这一般被认为是主流法经济学的分析范式，即以新古典主义的理性选择作为其模型建构的经济学基础。❻ 这种理论信奉庇古的言论："正常经济进程中的特定干预行为有可能增加而不是减少国民红利。"❼ 二是公共选择理论的分析框架。公共选择理论认为，由于法律的制定和实施是一个与政治决策密切相关的过程。因此，特殊利益集团的院外游说可能影响法律的公正和效率。❽ 既然职业

---

❶ 参见熊秉元：《解释的工具：生活中的经济学原理》，东方出版社 2014 年版，第 242 页。

❷ 参见熊秉元：《正义的成本：当法律遇上经济学》，东方出版社 2014 年版，第 22 页。

❸ 参见熊秉元：《正义的成本：当法律遇上经济学》，东方出版社 2014 年版，第 45 页。

❹ ［美］加里·S. 贝克尔：《人类行为的经济分析》，王业宇、陈琪译，上海三联书店、上海人民出版社 1995 年版，第 3 页。

❺ 福利经济学堪称市场失灵研究的代名词。

❻ 参见张建伟：《转型、变法与比较法律经济学——本土化语境中法律经济学理论思维空间的拓展》，北京大学出版社 2004 年版，第 84 页。

❼ 转引自 ［美］斯蒂夫·G. 梅德玛：《捆住市场的手——如何驯服利己主义》，启蒙编译所译，中央编译出版社 2014 年版，第 81 页。

❽ 参见张建伟：《转型、变法与比较法律经济学——本土化语境中法律经济学理论思维空间的拓展》，北京大学出版社 2004 年版，第 62 页。

许可是一种公共政策，因此可以借用公共选择理论来分析这种非市场决策行为。而当我们把公共选择理论引入分析职业许可的成因、设定、实施时，我们的分析可能才更加接近经验现实，而非仅是逻辑推导。可以说，法经济学的公共选择学派弥补了主流法经济学（即现代新古典福利经济学和价格理论）范式的缺陷。❶ 三是比较制度分析。将经济学分析方法概括为理性选择方法，那么，经济学可以归纳为"研究选择的科学"。而在任何的选择中都隐含了比较和对照。最后的被选择项，相对于其他选项而言，一定是比较好的。❷ 著名法经济学家熊秉元先生提出的"A-A·"思考方式，❸ 事实上就是一种比较制度分析。运用这种思维方式在分析事物时，没有预设立场，一切是由相对的角度着眼。即以成本收益分析为基础，在多种制度方案中选择社会成本最低的制度安排。这种分析方法是以制度多元化为假设前提的。它要反复申问的是，还有没有更好的解决方案？在思考职业许可问题时，也是一样，"值得把各种可能的做法放在一起，在彼此对照之下，再作权衡取舍"。❹ 职业许可只是职业管制的方式之一，对职业选择实施管制还有其他许多方式，是否需要实施职业许可，端视与其他替代性选择相比，职业许可是否更好。这里的"更好"，是指成本更低而收益更高，即在净收益上享有比较优势。

当然，应予说明的是，经济分析不等于数学模型。经济学主要是一种分析社会现象的特殊角度，和数学或方程式没有必然的联系。❺ 经济学的价值主要体现在它对世事的预见力而不是精巧的数学形式。基于这种理解，虽然本书主要采用法经济学的分析方法，但并未过多地关注相关议题的数学细节。

（二）内容框架

简而言之，本书试图对职业许可制度进行一种"垂直离析"。垂直离析就是从事物的个别特征中离析出一般的或普遍的方面。❻ 即本书不探讨特定的某

❶ 参见张建伟：《转型、变法与比较法律经济学——本土化语境中法律经济学理论思维空间的拓展》，北京大学出版社2004年版，第62页。

❷ 参见熊秉元：《正义的成本：当法律遇上经济学》，东方出版社2014年版，第210页。

❸ 参见熊秉元：《正义的成本：当法律遇上经济学》，东方出版社2014年版，第210页。

❹ 熊秉元：《解释的工具：生活中的经济学原理》，东方出版社2014年版，第211页。

❺ 参见熊秉元：《正义的成本：当法律遇上经济学》，东方出版社2014年版，第143页。

❻ "垂直离析"是相对于"水平离析"而言的。所谓水平离析，是指给定抽象水平上的离析，这样的离析会排除不应该被排除的项目。参见［美］斯蒂文·G.米德玛编：《科斯经济学——法与经济学和新制度经济学》，罗君丽等译，格致出版社、上海三联书店、上海人民出版社2010年版，第332页。

种或某些职业许可，而是将职业许可作为一种社会现象加以总体上的讨论。尽管各种职业（许可）形形色色，但总存在一个一般意义上的职业（许可）概念。就如同尽管各类大学千差万别，但总存在一个抽象的"大学"；杨树、柳树的外部特征和内部构造虽有不同，但终究都是"树"。因此，对一般意义上的职业许可进行讨论而不特别说明任何具体的职业许可是必要的，也是可行的。也就是说，在内容安排上，本书将更多地着墨于职业许可的一般性问题上，而较少地关注个案；即使有个案，也是为了更好地说明一般性问题。❶ 另外，应当说明的是，本书无意详细描述某种职业许可制度的具体内容，而是更多地关注职业许可的基本原理。或者说，本书的旨趣不是对作为制度的职业许可进行"过程"式的研究，而是兼顾职业许可的"理念"和"制度"，着重于理念的提出和制度重构；而不过多地纠缠于"理念"与"实践""概念"与"制度""行为"与"过程"之间的区别。

具体而言，本书的基本框架与主要内容安排如下：

第一章，引论。主要说明选题的缘由与研究的意义；对国内外既有的研究进行大概地勾勒与评价；交待具体的研究方法并确定基本的写作框架。

第二章，职业许可的概念。主要在理论层面上对职业许可的基本概念进行定义与诠释，以期为后面的深入讨论提供概念前提。具体就是，首先，界定职业许可的基本内涵；其次，探讨职业许可的特征、类型及性质；最后，探究职业许可与营业许可、职业认证、职业准入、职业管制、职称资格等相关概念的区别与联系。

第三章，职业许可的成因。主要从两个方面探讨职业许可生成的法理：（1）公共利益理论。职业许可作为一种行政行为和行政法律制度，其出发点应是为了公共利益。具体来说，一是矫治职业行为的负外部性，二是缓解职业市场主体双方的信息不对称。（2）公共选择理论。职业许可作为一种政府对公民职业选择自由的管制措施，其生成是不同利益主体之间博弈的结果。职业自治团体有激励"寻租"于职业许可行政机关；职业许可行政机关也可能为了博取选民的政治支持而过度许可；另外，由于职业许可供给的部门垄断性，职业许可亦可能因行政机关的不计代价而过度产生。

---

❶ 按照美国学者乌斯卡里·迈凯的观点，案例研究关注个案，但其是一种发生在低水平的垂直抽象。参见〔美〕斯蒂文·G. 米德玛编：《科斯经济学——法与经济学和新制度经济学》，罗君丽等译，格致出版社、上海三联书店、上海人民出版社 2010 年版，第 335 页。

第四章，职业许可的设定。主要是从规制经济学的视角，将职业许可界定为国家针对公民职业选择的一种社会性规制措施。进而，对职业许可进行初步的成本收益分析，以判断职业许可的必要性。接着，运用比较制度分析方法，对职业许可的替代性选择，即职业认证、侵权诉讼、矫正税、职业责任保险、市场机制等，进行正反两个方面的效应分析，以此确定职业许可相对于其替代性选择是否享有净收益上的比较优势。

第五章，职业许可的实施：标准与程序。主要是以中国问题为中心，探讨职业许可实施制度中的两项重要内容，即标准与程序。具体而言，首先，分别探讨了职业许可标准与程序所蕴含的经济学逻辑；其次，探讨了职业许可标准的参数选择及其阈值的确定问题；再次，在对职业许可程序进行成本收益分析的基础上，探讨了实现职业许可程序经济目标的路径选择；最后，对中国职业许可制度实施过程中有关标准与程序的问题进行了检讨。

第六章，结论。主要是提炼本书的基本观点。

第二章

职业许可的概念

没有定义，或者说没有下好定义，什么谬误都可能发生。

——E. 迪尔凯姆*

　　虽然很少有概念能够毫无偏差地契合于被定义的对象——要么外延扩大，要么内涵缩小——但是，定义仍然是避免概念混乱、便于展开论述和辩论的平台。为了使职业许可本身的含义能为更多的人所清楚地理解，也为了便于后文更准确、更深入地讨论与职业许可相关联的某些内容，有必要对职业许可的概念进行初步的界定。从经济学的视角看，"语言和概念本身，就清楚地反映了人会基于理性、自利而设法降低行为（认知和反应）的成本。"❶ 概念界定得越清晰、明确，越能避免因语义混淆所引起的纠纷。

第一节　职业许可的概念

　　本书对职业许可概念的界定，拟从对"职业"和"许可"的探讨开始。笔者相信，这样做，对理解职业许可，大有裨益。

一、职业的界定❷

　　从语义学角度看，在古代汉语中，"职"和"业"都可以

---

　　* ［法］E. 迪尔凯姆：《社会学方法的准则》，商务印书馆 1995 年版，第 61 页。

　　❶　熊秉元：《解释的工具：生活中的经济学原理》，东方出版社 2014 年版，第 22 页。

　　❷　有关职业的界定，笔者在先前已经有过一个相对详细的讨论。参见拙著：《职业自由论——一个宪法学的视角》，法律出版社 2012 年版，第 24～27 页。现在这个界定，是以原有内容为基础，增删而成。虽然部分内容重复，但本书借此可以自成体系。

称"职业"。比较而言，"职"字突出一个人在社会中所处位置的高低和所担当角色的大小，而"业"字的"职业"意涵更为明确一些，同时还包含对类型的区分。❶ 在现代汉语中，职业有两层含义，一是指专业的、非业余的，如"职业运动员"中的"职业"即为此义；二是指个人在社会中所从事的作为主要生活来源的工作。❷ 而在英语里，"occupation""profession"两词都可译成"职业"，相近含义的还有"job"。但上述几词的意味略有差别：occupation用于泛指某种职业，是较正式的书面用语；profession尤指需要接受高深教育及特殊训练的专门职业，强调在具备一定的专业技术知识的基础上，同时拥有相当的职业伦理和自律精神，是涉及道德层面的一个词，通常用于指称医生、律师、教师、牧师等，例如，有英国学者认为，"profession"是一个承载价值的词汇；❸ 而job仅仅指一份可以养家糊口的"活儿"而已。❹ 特别是在早期，职业与工作是有较大区别的。职业被认为是"知识性的"。因为"他们的技能是建立在对一个知识部门的理论学习基础之上的"。❺同时，从事这些职业的人一定会遵循特定的行为模式并为公众所认可。但是，如今随着每门工作知识性的增强，从"工作"中区别"职业"，即使不是不可能，也变得越发困难。如曾任美国普林斯顿大学公共卫生学院系主任的托马斯·帕润恩（Thomas Parran）认为，"今天一位护士所掌握的知识，在一定程度上说，可能比一个世纪前所有的医学知识还要多。""而且今天的职业人士也很少展示那种曾经是使其与普通大众相区别的无私。"❻ 即是说，"职业"已经不被认为一定比"工作"更博雅。另外，还有一种观点，认为职业生产的是服务而不是产品。在此种意义上，从事"职业"，提供服务的人如医师、律师等，与从事"工

20

---

❶ 参见刘诗能：《关于职业与职业研究的几点思考》，载《职教论坛》2008年6月（上），第11页。

❷ 参见《现代汉语词典》，商务印书馆1996年7月修订第3版，第1616页。

❸ 参见［英］安东尼·奥格斯：《规制：法律形式与经济学理论》，骆梅英译，中国人民大学出版社2008年版，第219页。

❹ 有一种解释是，"工作（job）"是"某人为雇主（或自雇）而被动（或主动）承担的任务和职责的总和"；"职业（occupation）"是"主要任务和职责高度相似的工作的总和"。作为个人来说，可能会更换工作，但这些工作可能仍然属于同一职业。专业技术人员变换职业的可能性较小，但更换工作的可能性较大。参见张迎春：《国际标准职业分类的更新及其对中国的启示》，载《中国行政管理》2009年第1期。

❺ Walter Gellhorn, *Individual Freedom and Governmental Restrain*, Louisiana State University press, 1956, p.107.

❻ Walter Gellhorn, *Individual Freedom and Governmental Restrain*, Louisiana State University press, 1956, pp.107-108.

作"、生产产品的农民、牧民或工业革命前的技术工人等不同。❶ 笔者认为，这种历史社会学意义上的"职业"概念，与如今通常意义上的"职业"的含义难以通约。难道我们真能准确地说出一位飞机机械维修师比传统上被称为"profession"的律师、医师等在专业性和公共性方面有什么巨大的区别么？❷至少就本项研究而言，刻意区分"职业"与"工作"，并无多大的实际意义。因此，以下本书所谓"职业"，与"工作"（甚至狭义上的"劳动"）可以互相翻译。具体地说，本书使用的汉语中的"职业"，对应英语中的"occupation"，而非"profession"。

出于研究的需要，一些法学家和社会学家也对何谓"职业"作过界定。日本宪法学者认为："'职业'，系指人为获得最低的生计，所从事经济、社会的活动。"❸ 德国学说与实务上则均采纳联邦宪法法院的定义，认为职业是"一切持续经营，并得藉以获取及维持生活基础，且为社会所容许，具有经济意义，个人得以藉此对社会公益提供贡献之行为"。❹ 我国台湾地区作出解释，称专门职业及技术人员系指具备经由现代教育训练之培养过程获得特殊学识或技能，而其所从事之业务，与公共利益或人民之生命、身体、财产等权利有密切关系者。❺ 美国社会学家瑟尔茨认为，职业是一个人所从事的、为了使个人收入不断取得而连续地从事的具有市场价值的特殊活动，这种活动决定着从事该活动者的社会地位。职业范畴的主要条件是技术性、经济性与社会性。❻ 德国著名社会学家、哲学家马克斯·韦伯则认为，"职业应该称之为一个人的劳动效益的分类化、专门化和组合。这种分类化、专门化和组合对他来说，是持

---

❶　[美] 理查德·L. 埃贝尔：《美国律师》，张元元、张国峰译，中国政法大学出版社 2009 年版，第 17 页。

❷　季卫东教授在谈到职业法律家群体必须具备的条件时，认为"profession"在深厚学识的基础上娴熟于专业技术，以区别于仅满足于实用技巧的工匠型专才（specialist）。参见季卫东：《法治秩序的建构》，中国政法大学出版社 1999 年版，第 198 页。但笔者认为，在现代社会中，一位飞机机械维修师或者航空母舰机械维修师所需掌握的科学技术知识，恐怕是面包师、理发师等传统工匠所无法匹敌的。

❸　[日] 阿部照哉等编著：《宪法——基本人权篇》，周宗宪译，中国政法大学出版社 2006 年版，第 206 页。

❹　刘宏：《论人民职业自由之保障——德国基本法第十二条第一项之研究》，台湾辅仁大学法律学研究所 1991 年硕士论文，第 10 页。

❺　参见蔡志扬：《建筑结构安全与国家管制义务》，台湾元照出版有限公司 2007 年版，第 170 页。

❻　转引自刘艾玉：《劳动社会学教程》，北京大学出版社 2004 年 5 月第 2 版，2006 年 6 月重排本，第 54 页。

续得到供应和赢利机会的基础。"❶ 这些有关职业的定义大体勾勒出了"职业"的基本面貌：首先，职业是一种工作或活动；其次，这种工作或活动具有获利性和持续性；❷ 最后，这种工作或活动一般应为社会所容许和接纳，并具有一定的专业性。

笔者认为，由于职业的概念直接关系到职业许可的设定领域与职业自由的保护范围，因此，首先从静态角度看，应该对职业的概念尽量作广泛的理解。否则一些想象不到的"工作或活动"就会被排除在宪法的保护范围之外，任由政府实施许可。其次从动态角度讲，应对新职业的出现持开放态度。随着经济、社会的发展，新的职业必将不断地产生。一部经济社会发展史，从某一角度看，就是一部职业种类不断扩充的历史，尽管同时也伴随着一些职业的消亡。

与职业相似的概念是行业（trade）。劳动社会学理论认为，行业是社会劳动者在从事社会劳动过程中所形成的一种社会分工的集团概念，每一个集团都具有特定的劳动对象、特定的劳动方式，为社会提供特定的劳动产品或劳动服务，因而具有特定的社会职能和社会地位。职业与行业既有联系也有区别。行业与职业都是社会分工的产物，但是行业是生产过程分工的结果，而职业是劳动者分工的产物。行业是社会基本分工的产物，是在生产部门层次上的分工，因而行业是个集团概念，组成行业的单位是具有相似劳动产品或相似社会效果的经济组织。而职业是在行业内部的劳动者分工，它是一个个体概念，组成职业的是不同劳动形式下的劳动者所担当的角色。形象地说，行业如同一条公路，而职业则像该条路上的车马行人。当然，职业与行业之间也存在相互交叉的情况，不同的行业中可以包含相同的职业，而不同的职业又会共存于同一行业之中。❸

根据国家职业分类大典，我国现有的职业结构划分为 8 个大类、66 个中类、413 个小类和 1838 个细类（职业）。除了起延续功能的"其他"职业，实际职业总量为 1496 个，分属"国家机关、党群组织、企事业单位负责人""各类专业技术人员""办事人员及有关人员""商业及服务业人员""农、

---

❶ ［德］马克斯·韦伯：《经济与社会》（上卷），林荣远译，商务印书馆 1997 年版，第 163 页。

❷ 获利性指的是，有营利的可能性，并非具体指赚钱；持续性强调的是，偶尔从事一下的事业，不能称其为职业。

❸ 参见刘艾玉：《劳动社会学教程》，北京大学出版社 2004 年 5 月第 2 版，2006 年 6 月重排本，第 57-58 页。关于劳动分工与劳动者分工的关系，另可参见许崇正：《伦理经济学再论——经济选择与人的发展》，中国财政经济出版社 2001 年版，第 127-129 页。

林、牧、渔、水利业生产人员""生产、运输人员及有关人员""军人"以及"不便分类的其他人员"8 个大类。职业分类体系的建立是职业资格证书制度（包括职业许可）推行的前提与基础，职业资格证书制度（包括职业许可）应该根据职业分类设置。

总之，本书所谓的"职业"，简单地说，就是指劳动者从事的工作。而这里的劳动者是指《劳动法》上的劳动者，而非我国《宪法》上泛称的劳动者。这里所指的劳动者的特点是，"他是为别人工作，他——我们用不着害怕提到这一点——是一名雇员。"❶

二、许可与行政许可

职业许可，是行政许可的一种。因此欲对职业许可进行定义，还得从解析许可、行政许可的概念入手。

（一）许可与行政许可

对何谓许可，可谓聚说纷纭。《行政许可法》第 2 条规定："本法所称行政许可，是指行政机关根据公民、法人或者其他组织的申请，经依法审查，准予其从事特定活动的行为。"陈端洪教授认为，这个简单的定义是描述性的，它不是对许可本质的揭示，仅仅是描述了许可事实形成的基本过程：申请—审查—准予。他进而认为，行政许可是通过行政程序创设个人自由或财产性权利的构成性事实。❷ 日本学者田中二郎认为，"许可，是指在特定的情况下解除基于法令的一般性禁止（不作为义务），使其能够合法地从事特定行为的行为。"❸ 潘伟杰教授认为，一般而言，许可，是指政府建立一种标准来控制进入并确保进入的主体符合预先设定的标准或符合特定的条件。❹

笔者认为，许可，作为一种法律制度包括了立法、执法和司法的全过程，因此很难说一种许可是单纯的"行政"许可。即使不考虑对许可的司法审查，许可的设定作为一种立法行为，显然也不是"行政"许可，它只是为行政机关实施许可提供据以执行的法律前提。特别是，在有些国家，许可权力并非专

❶ ［英］约翰·希克斯：《经济史理论》，厉以平译，商务印书馆 1987 年版，第 111 页。
❷ 参见陈端洪：《行政许可与个人自由》，载《法学研究》2004 年第 5 期。
❸ 转引自杨建顺：《日本行政法通论》，中国法制出版社 1998 年版，第 410 页。
❹ 参见潘伟杰：《制度、制度变迁与政府规制研究》，上海三联书店 2005 年版，第 157 页。

由行政机关实施，例如，在有些领域，许可权力也可由法律授权给非政府机构实施，如英国的律师协会负责发放律师执业证书、我国的注册会计师协会负责发放注册会计师执业证书。因此，简单地将"许可"称为"行政许可"是不合适的。事实上，我国行政许可法中也包括了大量许可设定的内容。因此，本书将"职业行政许可"称为"职业许可"，则不仅仅是一种简称，还是一种恰如其分的称谓。当然，在区别于私主体之间的"商业许可"（如专利实施许可、商标使用许可等）时，"行政许可"还有其特殊的称谓价值。

另外，许可还有动名词性质的许可和名词性质的许可两类，其含义上略有区别。根据美国联邦行政程序法，名词性的许可的定义是："行政机关作出的准许证、证明、批准、登记、章程、成员资格、法定免除或其他形式的准许的全部或部分。"动名词性的许可（行为）的定义是："行政机关授予、续展、拒绝、吊销、暂扣、废止、收藏、限制、补正、变更许可，或设定许可条件的处理过程。"❶

如此看来，行政许可的概念是有广义与狭义之分的。广义的行政许可包括了设定、实施和监督，既有立法的内容，也有执法的内容；既有抽象意义的内容，也有具体意义的内容。而狭义的行政许可则只是许可的实施和监督检查，仅指执法层面的内容，是具体意义上的概念。❷ 但一般而言，许可被视为行政许可的简称，已经约定俗成。因此，本书所谓职业许可，亦可看作职业行政许可的简称。

（二）许可的分类

根据不同的标准，可以对行政许可作不同的分类。学理上的分类主要有：行为许可和资格许可；一般许可和特别许可；排他性许可和非排他性许可；独立的许可和附条件的许可；权利性许可和附义务许可等。❸

杨海坤、章志远教授认为，行政许可总体上可为分两类：一类是对法律禁止事项的个别解除，称为特许；另一类是法律或行政管理实际要求的加以限制的事项的批准，即现实生活中大量的行政许可。一般而言，前者属于行政相对人从履行法律禁止事项的义务转变为禁止义务的解除，后者属于行政相对人从

---

❶ 陈端洪：《行政许可与个人自由》，载《法学研究》2004 年第 5 期。

❷ 参见姜明安主编：《行政法与行政诉讼法》（第五版），北京大学出版社、高等教育出版社 2011 年版，第 224 页。

❸ 参见李飞主编：《中华人民共和国行政许可法释解》，群众出版社 2003 年版，第 25 页。

享有抽象权利转变为享有具体的实际的权利。❶ 一般许可强调的是，为了防止产生危害公共利益的后果，才对本属于私人自由行动的领域实施一般性禁止，对申请人提出的申请，只要行政机关判断并无公共危害，即予以许可。例如，申请律师职业，只要符合法定条件，司法行政机关没有裁量的余地，必须许可。特别许可，有如采矿许可。矿产资源开采本来就不是任何人都可自由进行的活动，只有符合特别条件，并且经过行政机关特别允许的申请者，才能获得国家许可。这种许可的权利，本身并非先验的，而是通过许可创设的。一般认为，职业许可属于一般许可。

（三）许可的法律本质

关于许可的法律本质，学界一直众说纷纭。"特权说""解禁说""赋权说""折衷说""赋权—限权说""确认说""命令说""核准说"等，不一而足。❷ 郭道晖教授提出的"确认（验证）说"获得了更多的支持。❸ 该学说认为，"行政许可行为主要是审查申请人有无权利资格和行使权利的条件，不存在赋予申请人以权利的问题。……行政许可只是对权利人行使权利资格与条件加以验证，并给以合法性证明；而非权利（包括享有权与行使权）的赋予。"❹ 这种观点对于纠正长期以来政府认为许可是"家长"对"孩童"的"恩赐"的陈旧行政理念，摆正权力与权利之间错位的关系无疑具有重要意义。但是，正如刘东亮博士所指出的，"验证说"的缺陷在于，将行政许可与行政确认相混淆，使行政许可失去了独立存在的意义。❺ 而且，"确认（验证）说"不能很好地解释类似排污许可、国有资源开发许可等现象，因为很难说公民从道德上先验地享有排污权、采矿权、国有土地使用权等权利，这些权利恰恰是通过"许可"本身而特别赋予当事人的。易言之，这些权利不是先天就有的，而是通过"许可"创设的。

陈端洪教授借鉴美国学者霍费尔德的观点认为，许可是创设自由或权利的

---

❶ 参见杨海坤、章志远：《中国行政法基本理论研究》，北京大学出版社 2004 年版，第 316-317 页。

❷ 参见应松年主编：《当代中国行政法》（上卷），中国方正出版社 2005 年版，第 697-701 页；刘东亮：《无害性审查：行政许可性质新说》，载《行政法学研究》2005 年第 2 期。

❸ 参见杨海坤、章志远：《中国行政法基本理论研究》，北京大学出版社 2004 年版，第 317 页。

❹ 郭道晖：《对行政许可是"赋权"行为的质疑——关于享有与行使权利的一点法理思考》，载《法学》1997 年第 11 期。

❺ 参见刘东亮：《无害性审查：行政许可性质新说》，载《行政法学研究》2005 年第 2 期。

一种构成性事实。❶ 而所谓的构成性事实，也称组构性事实、因成性事实或处置性事实，是根据适用的一般法律规则足以改变法律关系，即创设一个新的法律关系或消灭一个旧的法律关系或同时具有上述两种作用的事实。陈端洪教授还将行政许可的基本逻辑结构解读为："限制—准许—自由或权利"。"许可的概念在逻辑上预设了另一个概念，就是限制，没有限制就无所谓许可，而限制的背后是权威，违背限制就构成违法侵权。"因此，"许可就是创设自由（特权）或权利的构成性事实。"❷ 但这种将许可视为构成性事实的观点，忽视了有些自由或者权利本来就是申请人应该享有的，只是出于维持某种秩序的目的，才对其作出了必要的限制，如一些对公民基本权利实施限制的许可。根据现代宪政国家理念，公民的基本权利是带有超验性质的权利。公民的基本权利不是宪法创设的，恰恰相反，它是宪法产生的本源。但现在一般的行政许可的文献并没有将其置于宪法原则和价值的高度予以审视。❸ 因此，行政许可的"构成性事实说"，亦有其理论解释上的局限性。

由此可见，许可既有权利确认性质的，也有权利创设性质的。前者多为一般性许可，后者多为特殊许可。相应地，可将行政许可的基本逻辑结构解释为两类，即"自由（权利）—限制—许可—自由（权利）"和"限制—许可—自由（权利）"，可能更准确一些。这样，不管是在一般许可中，还是在特殊许可中，"许可"都是"限制"与"权利"的结合点。

在"自由（权利）—限制—许可—自由（权利）"的逻辑结构中，第一个"自由"，是指具有先验（或超验）性质的自由，一般表现为公民的宪法权利，即基本权利；而后一个"自由"是经过了"许可"这一"构成性事实"转换而成的法律自由。也许有人会问，既然许可前后都是"自由"，那为什么还要经过"许可"这一"关卡"，岂非多此一举？这也是陈端洪教授提出的另一个值得深思的问题："既然我们承认个人自由是先验的并决定了国家的目的，那么，为什么某些领域的行为自由需要国家设定法律限制，并通过一系列的构成性事实重新创设或转换成法律自由呢？之所以必须这样"费事"，用陈端洪教授的话说即是，"因为个人某些行为容易对他人或社会构成危害。"也就是说，个人的这种先验自由，虽然从来源上具有不容置疑的超验性质，但其

---

❶ 参见陈端洪：《行政许可与个人自由》，载《法学研究》2004 年第 5 期。

❷ 陈端洪：《行政许可与个人自由》，载《法学研究》2004 年第 5 期。

❸ 参见陈端洪：《行政许可与个人自由》，载《法学研究》2004 年第 5 期。

亦是有限度的。这一限度，"也是唯一的限度，是不妨碍他人享有的自由。"❶为了最大限度地防止个人的先验自由侵害他人同样的先验自由，对大多数宪法权利施以法律限制，即为必须。因此，在多数情况下，对多数公民来说，其所享有的自由或权利都不是宪法文本规定的那个"字面"上的自由或权利，而是经过法律"处理"过的自由或权利。在法律保留原则坚持不彻底时，宪法上的自由或权利，则可能要交由位阶更低的规范加以"处理"，如中国的行政法规。

在谈到个人自由与行政许可之间的关系时，正如陈端洪教授所指出，个人自由先于国家并决定了国家的目的。即是说，就许可来说是自由占第一位，还是国家权威占第一位，这涉及国家的基本政治哲学观念问题。❷但是，还应该看到，个人自由的性质尚存在较大的个体差异。因此将"个人自由先于国家并决定了国家的目的"这一立场秉持至终可能并不恰切。事实上，不同性质的自由，其与国家的关系是不同的。从而，不同性质的许可的法律性质也是不同的。对于一般性质的许可来说，假设个人自由先于国家并决定了国家的目的是符合宪政精神的，但对带有某种"特许"性质的许可来说，则未必适当，例如采矿许可、排污许可等。这些特许的被许可人，并非先验地享有被许可的这些权利，而是通过许可创设了他的这些特权。

杨建顺教授认为，行政许可的实质是在一般禁止的基础上对特定人解除禁止，恢复或者赋予其一定的权利或者资格。❸这种观点融合了"确认说"与"赋权说"，既较好地阐释了一般许可的性质，也较好地说明了特许的性质。法律规范的一般性禁止，是指未经过个别审批、认可或资质确认，任何主体均不能或不得从事法律规范限制或禁止的行为。但它不是通常意义上的绝对限制或禁止，甚至有时是鼓励。这种一般性禁止包括了明确禁止或不明确禁止两种形式。❹实际上，对大多数领域来说，在设定许可的同时，隐含着已经设定了普遍性限制。

总之，法律禁止和法律限制是行政许可存在的前提。❺传统行政法学对行

---

❶ 陈端洪：《行政许可与个人自由》，载《法学研究》2004 年第 5 期。

❷ 参见陈端洪：《行政许可与个人自由》，载《法学研究》2004 年第 5 期。

❸ 参见杨建顺：《行政规制与权利保障》，中国人民大学出版社 2007 年版，第 370 页。

❹ 参见姜明安主编：《行政法与行政诉讼法》，北京大学出版社、高等教育出版社 2011 年版，第 225 页。

❺ 参见杨海坤、章志远：《中国行政法基本理论研究》，北京大学出版社 2004 年版，第 316 页。

政许可的定位即是"必要限度内的充分限制"。❶ 职业许可也是以普遍限制为前提的，但这种限制并非绝对禁止。恰恰相反，在很多领域中国家是提倡这种活动的，只不过是出于维持秩序和有效管理等目的，而设定了一定的标准或条件。❷ 这种限制的目的在于防止因执业者技能或道德的低下而引发的社会危害。但只要申请人符合了法律规定的条件，许可机关必须依法给予许可。一般来说，行政许可机关没有裁量之自由。

三、职业许可的定义

为了获得对职业许可制度更清晰的理解，我们需要一个清晰明朗的概念。借助这一概念，得以大略地说明本书所谓职业许可意指为何。

（一）定义职业许可应该考虑的因素

在定义职业许可时，需要考虑的因素包括但不限于如下几点：

第一，职业许可意味着通过国家公共权力将公民职业选择自由限制到必要的程度。因此，职业许可是以法律的一般禁止为前提的。

第二，由于公民的职业选择自由关系着公民的谋生权，因此正如庞德之见，"所谓从事合法职业的权利，就是这样一种自由权：这就是说，法律不强使某人从事某一特定职业，而让他保有为自己选择某种职业的天赋自由。"❸因此，职业许可仅仅是对公民职业自由的确认或恢复，而非赋予或创设公民职业自由。

第三，在外延上，职业许可可以分成教师职业许可、法律职业许可、金融职业许可，等等。正是因为不能把所有的职业许可一一罗列，所以才有对其进行定义的需要。

第四，职业许可既是一种行政行为，也是一种行政法律制度。首先，职业许可是由行政机关依据行政相对人的申请准予其从事法律、行政法规作一般性禁止的事项或活动的应申请行政行为，是行政机关依法对行政相对人的职业选择行为或职业执行行为进行法律控制的行政法律手段。其次，职业许可也是一种行政法律制度。许可证制度被定义为规定许可证的申请、审查、颁发和对许

---

❶ 杨建顺：《行政规制与权利保障》，中国人民大学出版社 2007 年版，第 350 页。

❷ 杨建顺：《日本行政法通论》，中国法制出版社 1998 年版，第 415 页。

❸ ［美］罗斯科·庞德：《通过法律的社会控制》，沈宗灵译，商务印书馆 2010 年版，第 54 页。

可证的监督管理的一系列规则的总和。有关职业许可的条件、申请程序和对许可使用的监督规范等构成职业许可制度。如周光明先生所称，这种制度以资格为中心，旨在通过加强对人的控制，强化对事的管理。[1]

（二）本书对职业许可的定义

参照前文对职业和许可的界定，我们可以试着将职业许可定义为：职业行政许可（以下简称"职业许可"）是指在法律一般禁止的前提下，行政主体根据行政相对人的申请，经依法审查，通过颁发许可证、执照等形式，确认行政相对人从事某种职业活动法律资格的行为或制度。

不过，如有学者之见，概念分析往往并非对语词词义的逻辑分析，而是对语词实际用法的经验分析。这种意义上的概念分析带有某种"策略"的含义。即在多种可能的概念方案中，采用不同的方案会有不同的理论效果、实际效应。[2] 还有学者指出，"一个好的定义除了明晰，还应该具有区分度、确定性，最重要的，就是要在分析上有利于'解释目的'。"[3] 本书对职业许可的概念分析也带有鲜明的策略含义：为此后的进一步讨论确立一个方便的约定。因为，如若各说各话，任何讨论都将毫无结果，甚至根本形不成任何讨论。

29

第二节 职业许可的特征、分类与性质

对职业许可的特征、分类和性质进行必要的探讨，有助于加深对职业许可概念的理解。

一、职业许可的特征

职业许可的特征，是指职业许可区别于其他相似概念的基本征象和标志。

---

[1] 参见周光明：《职业资格许可制度研究》，湘潭大学 2004 年硕士学位论文，第 4-5 页。

[2] 参见刘杨：《法治的概念策略》，载《法学研究》2012 年第 6 期。

[3] [美] 斯蒂文·G. 米德玛编：《科斯经济学——法与经济学和新制度经济学》，罗君丽等译，格致出版社、上海三联书店、上海人民出版社 2010 年版，第 71 页。

（一）职业许可是资格许可与行为许可的结合

以行政许可的内容为标准，可以将行政许可分为行为许可和资格许可。行为许可是指允许符合条件的申请人从事某种活动的许可，如营业许可。资格许可是赋予相对人某种资格能力的许可，如法律职业资格。资格许可一般以特定的资格考试为前提，行政机关对考试合格者颁发制式的资格证书。❶

完整的职业许可概念，涵盖了资格许可和行为许可两个方面。首先，职业许可是一种典型的资格许可。各类职业许可一般都需要通过特定的职业资格考试才能获得。在获得许可后，申请人即取得了从事某种特定职业的资格。但是，这也仅仅是取得了某种"资格"而已。要实际从事某种特定职业活动，往往还需要取得行为许可。因此，职业许可还是一种行为许可。例如获得了法律职业资格证书，并不意味着可以自由地从事律师、法官、检察官或者公证员的职业活动。以我国的律师职业为例，通过国家统一司法考试、获得法律职业资格证书，只是申请律师执业（行为许可）的若干必备条件之一；除此之外，还必须拥护宪法、品德良好并在律师事务所实习满一年。❷ 申请人只有在取得国家司法行政部门颁发的《律师执业证》之后，才能以律师的名义执业。执业医师、注册会计师、注册建筑师等，莫不与此类似。国外的职业许可亦有此种特点。一般均要求在获得许可或颁发执照（License）以后，还要经过有关机关的注册（Registration）程序，才能真正执业。由此可见，职业许可是资格许可与行为许可的结合。不过，由于资格许可是职业许可的主要矛盾的主要方面，而职业行为许可则往往"只触及职业自由基本权之外围，并未深入其核心领域"。❸ 因此，一般而言，职业许可往往主要是指资格许可。本书的研究重心亦偏重于职业资格许可方面，只在必要之时论及职业行为许可。

（二）职业许可具有强烈的人身专属性

根据《行政许可法》第9条，依法取得的行政许可，除法律、法规规定依照法定条件和程序可以转让的外，不得转让。此即行政许可的禁止转让原

---

❶　参见应松年主编：《当代中国行政法》（上卷），中国方正出版社2005年版，第703页。

❷　参见《律师法》第5条。

❸　李以德："由德国职业自由之三阶理论析论我国司法官考试体格检查规定之合宪性基础"，载http：//www. lawtw. com/article. php？template＝article＿content&job＿id＝61841&article＿category＿id＝15&article＿id＝30359；2010年7月11日访问。

则。这就是说，原则上，许可持有人不可转让、出租、出借、出卖其依法获得的行政许可。究其原因，在于行政许可具有较强的人身专属性。由于职业许可系着眼于被许可者的经历、能力、性格等人的性质而赋予的，即属于对人的许可，❶ 因此与其他类型的行政许可（如营业许可）相比，其人身专属性更为强烈。因此事实上，职业许可不存在转让的可能。正是由于职业许可不具有可转让性、可迁移性，因此《行政许可法》第 70 条规定，赋予公民特定资格的行政许可，该公民死亡❷或者丧失行为能力的，行政机关应当依法办理有关行政许可的注销手续。也就是说，也不存在职业许可继承的可能性。可资对比的是，营业许可具有可转让性和可继承性。

（三）职业许可不具有排他性

以许可的享有程度为标准，可将许可类分为排他性许可和非排他性许可。排他性许可是指某相对人获得许可后，其他任何人都无权再获得该项许可，如有些采矿许可。非排他性许可是指可以为所有具备法定条件者申请并进而获得的许可。❸ 职业许可属于非排他性许可。

职业许可虽然以一定的标准作为准入条件，但这种条件是面向所有职业申请人的，申请人在"条件"面前（而非职业面前）一律平等，任何人符合特定条件后都可以获得该种职业许可。特别是，对于职业资格许可来说，其非排他性更显突出：通过某项职业资格考试的人，都可以平等地获得该项职业资格。"已经属于某个职业的人不得以新会员加入该行业可能对其收入带来不利影响之理由，反对新会员的加入。"❹ 不过，同样具有非排他性的职业行为许可，或有受到数量限制之时。例如，我国《公证法》第 17 条规定："公证员的数量根据公证业务需要确定。省、自治区、直辖市人民政府司法行政部门应当根据公证机构的设置情况和公证业务的需要核定公证员配备方案，报国务院司法行政部门备案。"根据这一规定，申请人即使符合了法定的条件，但由于数量之限，亦可能暂时难以获得公证许可。

31

---

❶ 参见杨建顺：《日本行政法通论》，中国法制出版社 1998 年版，第 428 页。

❷ 根据有关学者的理解，这里的死亡是指公民的实际死亡，不包括宣告死亡。参见李飞主编：《中华人民共和国行政许可法释解》，群众出版社 2003 年版，第 234 页。

❸ 参见董茂云等：《行政法学》，上海人民出版社 2005 年版，第 210 页。

❹ ［印］M·P. 赛夫：《德国行政法——普通法的分析》，周伟译，山东人民出版社 2006 年版，第 214 页。

二、职业许可的分类

在学理上，根据不同的标准，可将职业许可划分为不同的类型。

（一）职业资格许可与职业行为许可

既然职业许可是对职业自由的限制，那么职业许可的分类实际上决定于职业自由的分类。笔者曾经提出职业自由包括了职业选择自由、职业执行自由和职业放弃自由。❶ 据此，大体而言，职业资格许可与职业行为许可分别对应对职业选择自由的限制和对职业执行自由的限制。因此，职业资格许可也可称为择业许可；职业行为许可也可称为执业许可。由于放弃职业的自由，本质上不需要颁发执照式的许可，因此，一般来说，没有一种职业许可对应着对放弃职业自由的限制。即使有必要对某些特定人员放弃职业的自由（如公务员辞职）施加必要的限制，也是通过行政机关内部审批方式完成的，不属于行政许可的范畴。

（二）主观条件职业许可与客观条件职业许可

根据许可条件内容的不同，可以分为主观条件职业许可和客观条件职业许可。

所谓主观条件职业许可，是指以职业许可申请人个人的资格、特质、能力、技能等为限制条件的许可。某些职业专业性特别强，除非有一定专业知识与能力作基础，否则不可能胜任。因此，立法者可将这些职业上的要求加以体系化、形式化，并可使申请人预先知悉。主观条件职业许可的条件可以是正面的限制，如规定职业申请人所应具备的学历、年龄、专业能力等，也可以是反面排除某些消极资格，如规定不得有故意犯罪史等。一般而言，主观条件职业许可，旨在择优录取，以提高从业人员的素质。也正是因为不是人人均可获得这类从业资格，因此它侵犯了多数公民的职业自由权。在德国法上，这类许可的立法必须是保护"重要的公共利益"。❷

所谓客观条件职业许可，是指立法者就某种职业的申请制定特殊的许可条

---

❶ 参见拙著：《职业自由论——一个宪法学的视角》，法律出版社 2012 年版，第 48-50 页。

❷ 参见何丽杭：《从德国职业自由权的宪法保护看中国职业资格制度》，载《美中法律评论》2008 年第 7 期。

件，这种许可条件与职业申请人个人的努力程度无关，并且个人对于该许可条件是否成就也不能施加任何影响的限制，❶如出于从业人数控制的目的对公证员执业申请给予的许可。由于这种客观条件职业许可，更深程度地限制了公民的职业自由，因此它必须基于"特别重要的公共利益"，方得为之。因为职业许可限量会更剧烈地阻止竞争。

一般而言，主观条件职业许可多属职业资格许可，而客观条件职业许可多属职业行为许可。

(三) 自然条件职业许可与社会条件职业许可

在主观条件职业许可中，依条件的性质，又可分为对申请人自然属性的限制和对申请人社会属性的限制。相应地，职业资格许可又可分为自然条件职业许可与社会条件职业许可。前者的许可条件一般是对申请人的性别、年龄、身高等提出要求；后者的许可条件一般是对申请人的学历、阅历、能力等提出要求。

显然，对职业申请人自然属性的限制条件往往是申请人通过自身努力所不能达到的，例如，种族、肤色、性别、民族血统、家庭出身以及年龄、身高、血型、某些特殊疾病（如乙肝病毒携带者），等等。而对职业申请人社会属性的限制条件则是通过申请人的主观努力有机会成就的。有必要说明的是，对自然属性的限制与社会属性的限制的合法性判断标准是不同的。一般而言，对社会属性的限制必须基于"重要的公共利益"；而对自然属性的限制必须基于"特别重要的公共利益"，否则可能有歧视之嫌。亦即主观条件职业许可中的自然条件职业许可的正当性基础与客观条件职业许可的正当性基础相当。

(四) 普遍主义职业许可与例外主义职业许可❷

根据职业许可所涉及职业主体和职业事项之范围是否具有普遍意义，职业许可又可分为普遍主义职业许可和例外主义职业许可。

普遍主义职业许可的特点，是以对职业的普遍限制或一般性禁止为前提，

33

---

❶ 参见刘建宏：《论人民职业自由之保障——德国基本法第十二条第一项之研究》，台湾辅仁大学法律学研究所 1991 年硕士论文，第 101 页。

❷ 这种分类借鉴了肖海军教授对营业行政许可分类的有关研究。参见肖海军：《营业准入制度研究》，法律出版社 2008 年版，第 278 页。

以职业的特许主义为基本形式。❶ 普遍主义的职业许可，集中反映了国家对职业自由的最大限度的限制和干预，表现为国家对某些职业活动的垄断或控制。这种职业许可只存在于古代社会。

例外主义职业许可，即只对涉及公共安全、公共秩序或公共利益的有关职业设置一般性禁止，对符合条件的申请人经过审查则予以许可，未经许可，从事该种职业即为违法。这种职业许可对符合条件的申请人以许可为原则，甚至是鼓励人们达到条件以从事该种职业。在此种意义上，例外主义职业许可的意旨与普遍主义的职业许可有性质上的根本差别。例外主义职业许可克服了普遍主义职业许可对公民选择职业进行的深度干预产生的弊端，也有效地弥补了职业放任主义所可能产生的"公害"（危害公共安全、公共秩序或公共利益），因此被多数国家所采行。

（五）国家职业许可与团体职业许可

根据实施职业许可主体的不同，可将职业许可分为国家职业许可与团体职业许可。

所谓国家职业许可，是指以国家有关行政机关作为实施机关的职业许可。所谓团体职业许可，是指以有关职业团体作为实施机关的职业许可。在现代社会，部分职业团体获得了某些职业许可的实施权力。这体现了职业许可权力在国家与社会之间的分享。

三、职业许可的性质

所谓性质，从严格意义上，是指一个事物的本质，即一个事物所具有的区别于其他事物的根本属性。行政许可的要义在于，个人或者组织不经行政机关事先同意而从事某种特定的活动即为非法。但正如张兴祥教授指出的，具体到一种行政许可的性质是什么，需要结合行政许可行为的具体形态，从其对自然人、法人或者其他组织权利义务的影响上去分析和界定。❷ 分析职业许可的性质当然也可以沿用这一思路。职业许可形式上的性质，可以在行政行为下分

---

❶ 这里有一个特许主义与许可主义的区别。特许是以普遍禁止为前提，以许可为例外；而许可虽亦以普遍禁止为前提，但以许可为原则。因此，职业特许并非本书着重探讨的对象。而且，正是从这一意义上说，职业许可是一个近现代现象。

❷ 参见张兴祥：《中国行政许可法的理论与实务》，北京大学出版社 2003 年版，第 11 页。

析，表现为形成性、授益性、羁束性等。而职业许可实质上的特性，则主要表现为以下两个方面。

（一）职业许可以对公民职业自由的一般性限制为前提

1. 职业自由是职业许可的逻辑起点

随着工业革命的兴起，"由工资而聚合起来的有严密组织的劳动力取代了仅为购买行为聚合起来的来自四方八面的货物供应者。"❶ 这一历史进程，表明了公民职业自由相对公民营业自由的重要性的增加。易言之，受雇于人的"劳动者"比那些自我雇佣的"劳动者"呈现出数量上的优势了。❷ 于是，"人们应该具有按照自己的意愿而生活的自由，这一点得到了一些哲学理论和经济理论的支持。"❸ 职业自由在于保护公民"通过自由选择职业使个人能维持其生活"。❹ 其直接的价值指向，在于减少职业市场中的政府管制以维护自由交易的规则。

因此，应该认识到，职业许可设定之前，公民拥有超验意义上的职业活动的自由。以历史的眼光来看，事实也的确如此。对人的谋生活动实施管制，是国家产生较长时间之后的现象。因此，职业自由应是职业许可的逻辑起点。

2. 职业许可是对职业自由的法律限制

我们应该承认，人们"有感到痛苦或者享受他们短暂一生的资格"，但问题是，"对个性的强调可能会过分到贬低公共生活的价值的程度，……，社会传统中有价值的部分也就可能和糟粕一起被扔掉。"❺ 因此，为了公共生活的可能，任何人都不可能任意地行使其在道德上应该享有的那些自由或者权利。职业自由亦复如此。职业许可作为一种事先控制手段，是针对公民职业选择自

❶ ［美］约翰·肯尼思·加尔布雷思：《权力的分析》，陶远华、苏世军译，河北人民出版社1988年版，第84页。

❷ 有研究显示，在美国，迟至1940年，26%的人口还是自由职业者。作为商人、独立的手工业工人或专业人员，他们可以提高自己产品的价格以对付通货膨胀。但是今天，劳动大军中的85%依靠工资或薪水生活，他们的收入是固定的，只能一级一级地慢慢向上升。参见［美］丹尼尔·贝尔：《资本主义文化矛盾》，赵一凡等译，生活·读书·新知三联书店1989年版，第305页，注。

❸ ［美］丹尼尔·贝尔：《资本主义文化矛盾》，赵一凡等译，生活·读书·新知三联书店1989年版，第318页。

❹ ［德］施密特·阿斯曼：《秩序理念下的行政法体系建构》，林明锵等译，北京大学出版社2012年版，第118页。

❺ ［英］L. T. 霍布豪斯：《形而上学的国家论》，汪淑钧译，商务印书馆1997年版，第20页。

35

由的预防性限制。设定并实施职业许可的目的，在于防止某些职业行为对公共利益造成损害，维护社会秩序，有效地进行职业管理并提高从业人员的职业能力和水平。

职业自由的主要内容是职业选择自由。按照职业自由的原则，公民虽然有选择各种职业的自由，但这种自由对任何人而言，都不是无条件的且毫无限制的权利。如许育典先生所说，国家对于特种事业，如果因其关系公共安全秩序，或因其关系公众的卫生或健康，限定须特殊资格者，才准予加入某种职业。即立法者可以规定何种人具备何种主观要件，才得从事某一职业的资格。❶ 当然，由于公民享有自由选择职业，以维持生活的宪法权利，因此，只有与社会公共利益具有密切关系者，为增进公共利益的必要时，才得以法律对公民从事某种职业应具备的资格或其他要件加以规定。

（二）职业许可是对公民职业自由的法律化转换

1. 职业许可是一种对申请人职业选择（或执业申请）是否符合法定条件的审查行为

刘东亮博士认为，行政许可的法律性质是行政机关进行的一种无害性审查，其主要和基本的功能是防止危险。❷ 这种观点的确能够说明部分行政许可的性质。但是，正如本书第三章将要探讨的那样，职业许可的功能不限于危险防范，还包括了对信息不对称的缓解。因此，如果将职业许可定位于无害性审查，则不免失之偏颇。笔者认为，职业许可是一种对申请人职业选择（或执业申请）是否符合法定条件的审查行为。其中，法定条件既可能意在防范职业危险发生，也可能意在缓解职业市场的信息不对称。

对公民而言，设定职业许可的法律为公民职业选择自由的行使附加了一定的条件，公民只有在满足了法定条件后才能选择并从事相应的职业。这些条件是法律为权利行使所设置的限制，当事人只有符合了法定的条件才可以被解除限制。而公民是否具备从事相应职业的法定条件，需要行政机关的审核，而不是由公民自我决定。因此，职业许可首先是一种资格审查行为。

2. 职业许可是一种对符合法定条件申请人的职业选择（或执业申请）的批准行为

行政许可存在的基本前提是法律规范的一般性禁止。其本质是对主体为一

---

❶ 参见许育典：《宪法》，台湾元照出版公司 2006 年版，第 272-273 页。

❷ 参见刘东亮：《无害性审查：行政许可性质新说》，载《行政法学研究》2005 年第 2 期。

定行为或主体为一定行为之特定主体资格之自由和权利所进行的一般性限制或剥夺。这种限制是基于公共利益的需要对其原本的应然权利的有条件的限制和暂时性剥夺，而非对其原有应然权利的否认，更不说明作为主体的人们原本就不享有这一自由或权利。只是说明，主体对权利的出让和法律的暂时性限制或禁止，使其特定权利处于待定状态而已。❶ 职业许可制度，即是通过设定一般性的限制，对符合限制条件的申请人的申请予以批准。因此，职业许可又是一种行政机关作出的批准行为。

但是，行政机关作出的职业许可，并非为行政相对人"创设"了一个新的权利。正如陈端洪教授所言，行政许可法中流贯着自由的精神。❷ 因此，职业许可不过是对公民职业选择自由的普遍限制前提下的部分解禁。而行政机关之所以作出解禁决定，乃是基于认定申请人符合了从事特定职业所必需的法律规定的预设标准。准确地说，职业许可仅仅是"转换"了一个权利，即将属于应然范畴的职业自由，通过"许可"这一法律行为，转换成了受到法律保护的职业自由。因此，不能将职业许可仅仅看作或者首先看作干预公民职业选择自由的管制手段。应该看到，职业许可固然是对职业自由的限制，但职业许可并非只是职业自由僵硬的障碍；实际上，职业许可也是职业自由的保障。归根到底，职业许可的设定和实施都应落脚为对公民职业自由的保障。或者说，虽然职业许可表现为限制，但不是为了限制而限制，是为了保障而限制。因为，法律在设定职业许可的同时，它也限制了行政机关的恣意。❸ 如果行政相对人满足了法律事先规定的职业资格条件，那么行政机关原则上没有拒绝给予许可的裁量余地；而对于已经发放的职业许可，则非有正当事由并经正当程序，不得随意剥夺。根据《行政许可法》第 8 条的规定，被许可人对已经取得的职业许可享有信赖利益。

第三节　职业许可与邻接概念之比较

正如有学者恰当地指出的那样，"对概念的历史研究，不单单是考察一个

---

❶ 参见肖海军：《营业准入制度研究》，法律出版社 2008 年版，第 276 页。

❷ 参见陈端洪：《行政许可与个人自由》，载《法学研究》2004 年第 5 期。

❸ 行政机关在被授予的职权之外，不享有"剩余"权力。因此，对行政机关的授权即是限权，根本目的仍在于保护公民权利。

概念，还要研究在同时代其他与此相近或相邻的一些概念，所有这些就一起构成了概念群，形成一种概念结构，或一种概念的谱系。"❶ 由于本书旨在为最终确立一套有效率的职业管制制度安排提出理论解说，因此不可能孤立地观察职业许可。职业许可的价值及其局限，都是在与其他相似概念或制度的比较中才得以充分显现的。因此，将职业许可与其邻接概念进行比照，对全面、准确地理解职业许可概念本身，是极为有益的。

一、职业许可与营业许可

营业许可亦称营业准入，是指"民事主体进入营业领域进行营业性投资或从事营利性活动受法律或政策预设条件和程序之限制程度的概称"。肖海军教授认为，它体现的是民事主体与国家之间在营业机会分配和营业进入条件设置过程中所形成的权利与权力、利益与责任的分配关系。❷ 对比前文对职业许可的界定即可看到，职业许可与营业许可存在较大区别，但也有一定联系。

（一）职业许可与营业许可的区别

首先，从限制内容上看，营业许可限制的内容是营业自由；职业许可限制的内容是职业自由。其次，从限制目的上看，职业许可往往是基于提高从业水平，因而要求许可申请人必须具备从事某种特定职业的基本资格，如法律职业资格、执业医师资格等；而营业许可则往往是基于维持公共安全或公共秩序的需要而对民事主体的营业自由加以限制，该营业本身却未必需要什么特殊的本领，如开办旅馆、网吧等。最后，从限制对象上看，由于营业自由的主体往往是法人或非法人企业，因此营业许可限制的对象主要是组织；而职业自由的主体则是自然人，因此职业许可限制的对象只能是自然人。大体可以说，营业许可是一种"企业执照"，职业许可则是一种"工作者执照"。❸

（二）职业许可与营业许可的联系

首先，在古代社会，职业许可与营业许可是二者合一的。中世纪以前的西欧城市中的商人协会、船主协会和各种手工业协会等城市工商业协会，都是建

---

❶ 李宏图：《概念史与历史的选择》，载《史学理论研究》2012 年第 1 期。
❷ 肖海军：《营业准入制度研究》，法律出版社 2008 年版，第 30 页。
❸ ［美］穆雷·罗斯巴德：《权力与市场》，刘云鹏等译，新星出版社 2007 年版，第 42 页。

立在简单商品生产基础之上，以奴隶劳动为特点的。奴隶社会的生产方式以奴隶"委身"于奴隶主为基本特征，奴隶主从事的营业与职业并不需要刻意区分。即只可能存在奴隶主向官府申办的营业许可，不可能存在独立的职业许可。即"营业在古代社会尚不具有普遍性和经常性，且营业的主体主要为分散的自然人个体与家庭"。❶ 也就是说，彼时，营业与职业并不区分。可以设想的是，随着经济社会的发展，手工业主中间发生了分化，一部分手工业主扩大其经营规模，需要雇佣他人为其劳动；而另一部分经营不善的手工业主则沦为前者的雇佣工人。依肖海军教授之见，到了中世纪，传统意义上的个体型营业悄悄地被组织型营业所取代。❷ 于是，营业与职业发生了历史分野。作为与营业许可相对称的概念，职业许可是建立在以人身平等为前提的雇佣关系基础之上的。而雇佣关系是时至近代才出现的经济社会现象。没有雇佣关系存在，也就不会有他雇劳动者（工资劳动者）存在，从而职业这一概念也就缺少独立的必要。

其次，在现代社会，职业许可与营业许可也是相互依存的。第一，营业许可往往以职业许可为前提。例如 2005 年修订的《证券法》第 124 条规定，设立证券公司应当具备的条件，包括"从业人员具有证券从业资格"。第二，职业许可往往以营业许可为依托。例如，2013 年中国保监会发布的《保险销售从业人员监管办法》第 4 条规定："保险销售从业人员应当符合中国保监会规定的资格条件，取得中国保监会颁发的资格证书，执业前取得所在保险公司、保险代理机构发放的执业证书。"

另外，在此就"营业从业资格准入"❸ 概念再做些讨论。肖海军教授认为，营业从业资格准入，是指自然人的从业资格许可，即自然人如从事某些须具有一定专业性、技术性、标准性要求领域的营业，就须取得该营业领域或特定行业的从业资格，方可进入该营业领域进行营业。他还特别强调，营业从业资格准入与通常意义上的就业准入资格许可是有区别的。营业从业资格许可所解决的是自然人在特定行业进行独立营业的资格，而就业准入资格所解决的是作为劳动者选择特定行业作为其稳定职业而必须具备的能力和技术素养。❹ 笔者认为，"营业从业资格准入"是一个多余的概念。如果说这一概念要解决的

---

❶　肖海军：《营业准入制度研究》，法律出版社 2008 年版，第 195 页。

❷　参见肖海军：《营业准入制度研究》，法律出版社 2008 年版，第 195 页。

❸　参见肖海军：《营业准入制度研究》，法律出版社 2008 年版，第 324 页。

❹　参见肖海军：《营业准入制度研究》，法律出版社 2008 年版，第 325 页。

是自然人在特定行业进行独立经营的资格，那么它其实就是一个职业资格许可问题。恰如论者所例举的那些职业人员（执业律师、会计师、执业医师、建筑师等），他们都不是以个人名义对外营业的，而是都需要依托营业组织（哪怕是形式上的"挂靠"）才能执业。

二、职业许可与职业认证❶

（一）职业许可与职业认证的历史流变

职业许可与职业认证，均属学术用语。它们大体相当于我国有关法律规范中最初使用的"从业资格"与"执业资格"❷。其中，"从业资格"又经历了"职业水平评价"❸和"能力水平评价"❹的名称变化；"执业资格"也相应地经历了"准入类资格"和"行政许可类资格"的名称变化。"执业"原本是指单独或独立承担的职业，是针对特定责任而言的，但在我国，个人执业的重要职业并不多见，因此在目前以"执业"和"非执业"描绘这类资格并不具有代表性。而"准入性资格"概念是针对保护社会公众利益实施的职业控制而言，突出强调了"获准进入职业市场"的意涵，"行政许可类资格"则强调了资格的设置需要特定的法定程序❺。

（二）职业许可与职业认证的区别与联系

目前来看，职业许可与职业认证是职业管制的两种重要形式。职业认证的

---

❶ 职业许可与职业认证的区别与联系，要在本书第四章第三节内详论，在此仅简述其大概。

❷ 1994 年 2 月 22 日，原人事部和原劳动部联合发布的《职业资格证书规定》明确了我国的职业资格分为两类，即从业资格和执业资格。从业资格是指从事某一专业（工种）学识、技术和能力的起点标准。执业资格是指政府对某些责任较大，社会通用性强，关系公共利益的专业（工种）实行准入控制，是依法独立开业或从事某一特定专业（工种）学识、技术和能力的必备标准。从业资格一般通过学历认定或考试取得；执业资格必须通过考试取得。

❸ 2004 年 7 月 1 日《行政许可法》施行以后，国务院开始以国务院决定的形式设定准入类职业资格，相对应地，非准入类职业资格被称为职业水平评价类资格。

❹ 2007 年 12 月，国务院办公厅发布的《关于清理规范各类职业资格相关活动的通知》提出，对涉及公共安全、人身健康、人民生命财产安全等特定职业（工种），国家依据有关法律、行政法规或国务院决定设置行政许可类职业资格；对社会通用性强、专业性强、技能要求高的职业（工种），根据经济社会发展需要，由国务院人事、劳动保障部门会同国务院有关主管部门制定职业标准，建立能力水平评价制度（非行政许可类职业资格）。

❺ 参见吕忠民编著：《职业资格制度概论》，中国人事出版社 2011 年版，第 22~23 页。

特点在于，它不排斥任何人从事相关工作，但是政府或者非政府组织设置一个考试并且给通过这个考试的人一个证明书。而在职业许可制下，没有最初来自政府的许可而从事职业活动即为非法。❶由此可见，职业许可与职业认证对职业申请人权利的约束程度不同。职业许可制度排斥不具有特定职业资格的人从事该种职业；而职业认证则仅仅表明持有证书的人具备了较之一般人更高的职业能力，它并不排斥没有资格的人从事相关职业。即是说，职业许可与职业认证在本质上是一样的，都是对职业资格的要求；不同的是，职业许可是通过法律规范设立职业门槛，职业认证则是通过市场机制设立职业门槛。

由此可见，职业资格制度与职业许可制度是包含与被包含的关系。虽然笼统地说，职业资格证书是证书持有人专业水平能力的证明，可以作为求职、就业的凭证和从事特定专业的法定注册凭证。❷但是，我国的职业资格证书实际上包含了"认证"性质的职业资格证书和"许可"性质的职业资格证书。依日本学者之见，职业资格制度包括三类：其一，只批准资格取得者从事该项业务，而禁止资格取得者以外的人从事该业务的"业务限制资格"（如医师、律师等）；其二，对管理、监督一定事业活动者（如危险物管理等）设置资格制度，并且规定事业者有必要在其事业内部设置资格取得者的义务的"业务必置资格"；其三，对取得一定专业知识、技能者加以公证，授予其一定名称、称号的"名称资格"。❸上述三种资格，在中国分别对应的就是职业许可、某些公司的高级管理人员（例如证券公司董事、经理等）的任职资格许可以及职业认证。前两者均属于许可类职业资格。

三、职业许可与职业准入

所谓市场准入（Market Access），原系经济学术语，一般是指货物、劳务与资本进入市场程度的许可。其法律含义即行政许可。职业准入属于市场准入中的劳务准入类别。

据有关学者的考证，"职业准入"是于 2005 年《注册环保工程师制度暂

---

❶ Morris · M. Kleiner, A License for Protection, *Regulation*, Vol. 29, No. 3, Fall 2006, p. 17. 另可参见［美］米尔顿·弗里德曼：《资本主义与自由》，张瑞玉译，商务印书馆 2004 年版，第 155–156 页。

❷ 参见胡志民编著：《法律基础与 HR》，华东理工大学出版社 2010 年版，第 144 页。

❸ 在日本这三类资格 1988 年末时已达到 200 种。参见［日］植草益：《微观规制经济学》，朱绍文等译，中国发展出版社 1992 年版，第 288 页。

行规定》中首次使用并沿用至今的。❶ 2005 年《国务院关于大力发展职业教育的决定》中也提出"严格实行就业准入制度，完善职业资格证书制度"，"进一步完善涉及人民生命财产安全的相关职业的准入办法"。依周光明先生之见，职业准入是政府依法进行公共管理政策的重要组成部分，也是政府宏观调控人力资源数量与结构，建立终身学习体系、指导优质人力资源在行业与地区之间合理流动的一种手段。职业准入实际上包括了准入和退出两个方面。准入问题由职业资格证书考试制度解决，而退出问题则由职业资格证书管理制度来解决，两者共同构成了准入制度。❷

由此可见，如果将职业准入作狭义的理解，那么职业准入与职业许可同义。对某些特定职业来说，获取职业资格证书是进入并从事该种职业的前提。这时，职业准入这一经济学内容，即是通过职业许可这一法律形式表现出来的。在各国，职业许可的制度化就是职业准入制度。因此，在一般意义上，职业许可与职业准入可交叉使用。

总之，不同学科研究同一社会现象，会进入不同的话语体系和使用不同的专业术语。对比而言，职业许可是一个法学概念，而职业准入则更多地带有经济学的色彩。实际上它们的本质是相通的。

四、职业许可与职业管制

管制，在经济学上，一般被解释为政府对市场的干预。"管制研究的对象是各种可替代的政府干预市场形式的复杂特征和后果。"❸ 仿此，职业管制是指国家（通过政府）对公民选择、执行和放弃职业行为的管理和控制。在此意义上，将职业管制理解为职业干预，更为浅显易懂。即是说，一切对职业市场的干预，都可以被理解为职业管制；甚至在某种语境中，不干预也被理解为广义上的管制形式。

一般来说，职业管制的形式包括：职业许可、职业认证、侵权诉讼、矫正税、职业责任保险、市场机制等多种形式。❹ 因此，职业许可仅仅是若干职业

---

❶ 参见吕忠民编著：《职业资格制度概论》，中国人事出版社 2011 年版，第 21 页。

❷ 参见周光明：《职业资格许可制度研究》，湘潭大学 2004 年硕士学位论文，第 3 页。

❸ ［美］丹尼尔·F. 史普博：《管制与市场》，余晖等译，上海三联书店、上海人民出版社 1999 年版，第 30 页。

❹ 详见本书第四章第三节。

管制形式中的一种。例如，给某些特殊职业以职业补贴，也可以称为广义上的职业管制，但显然不是职业许可。

不过，就过程论而言，职业许可事实上也包括了事前、事中和事后管制。事前管制主要是通过许可制度，严格控制人员的进入。事中管制主要是表现为对被许可人执业的监管；事后管制主要是主管部门对违反法律、法规的执业行为追究相应的法律责任，包括民事责任（如注册会计师的第三人责任）、行政责任和刑事责任。但在一般意义上，职业许可是指对公民选择职业时的许可，即进入许可。尽管本书对职业许可制度的过程分析无可避免地会涉及职业许可的事中和事后管制，但主要来说，还是将职业许可作为一种事前管制手段加以讨论的。至于事中监管和事后的惩罚，都是事前进入管制的自然延伸。

五、职业许可与职称资格

职称资格，是指专业技术职务任职资格。它是从事某种类别及某种层次职业所必备的专门知识和技能的资信证明。从字面上讲，职称资格仅是学术职务的名称，不属于职业许可范畴，因为它并不涉及职业选择的"门槛"问题。例如，执业医师是一种许可类职业资格，但执业医师中的主任医师、副主任医师、主治医师、医师、医士等，则是专业技术职务任职资格（职称）。而许可类职业资格表明的则是从事某一职业的前置条件。例如，要从事律师职业，必须先取得法律职业资格；要从事教学工作，必须先取得教师职业资格。

如今，个别领域内的职称也进行了"以考代评"的改革，即一定程度上实现了职业资格与职称资格的并轨。例如统计职称系列中的初、中级职称（统计员和统计师），自1995年起需要通过全国统一考试取得，但是高级统计师则仍需通过传统的评定方式取得。

43

本章小结

尽管多数人在使用职业许可这个术语时，并不过多地考虑其准确性，但作为学术研究应力戒语义上的混乱。本书所谓职业许可，即职业行政许可的简称，是指在法律一般禁止的前提下，行政主体根据行政相对人的申请，经依法审查，通过颁发许可证、执照等形式，确认行政相对人从事某种职业活动法律资格的行为或制度。职业许可是职业资格许可与职业行为许可的结合，具有强烈的人身专属性，但并不具有排他性。职业许可以对公民职业自由的一般性限制为前提，系对公民职业自由的法律化转换。职业许可与营业许可、职业认证、职业准入、职业管制、职称资格等之间，既有一定联系，也存在明显的区别。

第三章

职业许可的成因

　　正确的社会调查方法的基础，是掌握理想与实际的区别，应用我们对一方面的知识去了解另一方面。

　　　　　　　　　　　　　　　　　　　　　——霍布豪斯*

　　职业许可的兴起与发展是有其理论渊源的。用于解释职业许可的理论有法律父爱主义❶、公共利益理论❷、外部性理论❸、信息不对称理论❹、公共选择理论❺，等等。法律父爱主义自身缺少独立性，它作为一种解释职业许可的理念，仅仅是

---

　　* ［英］L. T. 霍布豪斯：《形而上学的国家论》，汪淑钧译，商务印书馆1997年版，第10页。

　　❶　美国学者 Shirley Svorny 认为，家长主义是正当化职业许可的一个常见的理由。Shirley Svorny, *Licensing*, *Market Entry Regulation*, in B. Bouckaert and G. De Geest (eds.), Encyclopaedia of Law and E-conomics, Vol. Ⅲ, (Edward Elgar, 2000), p. 307. 英国法经济学家安东尼·奥格斯认为，家长主义的动机，对某些职业准入体系提供了可能的解释。参见［英］安东尼·奥格斯：《规制：法律形式与经济学理论》，骆梅英译，中国人民大学出版社2008年版，第221-222页。郭春镇博士指出了法律父爱主义与基本权利限制理论的关联。参见郭春镇：《法律父爱主义及其对基本权利的限制》，法律出版社2010年版，第95-109页。陈端洪教授也认为，"不管在专制国家还是在民主国家，行政许可制度都或多或少地与父母心态有关。中国行政许可制度的过剩及许多弊端也根源于父权式国家观念。"参见陈端洪：《行政许可与个人自由》，载《法学研究》2004年第5期。

　　❷　认为设置和实施行政许可的出发点是公共利益，可谓是所有涉及行政许可的著述的共识。参见应松年主编：《当代中国行政法》（上卷），中国方正出版社2005年版，第710、720页；陈端洪教授也指出，行政干预个人自由的正当理由和原则界线是公共利益。参见陈端洪：《行政许可与个人自由》，载《法学研究》2004年第5期。

　　❸　美国学者指出，由于某些职业行为的潜在危害非常分散，因此并非当事人双方的私事。职业行为会产生哪些危害，通常无法只从个人利益的角度加以判断。Morris M. Kleiner, Occupational Licensing, *The Journal of Economic Perspectives*, Vol. 14, No. 4 (Autumn, 2000), p. 192.

　　❹　参见曹国利：《信息不对称：政府规制的经济理由》，载《财经研究》1998年第6期。

　　❺　例如，美国学者盖尔霍恩指出，职业团体试图通过限制职业的进入以减少竞争，从而禁止他人分享他们的地位及特权。Walter Gellhorn, *Individual Freedom and Governmental Restrain*, Louisiana State University press, 1956, p. 114. 加尔布雷思则认为，职业协会的一个主要目的就是限制或消除价格竞争。参见［美］约翰·肯尼思·加尔布雷思：《权力的分析》，陶远华、苏世军译，河北人民出版社1988年版，第103页。

一种与公共利益理论有交叠关系的原则。❶ 外部性理论与信息不对称理论可以合称为市场失灵理论，而市场失灵只不过是职业许可的事实前提，它并非解释职业许可存在的原因。道理很简单，弥补市场失灵才是职业许可存在的理由。而弥补市场失灵即是政府对职业选择进行管制之公益目的。因此，总的看来，上述解释职业许可的理论都可以归结为公共利益理论和公共选择理论。其中，前者是规范主义的，它描述的或许仅仅是理想；而后者是实证主义的，它道出的只不过是事实。

第一节　公共利益理论

从规范行政法学角度而言，作为一种对公民择业自由的事先限制机制，职业许可关系应是以公共利益为本位的社会关系，因此设置和实施职业许可的出发点也只能是为了公共利益。❷ 正如哈耶克所指出的，只有在实现公共利益所必需的时候，才能允许对个人施以强制，这是自由传统的一项基本原则。❸ 因此，从逻辑上，只有为了公共安全、公众健康、公共秩序等公共利益，国家才可以通过法律规定公民申请从事某一职业所必要的限制条件或程序。此即解释职业许可的公共利益理论。

一、公共利益与职业许可

承认公共利益客观存在，是公共利益理论能解释职业许可的必要前提。开宗明义地说，笔者是公共利益存在论的支持者。公共利益之所以不同于个人利

---

❶　郭春镇博士指出，就适用范围而言，法律父爱主义包括了公共利益之一部分，但又无法涵盖其全部。参见郭春镇：《法律父爱主义及其对基本权利的限制》，法律出版社 2010 年版，第 78 页。笔者亦曾提出，仅对行为人有利而丝毫不对其他人有利的情形，即所谓"纯粹的家长主义"，即使存在，也非常罕见。往往是法律家长主义出于直接地维护某个或某些人的利益之目的，而同时间接地维护了公共利益。参见拙作：《职业自由限制中的法律家长主义：表现、成因与局限》，载《山西师大学报》（社会科学版）2012 年第 6 期。

❷　参见应松年主编：《当代中国行政法》（上卷），中国方正出版社 2005 年版，第 710 页。

❸　参见 [英] 弗里德利希·冯·哈耶克：《法律、立法与自由》（第二、三卷），邓正来等译，中国大百科全书出版社 2000 年版，第 2 页。

益，在于其能为"不特定的多数人"所"共享"。因此，只要承认这个世界上的确存在一些能为不特定的多数人所共享的利益，那么公共利益就是客观存在的社会现象。一件衣服穿在个人身上，（其财产权）就完全是个人的；只要这个世界由两个人以上所组成，秩序、安全等利益内容则难以由个人独自"揣进腰包"。同时，"社会并不是个人相加的简单总和，而是由个人的结合而形成的体系，而这个体系则是一种具有自身属性的独特的实在。"❶ 在现代社会，正是由于分工的发展和深化，人与人之间的相互依赖程度不断提高，使得合作成为人类社会生活的本质。"共同生活只能依靠共同生活的人的有效合作来实现。"❷ 斯宾塞正是用合作带来的好处解释社会的形成的。❸ 有合作就有共同的需求，有共同的需求就有共同的利益。事实亦是如此。在人类的任何组织中，从某种意义上说，组织的整体利益不等于它的全体成员利益之和。小至一个家庭，尽管夫妻之间的共同利益与个人利益密切相关，但仍然不同于个人利益；大至一个国家，国家的整体利益（公共利益）与个人利益的总和也存在实质的差别。❹ "人们组成国家这一政治社会，并服从政府的普遍权威，是为了实现非政府状态无法实现的正义、公正、福利。"❺

（一）国家对公共利益承担责任

我们现在深处于一个"国家管理的社会"（State-managed societies）。❻ 国家的出现，不仅仅是古代世界的"最重要的成就"，❼ 也是今天我们讨论若干公共问题的既定前提。因为"所有的社会的联合都要求存在统治，而且这样也不坏"。而且，"问题不是我们能够如何从一切统治中解放出来，并想入非非地沉醉于一种田园牧歌式的牧羊人生活，而是我们如何能够驾驭统治，使得

---

❶　[法] E. 迪尔凯姆：《社会学方法的准则》，商务印书馆 1995 年版，第 119 页。

❷　[法] E. 迪尔凯姆：《社会学方法的准则》，商务印书馆 1995 年版，第 128 页。

❸　参见 [法] E. 迪尔凯姆：《社会学方法的准则》，商务印书馆 1995 年版，第 106 页。

❹　迪尔凯姆曾比喻说，"青铜的硬度并不存在于形成它的、具有柔韧性的铜、锡、铅这些物质之中，而是存在于它们的合成物之中。水的流动性、营养性和其他属性并不存在于合成水的两种气体之中，而是存在于由它们的结合而形成的合成物之中。"参见 [法] E. 迪尔凯姆：《社会学方法的准则》，商务印书馆 1995 年版，第 12 页。

❺　杨建顺：《日本行政法通论》，中国法制出版社 1998 年版，第 425 页。

❻　[美] 丹尼尔·贝尔：《资本主义文化矛盾》，赵一凡等译，生活·读书·新知三联书店 1989 年版，第 70 页。

❼　[美] 道格拉斯·C. 诺思：《经济史上的结构和变革》，厉以平译，商务印书馆 1992 年版，第 108 页。

最佳的生存机会成为可能。"❶ 因此，要理解公共利益之精髓，离不开对国家理论的适当引入。

1. 公共利益的维护是国家起源与存在的根本原因

关于国家起源的学说，有代表性的是两种理论：一是社会契约论，二是阶级斗争论。这两种国家起源理论的共通之处在于，它们都承认国家起源于社会对"公共利益"（公共安全与公共秩序）的需求。

荷兰思想家格劳秀斯最早提出国家起源于契约的观念。他认为国家是"一群自由的人为享受权利和他们的共同利益而结合起来的完整的联合体"。❷英国思想家霍布斯从他的人性观和自然法学说出发提出，既然自然状态如虎狼之境悲惨可怕，出于人的理性驱使，人们要求摆脱它而寻求有组织的和平生活，就相互订立了一种社会契约，"把大家所有的权力和力量托付给某一个人或一个能通过多数的意见把大家的意志化为一个意志的多人组成的集体。"从此"按约建立的国家"便产生了。❸英国另一位思想家约翰·洛克也试图以自然法学说阐明国家的起源。他用那种雄辩的语言说："任何人放弃自然自由并受制于公民社会的种种限制的唯一方法，是同其他人协议联合组成为一个共同体，以谋他们彼此间的舒适、安全和和平的生活，以便安稳地享受他们的财产并且有更大的保障防止共同体以外任何人的侵犯。""当这些人这样地同意建立一个共同体或政府时，他们因此就立刻结合起来并组成一个国家。"❹作为社会契约论的集大成者，卢梭将国家起源于契约的理论作了最为系统的阐述。在他看来，社会契约所要解决的根本问题是"要寻找一种结合的形式，使它能以全部共同的力量来卫护和保障每个结合者的人身和财富"，"每个结合者及其自身的一切权利全部都转让给整个的集体"。❺社会契约论的国家理论强调的是，国家的权力是用来为国民提供公共服务的。

恩格斯勾画的国家起源的脉络是，随着生产力水平的不断提高，私有制的出现，原始社会的氏族逐渐破产，阶级出现，国家则是作为阶级斗争的工具出现的。恩格斯认为，建立国家的最初企图，就在于破坏氏族的联系，其办法就

---

❶ ［英］拉尔夫·达仁道夫：《现代社会冲突——自由政治随感》，林荣远译，中国社会科学出版社 2000 年版，第 39、40 页。

❷ 转引自 ［美］E. 博登海默：《法理学——法律哲学与法律方法》，邓正来译，中国政法大学出版社 2004 年修订版，第 46 页。

❸ 参见 ［英］霍布斯：《利维坦》，黎思复等译，商务印书馆 1985 年版，第 126-132 页。

❹ ［英］洛克：《政府论》（下篇），叶启芳等译，商务印书馆 1964 年版，第 59、60 页。

❺ ［法］卢梭：《社会契约论》，何兆武译，商务印书馆 2003 年版，第 19 页。

是把每一氏族的成员分为特权者和非特权者，把非特权者又按照他们的职业分为两个阶级，从而使之互相对立起来。当氏族制度走到尽头，社会就越来越超出氏族制度的范围；与此同时，国家已经不知不觉地发展起来，并在城市和乡村之间、在各种城市劳动部门间，创立国家机关，设置了各种公职。❶ 恩格斯认为，国家绝不是从外部强加于社会的一种力量。国家也不像黑格尔所断言的是"伦理观念的现实"，"理性的形象和现实"。他认为，国家是社会在一定发展阶段上的产物。"国家是承认：这个社会陷入了不可解决的自我矛盾，分裂为不可调和的对立面而又无力摆脱这些对立面。而为了使这些对立面，这些经济利益互相冲突的阶级，不致在无谓的斗争中把自己和社会消灭，就需要有一种表面上凌驾于社会之上的力量，这种力量应当缓和冲突，把冲突保持在'秩序'的范围以内；这种从社会中产生但又自居于社会之上并且日益同社会相异化的力量，就是国家。"❷

阶级斗争论认为，由于国家是从控制阶级对立的需要中产生的，同时它又是在阶级的冲突中产生的，所以，国家是占统治地位的阶级镇压和剥削被压迫阶级的手段。

另外，也有经济学家指出："裁决争议和实施其决策的专职保护者的出现，确定了国家的产生。"❸

应当说，任何一种国家理论都不是对历史的描述和真实再现，而是一种探求性解说。"它们都以人类的、非历史的、无法证实的状态作为他们的基本假设。"❹ 但是，从上述描述中可以看出，这两种不同的国家起源理论，其相同之处在于，都承认国家起源于提供那些个人无法用金钱为自己购买到的商品或服务（如国防、治安、公共道路等公共利益）的需要。同时，这也暗示了"未来法学理论的一个主要任务将是运用'公共法'原则去优先考虑群体的要求，而不再以个人需要为出发点。"❺

2. 公共利益的维护是国家权力限制公民权利的正当性理由

任何社会都需要对不同个体之间的利益进行协调。在现代社会中，从逻辑

---

❶ 参见《家庭、私有制和国家的起源》，人民出版社 1999 年版，第 114-117 页。

❷ 《家庭、私有制和国家的起源》，人民出版社 1999 年版，第 177 页。

❸ ［美］约拉姆·巴泽尔：《国家理论——经济权利、法律权利与国家范围》，钱勇、曾咏梅译，上海财经大学出版社 2006 年版，第 365 页。

❹ ［英］梅因：《古代法》，沈景一译，商务印书馆 1959 年版，第 66 页。

❺ ［美］丹尼尔·贝尔：《资本主义文化矛盾》，赵一凡等译，生活·读书·新知三联书店 1989 年版，第 71 页。

上，国家限制公民权利的目的只有为了公共利益方为正当。因为"政府本身的'合法性'，正存在于这样的公共需要当中——政府本身是被公众创造出来保护公众权益、调解社会纠纷的社会仲裁人"。❶ "在宪政国家，国家机构的职能是实现特定的国家目标，这些国家目标使国家机构授权具有合法性。国家权力最基本的、预先合宪的正当性来自于公共福祉。"❷ 因此，只有为了诸如国家安全、领土完整和公共安全、公众健康等，国家才可以通过法律规定公民行使宪法权利所应当遵守的、于法治社会所必要的限制条件或程序。当然，这里还隐含着另一层含义，即国家只要以公共利益之名，往往就可以对公民权利施以限制。因此，有必要防范国家权力行使时的恣意。至于如何控制国家权力的恣意行使之问题，因其明显地溢出了本书的题旨，故不赘言。

(二) 职业许可的制度正当性在于对公共利益的维护

不同职业的产生，根源于劳动者的社会分工。如费孝通先生所描绘的，社会分工的结果使得每个人都不能"不求人"而生活。虽然分工对每个人都有利，因为人们可以花费较少的劳力得到较多的收获；人靠分工减轻了生活担子，增加了享受。但这种享受是有代价的，这种代价就是："如果别人不好好地安于其位地做他所分的工作，就会影响自己的生活。""同样，自己如果不尽其分，也会影响人家。"从而"各人都有维持各人的工作、维护各人可以互相监督的责任。没有人可以'任意'依自己高兴去做自己想做的事，而得遵守着大家同意分配的工作。"而为了保障人们遵守或者说防止有人不遵守，于是就发生了共同授予的权力。而这种权力的基础就是社会契约、是同意。❸ 费孝通先生所论共同授予那种权力的目的，说到底还是为了维护作为公共利益的公共秩序。循此，可以扩展开说，职业许可的正当性目的必须是为了公共利益的维护。

如前所述，职业许可的法律本质，是一般性地限制公民宪法上普遍的择业自由，因此从现代国家宪政理念来看，职业许可必须有确保和增进公共福祉的合理理由。所谓公共福祉，可以是社会秩序的维持，国民生命、健康及财产安

---

❶ 樊纲：《作为公共机构的政府职能》，载刘军宁、王焱、贺卫方编：《市场逻辑与国家观念》，生活·读书·新知三联书店 1995 年版，第 16 页。

❷ ［德］乌茨·施利斯基：《经济公法》，喻文光译，法律出版社 2006 年版，第 169-170 页。

❸ 费孝通：《乡土中国·生育制度》，北京大学出版社 1998 年版，第 59-60 页。

全的确保，环境的保全，消费者的保护，国民经济的健康发展等。❶ 得以公共利益之名对公民的职业自由进行限制，其基本理由在于公民个人自由选择职业的欲求可能与公共利益相悖，因而有慎重对待的必要。如果将职业自由绝对化，或会对维持社会生活不可或缺的公共安全与秩序产生威胁。因此，很多国家宪法明确规定可对职业自由予以法律限制。如巴基斯坦宪法在明确规定公民享有职业自由的同时，也明确国家可以"通过许可证制度对贸易或专业实行管制"。再如巴林宪法也明确规定公民选择职业的权利的行使，以不违反公共秩序和道德规范为限。印度宪法在赋予公民职业自由的同时，也明确国家可以基于公共利益对职业自由加以合理限制，特别是可以制定法律规定从事任何专业、职业、商业和事业所必需的专业资格或技术资格。塞浦路斯宪法第 25 条第 2 款规定："根据从事职业通常所必要的资格，并根据共和国安全、宪法秩序、公共安全、公共秩序，或公共卫生、公共道德、维护本宪法所赋予的个人权利与自由，或增进公共利益的需要，法律规定行使上款权利所必须遵守的手续、条件和限制……"❷ 我国有关部门也曾提出，国家按照有利于经济发展、社会公认、国际可比、事关公共利益的原则，在涉及国家、人民生命财产安全的专业技术工作领域，实行专业技术人员职业资格制度。❸

即是不能受制于自由主义的偏见而漫无限度地主张职业自由，而是要同时考虑这种自由的社会功能。事实上，公民既需要最低限度的自由（当然包括职业自由），也需要最低限度的秩序（当然包括职业选择秩序）。公民的职业自由虽然受到宪法保护，不可剥夺，但却并非"愿干则干"的那种绝对自决领域。为了防止职业选择的"溢出效应"，国家可以依法对公民的职业自由予以必要的限制。如杨建顺教授所指出的，为了减少或防止未达到相应水平的人妨害公众和社会利益，需要设置相应的准入壁垒。❹ "人们享有选择职业的自由，但对大多数人而言，成为医生、建筑师、律师或者飞机驾驶员，不应像选择一种业余爱好、宗教信仰或者普通工作那样自由。因为公众依赖这些服务，就像他们依赖食品、汽车或电梯的制造者一样。如果法律不对这类从业者的资质、训练和技能予以限制，公众的自由就岌岌可危了。"❺ 如果公共利益要求

❶　参见杨建顺：《行政规制与权利保障》，中国人民大学出版社 2007 年版，第 354 页。

❷　姜士林等主编：《世界宪法全书》，青岛出版社 1997 年版，第 142、190、586、394 页。

❸　参见《职业资格证书制度暂行办法》（人职发 [1995] 6 号），第 2 条。

❹　参见杨建顺：《行政规制与权利保障》，中国人民大学出版社 2007 年版，第 346 页。

❺　[美] 弗里德曼：《选择的共和国——法律、权威与文化》，高鸿钧等译，清华大学出版社 2005 年版，译者导言，第 16 页。

国家采取行动，那么国家就必须对职业自由进行规范。职业许可制度，即是意在将一些江湖骗子或不称职者阻止在某种职业大门之外，从而在某种程度上维护公共利益。

当然，国家不能以抽象的公共利益为由，一般性地限制公民宪法上普遍的职业自由。如果只是笼统地说"为了维护公共秩序、社会公德"，而不能说明是哪一项"狭窄而明确"的"公共秩序""社会公德"时，这样的限制仍然是不合法的。● 例如，德国就曾对手工业法进行检讨，能否以"保障手工业的服务水平和服务能力，保障所有手工业的后续发展"为充分理由，实行出师考试制度从而对有关人员的能力进行审查，作为进入该行业的限制。有关党派提出的修改手工业法的草案提出，应当将手工业资格证书限于对第三人的健康和生命可能产生危险的手工业行业，才能进一步确保手工业资格证书的合宪性。❷

二、市场失灵与职业许可

"在很多情况下，按照有效性或公正性来衡量，市场本身可造成有害甚至灾难性的后果。"❸ "经济学具有一个普遍赞同的观点：即使是在一个自由企业经济中，也总会存在某些'市场失灵'之处，在这种情况下，政府有介入进去以弥补市场缺陷的责任。"❹ "市场失灵这种现象无处不在，而政府也有能力对市场进行调节，使社会向最佳状态靠近。"❺ 事实也证明，当社会面临市场失灵问题时，政府的存在能够节约许多交易成本。❻ 一般而言，职业市场失灵可以分解为职业行为的负外部性和职业市场的信息不对称。根据公共利益理

● 参见林海：《对于表达自由的合理限制——评香港特别行政区诉吴恭劭、利建润案》，载《法治研究》2009 年第 9 期，第 67 页。

❷ 参见［德］罗尔夫·施托贝尔：《经济宪法与经济行政法》，谢立斌译，商务印书馆 2008 年版，第 83 页。

❸ ［美］凯斯·R. 桑斯坦：《自由市场与社会正义》，金朝武等译，中国政法大学出版社 2002 年版，第 360 页。

❹ ［英］J. R. 沙克尔顿、G. 洛克斯利编著：《当代十二位经济学家》，陶海粟、潘慕平等译，商务印书馆 1992 年版，第 7 页。

❺ ［美］斯蒂夫·G. 梅德玛：《捆住市场的手——如何驯服利己主义》，启蒙编译所译，中央编译出版社 2014 年版，第 169 页。

❻ 参见［英］丹尼斯·C. 缪勒：《公共选择理论》（第 3 版），韩旭、杨春学等译，中国社会科学出版社 2010 年版，第 45 页。

论，职业许可的兴起与扩展即旨在弥补这两类市场失灵。其中，前者系由职业的广泛公共性引起，后者系由职业的高度专业性所致。

（一）职业许可兴起的原因

根据经济基础决定上层建筑的原理，职业许可当然反映了历史上经济社会发展的客观要求。但直接来说，职业许可则是矫治职业行为负外部性与缓解职业市场信息不对称的需要。

首先，某些特定职业专业性的提高促进了职业许可的兴起。据考证，1140年，南意大利的诺曼王国国王罗杰二世在其颁布的西方第一部近代王室法典——《阿里亚诺法令》第36条中就规定：医生无国王签发的执照不得行医，并在事实上采用了对医生的考试制度。这被视为欧洲实施职业许可制度的第一个例证。[1] 1200年，法国的巴黎大学获得国王颁发的特许状，成为第一所由俗世君主批准的大学。这份特许状正式规定了一个习惯法例，即学位乃是授予从事某种专门职业的权利。[2] 同样地，在意大利，在波伦亚大学创建一个多世纪以后的1219年，教皇发布命令规定未经波伦亚副主教考试并颁发许可证，任何人都不得被任命为教师（即不得接受博士学位）。自此开始，教会的"教学许可证"在意大利如同其他地方一样成为必需。[3] 法国在1274年和1278年、英国在1292年，限定只有经司法官员批准者方可从事法律工作。[4] 凭借对职业许可萌芽史的粗略一瞥，如果说发现有什么规律，那就是不论是医师还是教师或是律师，这些最早受到规制的职业都具有较高的专业性。[5] 而在现代社会，某些特定职业的专业性更是日益精微，这就意味着，非经特殊而专门的训练、研习，一般人不能轻易胜任。[6] 职业许可不过是将这种必须经过的专门训练、研

---

[1] 参见［美］哈罗德·J.伯尔曼：《法律与革命——西方法律传统的形成》，贺卫方等译，中国大百科全书出版社1993年版，第508页。

[2] 参见［法］泰格、利维：《法律与资本主义的兴起》，纪琨译，学林出版社1996年版，第118页。

[3] 参见［美］哈罗德·J.伯尔曼：《法律与革命——西方法律传统的形成》，贺卫方等译，中国大百科全书出版社1993年版，第150页。

[4] 参见［法］泰格、利维：《法律与资本主义的兴起》，纪琨译，学林出版社1996年版，第151页。

[5] 比较而言，这些职业的公共性，就其最初来说，实际上还算微不足道的。

[6] 孙笑侠教授在谈到职业制度时说到，需要职业资格考试的根本原因在于，不具有职业思维，就无法进入职业共同体。参见孙笑侠：《法律人思维的二元论》，载《中外法学》2013年第6期。这实际也是从那些被称为"profession"的职业的高度专业性角度而言的。

习制度化、法律化了。

其次，某些特定职业公共性的增强促进了职业许可的扩展。❶ 我国台湾地区学者蔡志扬曾用如下的语言评价过一些专门职业的重要性。他说："医师，享有专属的医疗权，国家放心将一个人的生命、身体的权利，托付给具有高度医疗专业知能的医师；律师，被视为'在野法曹'，扮演形成一个法治国家社会所不可或缺的角色；会计师，拥有对于企业财务查核签证的权力，国家及社会将部分维系经济秩序的权责交托给他；而建筑师，被认为是总揽一座建筑安全与否的总管，关系人民生命、身体、财产的住居安全，操之在其手中，其所握有的设计签证及施工监造大权，协助甚或代替国家为建筑管理，建筑师在建筑法的设计上，实为维系一栋建筑物是否安全的关键核心人物。"❷ 即是说，在被社会称为"四师"的均需要高度专门化的专业素养的四种职业中，医师的工作不仅关系个别病人的健康，而且关系整个社会的医疗水平；律师的工作不仅关系个别受托人的权益，而且关系整个社会的法治程度；会计师的工作不仅关系个别企业的财务状况，而且关系整个社会的经济秩序；而建筑师的工作不仅关系个别建筑物的危安，而且涉及公共安全。这些职业的从业者，都可称为"公益守护者"。

职业公共性之所以增强的原因，尽管并非显而易见，但也并不难寻。它实是受到了城市化和科技发展的双重作用。19 世纪下半叶，城市已经有了众所周知的惊人发展，这意味着人口密集度空前加大了。城市的围墙区隔的不只是地理空间，也彻底地改变了人类的生活方式。农耕情怀渐渐地成为记忆与乡愁，工业文明则狂飙猛进。过去在乡村发生的职业危险，如果转移至"人口稠密的、具有复杂组织和各种互相抵触的利益之争"❸ 的城市社区，其破坏性可能就要增加百倍、千倍。"现代文明的很多问题首先在城市里突出出来，并迫使城市政府的行政功能大大增加。"❹ 事实上，进入 19 世纪末期后，由于科技和大工业的发展，工业事故和交通事故即有了大幅度增长，并成为西方社会

---

❶ 当然，我们这里所说的特定职业公共性的增强是建立在这些职业高度专业性基础之上的。

❷ 蔡志扬：《建筑结构安全与国家管制义务》，元照出版有限公司 2007 年版，第 151 页。

❸ ［美］罗斯科·庞德：《通过法律的社会控制》，沈宗灵译，商务印书馆 2010 年版，第 37 页。

❹ ［美］弗兰克·J. 古德诺：《政治与行政——一个对政府的研究》，王元译，复旦大学出版社 2011 年版，第 70 页。应予注意的是，古德诺这本书写于 1900 年。因此，他所称的"现代"，不过是今人眼中的近代。按照另一位法律社会学家的观点，国家行政法的产生也与城市化直接相关。参见 ［奥］尤根·埃利希：《法律社会学基本原理》，叶名怡、袁震译，中国社会科学出版社 2009 年版，第 101 页。

普遍面临的严峻社会问题。❶ 正因如此，国家不得不变得主动起来。如博登海默所指出的那样："至少在正常时期，现代生活日趋增长的复杂性以及各种相互抵触的社会力量间的冲突，使法律在某些情形下为了公共利益而对自由进行分配或限制具有了必要性。"❷ 回顾历史，国家干预经济社会生活的起因亦是，经济社会生活的日益复杂化使得当政者自信地认为，没有国家干预，市场不足以解决自身的麻烦。❸ 费孝通先生指出，亚当·斯密所倡导的那种依靠"看不见的手"安排社会秩序的理论依据不是现代社会而是乡土社会。只有在乡土社会中，个人的欲望与人类生存的条件才较为相合。❹ 社会的发展足以令前时代的人目瞪口呆。在高速城市化的现代社会中，❺ 完全依靠市场机制解决人类生存的一切问题，仅仅是一种理论上的设想而已。而科学技术的发展则加速了人类经济社会生活翻天覆地地变革，从而也加速了社会职业结构的重大变化。一些新出现的职业不但非有较长时间的专门训练就几乎不能从事，而且这些职业可能产生的危害的公共性空前增加。而现代职业公共性的增加又极大地提高了对职业进行管制的需要。这可以举几个简单的例子加以说明。例如，点蜡烛这项活动，几乎任何一位智力正常的成年人都可顺利完成；但安装电力照明，则非专业电工不可。又如，为自己搭建茅草屋的农民不必事先取得建筑工程师的执照；但如果建设一座核电站，没有规划、勘察、设计、建筑、监理等方面的职业工程师，则不堪设想。因此可以说，正是城市化和现代科技的发展，牵引着政府的双手对人类社会生活进行深度的干预和塑造。职业许可制度的建立与扩展，深刻地反映了这种气度恢弘的时代变迁。

　　一言以蔽之，职业许可的理想目标和制度功能：一是排除明显的无能之辈于特定职业之外；二是预防低质职业服务可能产生的社会化危害。

---

❶　参见董茂云：《比较法律文化：法典法与判例法》，中国人民公安大学出版社 2000 年版，第 114 页。

❷　[美] E. 博登海默：《法理学：法律哲学与法律方法》，邓正来译，中国政法大学出版社 1999 年版，第 284 页。

❸　1930 年代的所谓美国新政，就是通过设立新的组织机构以加强和管理国家经济体系，以新的政治规模去适应经济活动的规模。参见 [美] 丹尼尔·贝尔：《资本主义文化矛盾》，赵一凡等译，生活·读书·新知三联书店 1989 年版，第 248 页。

❹　参见费孝通：《乡土中国·生育制度》，北京大学出版社 1998 年版，第 83 页。

❺　德国的考夫曼教授在其《法律哲学》那本著作中曾提到，1950 年时，有两个城市的人口超过 800 万，而到 1996 年末时，则有 24 个城市人口超过 1500 万。参见 [德] 考夫曼：《法律哲学》，刘幸义等译，法律出版社 2004 年版，第 474 页。

（二）外部性理论与职业许可

"如果一个人的行为对他人的福利产生了影响，就可以说是制造了外部性。"❶ 当一种经济行为给外部造成积极影响，使他人减少成本或者增加收益时，就产生正外部性。当一种经济行为给外部造成消极影响，导致他人成本增加或者收益减少时，就产生负外部性。❷ 人类社会是彼此具有相互联系的人的总和。因此，在现实生活中，外部性问题具有普遍性。"只要不能测度全部成本和效益并将它们按其起源分别进行核算，或者这样做的代价过高，就会出现外部性。"❸ 父母为子女接种传染病疫苗或让他们接受教育会产生正的外部效应；❹ 而疏于对一块地的照管滋长出来的野草，对其邻人来说就是一种灾祸。❺ 一些公共性较强的职业行为会明显地关系到他人的快乐或痛苦，因此有加以关注的必要。职业许可主要防范职业行为可能产生的负外部性，即防止一人不负责的职业行为因对他人福利欠缺应有的考虑而贻患于他人。职业行为的负外部性之所以成为问题，是因为这种私人行为往往与社会欲求相脱节。"外部性改变了社会最优结果。正外部性导致供给不足，负外部性导致供给过度。"❻

虽然科斯天才般地提出，没有政府干预，人们通过谈判也可以解决外部性问题。但其提出的内部交易的讨价还价模式是针对小群体的外部性问题的。其理论成立的前提是，交易成本为零或小到可以忽略不计。因此，当交易成本不容忽略时，就需要考虑"市场失灵"是否需要由政治程序加以矫正；如果是，什么政治措施才是适当的。布坎南认为："如果这种大规模的相互作用下私人对外部性的回应需要集体的组织，高昂的组织成本就会造成政治化，即求助于现有的政府组织，这是一种较廉价的选择。"❼ 因为政府对强制力的垄断可以极大地节约交易费用。也就是说，解决办法的选择最终取决于交易费用的相对

---

❶ ［美］斯蒂文·萨维尔：《法律的经济分析》，柯华庆译，中国政法大学出版社 2009 年版，第 18 页。

❷ 参见王俊豪：《政府管制经济学导论——基本理论及其在政府管制实践中的应用》，商务印书馆 2001 年版，第 326 页。

❸ ［德］柯武刚、史漫飞：《制度经济学——社会秩序与公共政策》，韩朝华译，商务印书馆 2000 年版，第 216 页。

❹ 参见［日］植草益：《微观规制经济学》，朱绍文等译，中国发展出版社 1992 年版，第 11 页。

❺ 参见［英］约翰·希克斯：《经济史理论》，厉以平译，商务印书馆 1987 年版，第 94 页。

❻ 魏建：《法经济学：分析基础与分析范式》，人民出版社 2007 年版，第 53 页。

❼ ［美］詹姆斯·M. 布坎南：《宪法秩序的经济学与伦理学》，朱泱等译，商务印书馆 2008 年版，第 97 页。

高低。布坎南还指出政府对外部性的回应基本上可以采取三种形式：（1）重新界定法律结构以使产生外部性的一方对造成的损害负全责；（2）引起外部性的活动要接受某种形式的直接管制；（3）对产生外部性的活动征税。❶

　　第一种方式即普通法中的侵权损害赔偿模式。这种模式的缺陷是面对大规模侵权案件时，显得无能为力，侵权方即使能够精准确定，但实际难以令其承担全部责任。也就是说，由于某些职业行为的潜在危害非常分散，因此并非当事人双方的私事。职业行为会产生哪些危害，通常无法只从个人利益的角度加以判断。例如，一个医生的糟糕的诊断或许会导致流行病的广泛传播；一个锅炉工的不正确操作或许会造成整栋建筑物着火甚至多人伤亡。❷ 这时，即可能出现英国学者奥格斯所指出的那种情况：虽然肇事者在法理上应对受害者负责，但却很难通过民法上的规定令肇事者承担全部侵权责任。因为当面临风险的第三方不很容易识别时，很难证明特定职业人对他们负有义务，过错与最终损失之间的因果关系也不是那么直接。❸ 同样，通过征税减少职业行为的负外部性也没有可行性。因为，执业者个人所缴的那点税款远远不能弥补其职业行为可能产生的严重的社会危害。这样，职业许可这种"来自政府的直接管制"就获得了正当性。职业许可制度要求执业者经受最低水平的职业训练，这种形式的规制就具有正向社会效果的识别功能。因为从经济学视角观察，个体消费者选择执业者是基于所接受服务的私人成本与收益的比较。职业标准则通过许可确保服务的效果将社会成本也考虑在内。❹ 这时，职业许可制度具有了将外部性内部化的效果。换言之，职业许可通过政府运用强制力，限制某些不具备最低职业能力的人从事某些职业，以减少低劣的职业活动可能带来的负外部性。这种限制不符合条件的人进入职业的做法，在于防患于未然。例如，通常来说，一个人不会聘用不良的医师或律师，因为那样会伤害到自己，但是这个人却可能聘用不良的建筑师或会计师，因为那样对自己反而有利；以建筑师为例，从业主来看，反正投资兴建的房子又不是自己居住；会计师对财务报表的

---

❶　参见［美］詹姆斯·M. 布坎南：《宪法秩序的经济学与伦理学》，朱泱等译，商务印书馆2008年版，第97页。

❷　Morris·M. Kleiner, Occupational Licensing, *The Journal of Economic Perspectives*, Vol. 14, No. 4（Autumn, 2000）, p. 192.

❸　参见［英］安东尼·奥格斯：《规制：法律形式与经济学理论》，骆梅英译，中国人民大学出版社2008年版，第221页。

❹　Timothy R. Muzondo , Bohumir Pazderka, Occupational Licensing and Professional Incomes in Canada, *The Canadian Journal of Economics*, Vol. 13, No. 4（Nov., 1980）, p. 660.

查核签证，则往往是为了企业主应付课税或披露资讯等法律规制的需要。❶ 因此，对建筑师、会计师的管制应该比对医师、律师的管制更为严厉。就此来看，由于职业许可具有进入限制的功效，因此这种管制能够在最低水平上防止职业服务的"品质"竞争转变为服务费用的"价格"竞争。❷ 但是，也不排除社会上对某些职业的无照经营者持普遍厌恶的态度，例如不允许骗子和流氓从事特定工作或许会给整个社会带来心理上的收益。❸

（三）信息不对称理论与职业许可

信息不对称，是指交易双方对所交易的对象拥有不对等的信息，交易对象的提供者往往比另一方掌握了更多和更充分的信息。职业市场上的信息不对称主要表现为消费者（泛指一切交易标的的接受方）信息匮缺或消费者信息赤字。相对外部性而言，信息不对称会导致所谓的"内部性"问题。美国经济学家史普博将内部性定义为："由交易者所经受的但没有在交易条款中说明的交易的成本和收益。"❹ 内部性也分为负内部性和正内部性两种：前者如产品缺陷给消费者带来的伤害并没有在交易条款中被充分预计，后者如就业人员的上岗培训并不一定在劳动合同中体现出来。由于内部性的存在使得交易者不能获取全部潜在的交易所得。❺ 职业许可规制的对象是职业行为的负内部性，如劳动者夸大其工作能力导致的逆向选择。

由于信息不对称在市场交易发生的前后分别可能引发"逆向选择"和"道德风险"，致使市场机制运行的结果缺乏效率，甚至有可能造成市场不存在。❻ 职业许可作为一种进入规制，有助于减少职业市场上交易之前的逆向选择现象的发生。逆向选择问题，即经济学上著名的"柠檬问题"，其实质可以简单地归结为"劣币驱逐良币"效应，即由于有证书的人和无证书的人在职业技能训练上投入的价值不同，因此他们在职业市场上的服务价格也会不同，

---

❶ 参见蔡志扬：《建筑结构安全与国家管制义务》，台湾元照出版有限公司 2007 年版，第 164 页。

❷ 参见蔡志扬：《建筑结构安全与国家管制义务》，台湾元照出版有限公司 2007 年版，第 165 页。

❸ 参见［英］安东尼·奥格斯：《规制：法律形式与经济学理论》，骆梅英译，中国人民大学出版社 2008 年版，第 221 页。

❹ ［美］丹尼尔·F. 史普博：《管制与市场》，余晖等译，上海三联书店、上海人民出版社 1999 年版，第 64 页。

❺ 参见［美］丹尼尔·F. 史普博：《管制与市场》，余晖等译，上海三联书店、上海人民出版社 1999 年版，第 65 页。

❻ 参见曹国利：《信息不对称：政府规制的经济理由》，载《财经研究》1998 年第 6 期。

如果职业服务的接受方（可以泛称为"消费者"，如雇主或患者等）只考虑服务价格而无从对他们的职业技能加以实质性判断的话，那么就可能出现"价低者胜出"的效应。当然，如王俊豪教授之见，市场上会有一部分消费者以价格为指示器来辨别产品的质量（即一分钱一分货），但问题是劣质产品的卖主也可以标高价格以显示其产品的高质量，这就会使"高质高价"的机制失效。❶ 在职业服务市场上，逆向选择问题是客观存在的。因此，政府一般对医生、律师、注册会计师等职业实施进入规制，即进入者必须满足一定的条件，在获得许可证后，方可执业。这虽然限制了竞争，但是由于这些职业的特殊性，控制从业人员数量对于保证服务质量、保护处于信息劣势的消费者是有利的。因为，进入规制使这些行业的从业者有较高的收入，如果因服务质量问题而被撤消许可证就成为一项严厉的惩罚。许可证为消费者提供了服务者的专有信息，消费者不必再自行搜索，从而降低了信息成本。❷

　　在劳动力市场上，不仅存在信息不对称问题，而且一般来说还远远比其他市场更为显著和严重。❸ 雇员十分清楚地知道自己已拥有多少技能和敬业精神等，但雇主只能凭雇员的学历、外表和工作简历等对雇员进行评价，即雇员比雇主掌握更多的信息。而在人们熟知的专业服务市场上，信息不对称的情形可能更甚，消费者往往不可能有机会通过反复体验辨别服务提供者的声誉。❹ 譬如，医生清楚地知道给病人所开药方中药品的功效，而多数病人对此几乎毫不了解。❺ 更为重要的是，如果病人接受了不合格医生的错误诊断，可能会永远失去自我救济的机会。魏建教授在谈到法律服务时也指出，法律服务在内容上

61

---

❶　参见王俊豪：《政府管制经济学导论——基本理论及其在政府管制实践中的应用》，商务印书馆 2001 年版，第 356 页。

❷　参见曹国利：《信息不对称：政府规制的经济理由》，载《财经研究》1998 年第 6 期。

❸　在劳动市场（另一为金融市场），信息不对称问题比其他市场都要相对显著。即作为雇主的企业不能识别被雇劳动者的质的差别。参见［日］植草益：《微观规制经济学》，朱绍文等译，中国发展出版社 1992 年版，第 14 页。

❹　Shirley Svorny, *Licensing*, *Market Entry Regulation*, in B. Bouckaert and G. De Geest（eds.），Encyclopaedia of Law and Economics, Vol. Ⅲ,（Edward Elgar, 2000），p. 302.

❺　参见王俊豪：《政府管制经济学导论——基本理论及其在政府管制实践中的应用》，商务印书馆 2001 年版，第 351 页。但实际上，在劳动力市场上，作为买方的企业相对于作为卖方的劳动者来说处于买方垄断的地位。参见［日］植草益：《微观规制经济学》，朱绍文等译，中国发展出版社 1992 年版，第 13 页。因此，职业许可在对劳动者权益保护方面并没有多少贡献。对劳动者权益的保护还有赖于劳动基准法、劳动合同法等的规制。

是一种专业知识和经验的供给，是一种基于信息不对称的供给。当事人缺乏相关的法律知识和诉讼经验，同时也缺乏准确评价律师服务水平的信息基础和能力。信息不对称的特征是当事人和律师之间法律服务合同关系的决定因素。因此法律服务管制的目的就在于提高法律服务水平，减少最小化信息不对称对社会利益的可能侵害。❶ 张卿博士也指出，法律服务的特殊性在于，很难找到适当的参数直接描述其质量。❷ 也有人指出类似医生和律师他们对于患者和客户负有特殊的责任，因为患者和客户对医生、律师等是特殊弱势的。❸ 而由政府出具证明，以政府的权威提供证明被许可人取得某种资格的信息，有助于提高市场交易速度、矫正市场交易失真状态。❹ 特别是，作为"经验类产品"，❺ 专业服务的质量往往只有在消费者接受之后才能被（一定程度上）鉴别。因此，正如有学者所指出的，由政府解决信息不对称问题，可以实现规模经济，降低成本，因此也最符合经济效益原则。❻ 因为许可证书可以让消费者基于对持有证书的人的信赖而作出合作决定，极大地节约了职业能力个别鉴定的花费。

　　一般来说，信息不对称缓解的途径有两条：一是市场自身，二是政府规制。虽然消费者个人既有动力也有能力获得一定信息，但是应该承认政府（尽管政府也是由个体的人组成）的一个重要功能就是能够比个人较为容易地获取科学的信息，并将信息有效地传递给公众。❼ 而且，在利用市场机制缓解信息不对称的过程中会造成新的市场失灵。因此"在那些不能依靠竞争来诱

---

❶　参见魏建：《法经济学：分析基础与分析范式》，人民出版社 2007 年版，第 166 页。

❷　参见张卿：《行政许可：法和经济学》，北京大学出版社 2013 年版，第 65 页。

❸　参见［澳］罗伯特·E. 古丁：《保护弱势——社会责任的再分析》，李茂森译，中国人民大学出版社 2008 年版，第 70 页。

❹　参见应松年主编：《当代中国行政法》（上卷），中国方正出版社 2005 年版，第 726 页。实际来说，职业许可的功能在于减少了劳动力市场上的交易费用，但归根结底，是节省了用人单位考察劳动者能力的费用。因为表面看来它也节省了劳动者向用人单位证明自己能力的费用，但实际上劳动者为取得职业许可已经事前支出了相应的费用。由此也可以看出，如果仅仅是解决劳资双方之间的信息不对称问题，那么职业许可或许仅仅是一种或有的措施。其他管制措施，如职业认证等，也具有类似的功能。

❺　"经验类产品"是相对于"搜寻类产品"而言的。搜寻类产品是指消费者在购买商品之前通过自己检查就可以知道其质量的商品。对于搜寻类产品而言，生产者（假定生产者直接向消费者出售产品，因此生产者也是销售者）无法隐藏产品质量的信息，因此生产者和消费者之间不存在产品质量方面的信息差异，质量信息在生产者和消费者之间是完全对称的。而"经验类产品"的质量则只有在使用后才能了解，大量的广告和商品信息并不足以使消费者了解并相信其质量。

❻　参见彭正穗：《民事法对市场信息不对称的防范》，载《中南财经大学学报》2000 年第 4 期。

❼　参见郑慧：《社会性规制述评》，载《生产力研究》2009 年第 9 期。由此亦可见，基于信息不对称之理由对特定职业实施许可，多少是有些家长主义情怀的——政府不相信公民个人能够做好。

使信息显示的市场中，可能需要强制的信息披露"。❶ 职业许可制度被认为就是这样一种能够缓解信息不对称的强制性制度。❷ 因为职业资格许可证书所蕴涵的正是以政府信用担保的、表明持证人某种职业能力的信息。对消费者来说，职业资格许可证书就是一种信息符号，说明有专业名称或头衔的个人已经满足了特定条件。❸ 因此，职业许可的另一个益处，就是能够提高人们接受职业服务的质量，确切地说是最低限度的质量。❹

三、对公共利益理论的基本评价

"个人主义的精神气质，其好的一面是要维护个人自由的观念，其坏的一面则是要逃避群体社会所规定的个人应负的社会责任和个人为社会应作出的牺牲。"❺因此可以说，公共利益理论是对个人主义的某种反叛。"最大限度地节

---

❶　［美］丹尼尔·F. 史普博：《管制与市场》，余晖等译，上海三联书店、上海人民出版社 1999 年版，第 583 页。

❷　当然，职业许可对信息不对称仅具有一定的缓解作用，并不能完全消除。而且应该注意到，信息不对称之缓解的路径并非仅有职业许可一途。下文将要提及的职业认证以及类似学历学位证书，甚至英语四六级证书、计算机等级证书等，都是缓解职业市场信息不对称的手段。这里只是说，当这些手段不敷所用之时，尚需职业许可出场。职业许可实施的一个理由就是，不能只看求职者的文凭，还应更注重其职业能力。现实地看，多数文凭与职业能力并不直接相关。但正如一位美国学者所指出的那样，"过去，握有大学学位就能保证在社会上占有一席之地。然而在现代的技术革命中，大学的学位已不再是攀登社会上层的捷径。学有长进包含一连串的专业训练和进修，目的是赶上正在日新月异的技术和知识。"参见［美］丹尼尔·贝尔：《资本主义文化矛盾》，赵一凡等译，生活·读书·新知三联书店 1989 年版，第 243 页。

❸　参见［英］安东尼·奥格斯：《规制：法律形式与经济学理论》，骆梅英译，中国人民大学出版社 2008 年版，第 225 页。

❹　Stuart Dorsey, The Occupation Licensing Queue, *the Journal of Human Resources*, Vol. 15, No. 3 (Summer, 1980), p. 424. 不过也有学者指出，"质量只是一种施加限制的合理化的借口，而不是它的基本原因。"参见［美］米尔顿·弗里德曼：《资本主义与自由》，张瑞玉译，商务印书馆 2004 年版，第 165 页。弗里德曼甚至确切地说："我本人相信，发给执照会减少行医的数量，降低行医的质量。因为，这会减少想做医生的人所能有的机会，迫使他们谋求被他们认为是具有较少吸引力的职业；又因为，这会迫使公众对较差的医疗服务支付较多的代价，阻碍医学本身和医务组织的技术发展"，而且，"二十年、三十年以前通过考试的能力很难说是目前的质量的保证"。参见［美］米尔顿·弗里德曼：《资本主义与自由》，张瑞玉译，商务印书馆 2004 年版，第 170 页。对职业许可能够提高专业服务质量的质疑，还可参见 Shirley Svorny, *Licensing*, *Market Entry Regulation*, in B. Bouckaert and G. De Geest（eds.）, Encyclopaedia of Law and Economics, Vol. Ⅲ，（Edward Elgar, 2000）, pp. 302–303.

❺　［美］丹尼尔·贝尔：《资本主义文化矛盾》，赵一凡等译，生活·读书·新知三联书店 1989 年版，第 308 页。

减交易费用总量是一种典型的公益。"❶ 不论是对职业行为负外部性的矫治（主要功能在于控制职业风险），还是对职业市场信息不对称的缓解（主要功能在于提供职业资信），都是为了维护和发展公共利益的。因此，公共利益理论的价值，在于较好地诠释了职业许可的经济理论基础。这也是由职业市场高度的经济属性所决定的。但是，职业许可是否如同正当化职业许可的公共利益理论所宣称的那样有效，也是一件为很多经济学家所怀疑的事情。简而言之，对职业许可的谴责主要是指出，这种措施极大地限制了职业服务的供应，从而拖累了职业创新并且扭曲了职业教育。❷

另外，毋庸赘言，当个人利益与公共利益相冲突时，公共利益应当优先。这一原则的前提是，公共利益必须得以确证。但是，公共利益原本是一个极富灵活性的法律概念。❸ 而将这一不确定的法律概念适用于具体的事实之中，则有赖于职业许可行政机关的解释。因此，界定公共利益的权力事实上掌握在有关职业许可的行政机关手中，这就难免出现公共利益被滥用的情形。而且，公共利益理论隐含的前提是，国家、政府及其职员都是"大公无私""恪尽职守"的道德楷模。这无疑具有相当的理想主义成分。因此这也招致了诸多批评与诘难，其中包括公共选择理论。公共选择理论将要阐明的则是，虽然社会科学不能忽视理想主义的因素，但是，"在研究理想时，绝不能抛开经验世界，否则就有陷入空想的危险，会变成'一个徒然在空中扇动光亮的翅膀的无用的漂亮天使'"。❹

第二节　公共选择理论

根据公共利益理论，在职业市场失灵时，政府应代表国家（从而代表公众）对职业行为的负外部性和职业市场的信息不对称进行规制，力图提高职

---

❶ 宋功德：《论经济行政法的制度结构——交易费用的视角》，北京大学出版社 2003 年版，第 71 页。

❷ 有关职业许可的批评，可参见拙著：《职业许可论——一个宪法学的视角》，法律出版社 2012 年版，第 193-196 页。

❸ 陈端洪教授认为，公共利益有"羊皮化"倾向：要么是一张立不起来的死物，要么是被狼群盗用以生吞自由的羔羊。参见陈端洪：《行政许可与个人自由》，载《法学研究》2004 年第 5 期。

❹ ［英］L. T. 霍布豪斯：《形而上学的国家论》，汪淑钧译，商务印书馆 1997 年版，第 8 页。

业市场运行的效率。然而，仔细琢磨就会发现，"在市场失灵的理论中，本质上存在着一种分裂和矛盾。它假设人们在市场中会追求个人利益，同时又假设人们在政治舞台上会追求公众的最大利益。"❶ 依此，个人在申请职业许可时，他关注的是自身利益，而一旦成为政府官员就变成了利他主义者了，要根据"公共利益"的需要决定是否对某人颁发职业许可证。显然，这种"人格分裂"现象是与经验事实不相符合的。正如美国学者所言："制定法或行政决定所采用的'公共利益'这一专门术语，也许只是精心设计的一种'神话'或意识形态，用以遮掩有价值利益的配置过程。"❷ 公共选择理论正是试图打破这种人格两分理论的局限而产生的。

一、公共选择的分析方法与行为假设

公共选择理论是对非市场决策的经济学研究。也可以简单地将其定义为"应用经济学去研究政治学。"❸ "它以新古典经济学的基本假设（尤其是经济人假设）、原理和方法作为分析工具，来研究和刻画政治市场上的主体（选民、利益集团、政党、官员和政治家）的行为和政治市场的运行。"❹ 公共选择的分析方法与行为假设包括方法论上的个人主义、"经济人"假设和作为交易的政治。

（一）方法论上的个人主义❺

根据冯·米塞斯的看法，所谓方法论上的个人主义，具体来说，应该是一切行为都是个人的行为；在个体成员的行为被排除在外后，就不会有社会团体

---

❶ ［美］斯蒂夫·G. 梅德玛：《捆住市场的手——如何驯服利己主义》，启蒙编译所译，中央编译出版社 2014 年版，第 175 页。

❷ ［美］理查德·B. 斯图尔特：《美国行政法的重构》，商务印书馆 2002 年版，第 22 页。

❸ ［英］丹尼斯·C. 缪勒：《公共选择理论》（第 3 版），韩旭、杨春学等译，中国社会科学出版社 2010 年版，第 1 页。

❹ 方福前：《公共选择理论——政治的经济学》，中国人民大学出版社 2000 年版，第 1 页。

❺ 不过，方法论上的个人主义与作为一种价值观的个人主义尚有不同。价值观上的个人主义指的是一种价值规范体系和解释性规则，用以阐述一套个人优先的原则和以个人为出发点来解释政治经济现象。在历史上，许多自由主义者并不接受方法论的个人主义，但却接受个人主义的价值观。他们的基本倾向仍然是自由主义的。参见李强：《自由主义》，吉林出版集团有限责任公司 2007 年版，第 157 页；魏崇辉、王岩：《公共选择学派的个人主义：一个多重视角的考量》，载《贵州社会科学》2010 年第 3 期。

的存在和现实性。❶ 公共选择理论将方法论上的个人主义推广到政治领域，认为国家或政府并非超越于个人之上的有机体；政府并非决策的主体，只有个人是选择和行动的唯一的主体，只有个人才能判断"好"与"坏"；集体不会有真正意义上的选择行为；社会仅仅是个人的集合，它本身不存在独立于个人的价值、目标和行为。个人主义的分析方法是相对于整体主义的分析方法而言的。前者认为，集体行动由个人去实现既定目标时的个人行动所组成；后者则认为，个人是集体的有机组成部分，特别是国家作为一个超个人的单位而存在，国家利益或公共利益被视为是独立于个人利益而存在的。❷

与方法论上的个人主义相对立的，是政治学、福利经济学、凯恩斯国家干预主义和公法学长期以来接受或隐含的方法论上的有机体概念。❸ 这种分析方法认为，国家或政府是一个超越并独立于个人的有机体，❹ 政府是"公共利益"的代表，它就如同一个有生命的个人的决策过程一样，其目标是使"公共利益"最大化。"这样的政府是，或者应当是由一些除了认同和增进公共利益外别无所求的官员组成的。这一假设使官员成了某种具有集体身份的个人。"❺

（二）经济人假设

公共选择理论认为，个人是"经济人"，即自我的、理性的和效用最大化的追逐者。❻ 杨春学先生认为，"经济人"的标准原型为："100%自利、100%理性、100%自我约束。"❼ 扩展言之，经济人假设包含三个基本命题：❽ （1）自

---

❶ 转引自魏崇辉、王岩：《公共选择学派的个人主义：一个多重视角的考量》，载《贵州社会科学》2010 年第 3 期。

❷ 参见阮守武：《公共选择理论的方法与研究框架》，载《经济问题探索》2009 年第 11 期。

❸ 参见包万超：《行政法与社会科学》，商务印书馆 2011 年版，第 107 页。

❹ 例如，美国著名政治学家古德诺观念中的"国家"就是一个有机体。参见［美］弗兰克·J.古德诺：《政治与行政——一个对政府的研究》，王元译，复旦大学出版社 2011 年版，第 5 页。

❺ 包万超：《行政法与社会科学》，商务印书馆 2011 年版，第 108 页。

❻ 参见［英］丹尼斯·C.缪勒：《公共选择理论》（第 3 版），韩旭、杨春学等译，中国社会科学出版社 2010 年版，第 2 页。

❼ 参见杨春学：《经济人的"再生"：对一种新综合的探讨与辩护》，载《经济研究》2005 年第 11 期。应该说，在涉及个人计较的领域，经济人模式是一种强有力的分析工具。但是，杨先生也同时指出了这种"经济人"假设的局限性，即在公共选择领域，经济人模式可以很好地解释官僚的预算最大化行为，但却无法解释清楚"投票悖论"。

❽ 参见杨春学：《经济人与社会秩序分析》，上海三联书店、上海人民出版社 1998 年版，第 11-12 页。

利。追求自身利益是驱策个人经济行为的基本动机。（2）"理性行为"。经济人是理性的，他能够根据市场的情况和自身处境，作出使自身利益最大化的判断。❶（3）在良好的法律和制度下，经济人个人利益最大化的自由行动会无意识地、卓有成效地增进社会的公共利益。其中，经济人的完全理性假设的含义所指，按有关学者的观点，一是经济人具有完全的充分有序的偏好，即其效用函数具有有序性和单调性；二是完全信息假设：市场中的每一个经济活动主体都不用花费任何费用就能获得足够充分的有关周围环境的信息；三是完全的信息处理能力，个体能够根据所获得的信息进行充分的计算和分析，即使存在不确定性，理性的经济人也能通过概率判断各种可能行动方案的预期效用，并比较它们的大小。❷

（三）作为交易的政治

公共选择理论认为，政治是一种类似于市场自愿交换的复杂的交易。如果说在市场中，人们之间交换的是物品与金钱，那么在政治市场中，选民与政治家交换的就是选票与福利，政治家与官僚之间交换的就是权力与预算。"公共选择理论假定私人利益（不管是公司还是'公共利益'组织、工会、贸易协会或消费者组织）都是寻租者，致力于以更大的公共利益为代价追求自身的利益。""从公共选择理论的视角来看，立法最好被理解为私人利益主体和自私的立法者之间达成的'交易'，行政机关只不过是私人利益主体就'交易'的实施进行讨价还价的另外一个场合；法院则通过解释巩固这些交易。"❸

有必要说明的是，将政治视为一种交易，并不贬损政治家的公共抱负。依包万超博士之见，这种从现实主义的立场出发对政治进行的审视，能够恰当地解释诸如立法市场中供需关系失衡，行政管制中大量的创租和寻租现象，司法审查中法官的最大化行为和对正义规则的扭曲等"异化"现象。从而有利于我们认真反醒和认真改进交易规则，以及充分重视政治决策中公众的广泛参

---

❶　经济人的假设背后始终包含个体"经济人"的成本与收益计算，而"不管它是明晰的，还是模糊的"。参见申屠莉、夏远永：《解读公共选择理论中的"经济人"范式》，载《浙江学刊》2010年第5期。

❷　参见谢地、孙志国：《监管博弈与监管制度有效性——产品质量监管的法经济学视角》，载《学习与探索》2010年第2期。

❸　［美］朱迪·弗里曼：《合作治理与新行政法》，毕洪海、陈标冲译，商务印书馆2010年版，第176页。

与。❶ 即是说，虽然公共选择理论看起来多少有些"愤世嫉俗"，但这种理论是建立在一个强有力的经济模型之上的，而且它提出了一个值得人们思考的主题，❷ 即市场经济条件下政府干预经济行为的局限性以及"政府失灵"问题。❸所谓"政府失灵"（或称"规制失灵"），简单地说，就是规制没有达到矫正市场失灵和社会福利最大化的效果。

总之，公共选择理论的重大突破是将经济假设推广到政治领域，从而使经济市场和政治过程分享了统一的分析方法和行为假设。❹ 公共选择理论通过将经济市场的理性人原则引入政治市场，研究公共物品的决策过程，即民主体制下的集体选择行为，逻辑地得出了政府失灵的结论。也就是说，本来是矫治市场失灵的政府规制，也可能在矫治失灵的同时制造了新的失灵，或者根本没有矫治失灵却带来了新的问题。

根据公共选择理论的上述分析方法与行为假设，我们将可能获得一个完全不同于公共利益理论视野下的对职业许可的理解与认知：职业许可作为政府对公民职业选择自由实施的规制，或许根本就是政府失灵的产物。

二、公共选择理论视野中职业许可的成因

与漠视政府失灵的公共利益理论相比，公共选择理论认为，事实上，政府的活动并不总像理论上所说的那样"有效"。这种理论认为，政府决策中"经常在里面起作用的是利己主义，通常还有人性中的恶劣成分，虽然也有较好的成分，但不一定能够占上风。"❺ 亚当·斯密就曾指出，公共利益不过是职业

---

❶ 参见包万超：《行政法与社会科学》，商务印书馆 2011 年版，第 121 页。

❷ 参见 [美] 朱迪·弗里曼：《合作治理与新行政法》，毕洪海、陈标冲译，商务印书馆 2010 年版，第 177 页。

❸ 布坎南、哈耶克和弗里德曼等经济学家都认为，假设市场会失灵，至少政府也同样会失灵；而且，这样的结果通常会更糟。另外，经济学的芝加哥学派对政府仁慈亦持一贯的不信任态度。参见 [英] J. R. 沙克尔顿、G. 洛克斯利编著：《当代十二位经济学家》，陶海粟、潘慕平等译，商务印书馆 1992 年版，第 7-8 页、第 15 页。

❹ 参见包万超：《行政法与社会科学》，商务印书馆 2011 年版，第 113 页。

❺ [英] L. T. 霍布豪斯：《形而上学的国家论》，汪淑钧译，商务印书馆 1997 年版，第 77 页。

团体的一个阴谋。❶

（一）职业许可是政府信息匮缺的结果

信息在公共政策选择和制度设计中具有重要意蕴。"任何社会治理，信息问题都是无法走出的背景。"❷ 根据公共利益理论，由于在职业服务提供者和接受者之间存在信息不对称，因此需要对某些职业选择加以管制。然而事实上，在管制者和被管制者之间也存在相当程度的信息不对称，管制者如何引导被管制者尽可能采取有利于社会公众的行为，这也是一个复杂的博弈过程，这要求管制者必须掌握管理学知识。❸

职业许可所涉领域极为宽泛，因此不能指望政府及其职员对职业许可的诸事诸物都无所不知。政府管理者虽然名义上是行政事务的专家，但任何具体的机关及其职员都存在信息能力不足问题。是否以及如何对特定职业实施许可，行政机关往往缺少至为重要的科学和实证依据。特别是，受到职员素养和信息成本的约束，政府规制机构往往很难凭借一己之力获得充分的信息。这绝不是质疑政府及其职员对工作的负责程度，根本来说，是由于政府及其职员远离了问题的中心。而职业团体，相对于政府规制机构来说，则享有特定职业上的专业技术知识优势。因此，管制者不得不依赖被管制者提供的信息作为决定的依据。即是，政府规制机构往往只能被动地听命于职业团体，被迫接受职业团体的或对或错的见解，因为他们实在不知道什么职业应该被管制、应该管制到什么程度以及如何管制。换言之，由于职业团体几乎垄断着对特定职业设置门槛的有效信息，因此行政权力本质上是消极的，如果不借助职业团体的桥梁作

69

---

❶　Edward J. Miller, Public Members on Professional Regulatory Boards: The Case of Lawyers in Wisconsin, *Administration & Society*, 1988 (November), p. 370；另可参见 Morris M. Kleiner and Alan B. Krueger, Analyzing the Extent and Influence of Occupational Licensing on the Labor Market, http://www. nber. org/papers/w14979. 2014 年 3 月 16 日浏览。当然，应该注意到，亚当·斯密并非否定公共利益的存在。相反，他恰当地指出，国家的职能之一，即是"建设并维持某些公共事业及某些公共设施"。参见［英］亚当·斯密：《国民财富的性质和原因的研究》（下卷），郭大力、王亚南译，商务印书馆 1974 年版，第 253 页。他只是指出"公共利益"在职业团体那里并非如他们宣称的那样明确。

❷　吴元元：《信息能力与压力型立法》，载《中国社会科学》2010 年第 1 期。

❸　参见王俊豪：《政府管制经济学导论——基本理论及其在政府管制实践中的应用》，商务印书馆 2001 年版，第 2 页。

用，行政机关可能根本不能实施任何有效的许可。❶ 这样一来，宣称为了公共利益的职业许可，很可能会沦为职业团体"限制自身生产"，从而限制、消除实际的或潜在的竞争、追求超额利润的工具。

(二) 职业许可是"规制俘获"的结果

公共选择在方法论上的个人主义使该理论深信个人的偏好只有个人知道，他人不能代替和妄加评判，因而不存在与个人利益相对称的所谓公共利益。布坎南就坚持认为，个人按照各种变化的活动规则对各种可能性进行主观评价，不可能存在有待发现的"公共利益"。❷ 相反，公共选择理论认为，在实际过程中只存在特殊利益和团体利益，所谓公共利益和普遍意志无非是少数人为实现自己利益的幌子。就像马歇尔所言："全体人民的利益常常错误地被特殊利益集团为了一部分人的利益牺牲掉了。"❸ 对公共利益理论的质疑引发了"规制俘获"理论。

规制俘获理论认为，政府规制是为满足产业对规制的需要而产生的，即立法者被产业所俘获；而规制机构最终会被产业所控制，即执法者被产业所俘获。著名经济学家施蒂格勒在《经济管制理论》一文中指出："一般来讲，管制是产业争取来的，而且其设计和实施都主要是为了使该产业获得更大利益。"❹ 他还通过大量研究证明，产业受规制并不比无规制具有更高的效率与更低的价格。这即所谓"斯蒂格勒难题"。法律经济学的奠基人科斯亦曾指出："在政府实行干预的年份里，经济学家所作的研究已经揭示出这样的管制经常无效或者与愿望背道而驰，但是，管制还是常常由于服务于某些政治上有

❶ 米尔顿·弗里德曼就此举例指出，假设要对水管工实施许可，显然只有水管工才能判断该发给谁执照。结果负责颁发执照的委员会的成员主要是由水管工所组成。他甚至认为，在外行人看来，这些委员会的成员们所考虑的问题往往和专业能力毫不相干。参见 [美] 米尔顿·弗里德曼：《资本主义与自由》，张瑞玉译，商务印书馆 2004 年版，第 151–152 页。沃尔特·盖尔霍恩也曾指出，在当时的美国，实际执行职责的职业许可委员会中 75%的成员是由那些来自各相应职业中已领有执照的人所组成。Walter Gellhorn, *Individual Freedom and Governmental Restrain*, Louisiana State University Press, 1956, p. 140.

❷ [英] J. R. 沙克尔顿、G. 洛克斯利编著：《当代十二位经济学家》，陶海粟、潘慕平等译，商务印书馆 1992 年版，第 40 页。

❸ 转引自 [美] 斯蒂夫·G. 梅德玛：《捆住市场的手——如何驯服利己主义》，启蒙编译所译，中央编译出版社 2014 年版，第 75 页。

❹ [美] 库尔特·勒布、托马斯·盖尔·穆尔编：《施蒂格勒论文精粹》，吴珠华译，商务印书馆 2010 年版，第 330 页。

影响的集团的利益而被引入。"❶ 陈端洪教授也指出，"从实证观察的结果来看，许多情况下，集团利益和部门利益才是行政许可立法的真正的推动力。""许多许可的设定往往是利益集团游说立法机关的结果，公众未必受益。"❷ 即使庇古坚持认为"现在政府的任何一项干预都要比过去更加有可能是有益的"，但他还是认识到，"所有政府当局都有可能愚昧无知，都有可能受利益集团的影响，都有可能受私利的驱使而腐败堕落。"❸

政府权力管制职业选择市场，这就使得许可实施过程中可能出现许可机关被被许可者（通过职业团体）"俘获"的现象。职业团体在职业许可中的利益在于，一方面，职业团体有提高职业服务整体质量和职业社会美誉度的诉求；另一方面，职业团体也有提高职业进入门槛，减少实质的或潜在的职业竞争，提高职业服务收费标准的诉求。由于职业许可作为一种进入规制，人为地限制了职业从业人员数量，职业市场上执业人数就少于自由竞争市场的均衡水平，从而职业在位者就可以赚取超额利润。这种可能的超额利润，乃是职业团体游说政府机构的动力源。例如，职业团体往往通过大众媒体进行宣传，对法律的制定者和实施者进行说服活动，期望影响法律的制定和实施。大众媒体往往也会主动地加入这一游说的队伍。例如，媒体会指责某种职业责任事故中的责任者缺少应有的职业资格，但很少追问这一职业资格是否真的必要。如果许可发放很大程度上取决于政府官员的单方意志，那么寻求许可的职业团体就会产生贿赂掌握许可大权官员的可能，此即所谓"寻租"。❹ 寻租活动是政府管制的副产品，也是导致政府失灵的原因之一。不仅如此，寻租活动还可能产生第二次寻租的连锁反应，即人们看到掌握许可的官员可以获得特殊利益，从而引发人们对官员职位的追逐。

原本，职业团体是防止政府失灵的因素。在"国家—社会"这一理论框架下，职业团体作为社会中间层，有利于促进政府职能的转变，有利于通过职业自律维持市场竞争秩序，进而提高整个职业的服务质量。但是"人类的任

71

---

❶ ［美］罗纳德·H. 科斯：《论经济学和经济学家》，罗君丽、茹玉骢译，上海：格致出版社、上海三联书店、上海人民出版社 2010 年版，第 37 页。

❷ 陈端洪：《行政许可与个人自由》，载《法学研究》2004 年第 5 期。

❸ ［英］A. C. 庇古：《福利经济学》（上卷），朱泱等译，商务印书馆 2006 年版，第 348-349 页。

❹ 权力寻租就是"一种将公职和公众的信任转化成个人利益或政治优势的行为"。参见［美］斯蒂夫·G. 梅德玛：《捆住市场的手——如何驯服利己主义》，启蒙编译所译，中央编译出版社 2014 年版，第 51 页，注 2。

何团体都有某种共同的生活，它非常可能带有一种集体的自私性"。❶ 由于职业团体是以同一职业共同的利益为目的的，因此当职业团体利益与社会公共利益发生干戈之时，职业团体往往会异化成为政府失灵的"推手"。有研究表明，很多职业许可恰恰来自职业团体对政府的游说。职业团体往往被视为职业许可推力的来源。它们被认为试图通过限制职业的进入以减少竞争，从而禁止他人分享他们的地位及特权。❷ "很多制定法都源于自利的私人集团寻求对自己进行有利的财富再分配。表面上声称大公无私的规制事实上却维护了狭隘的利益。"❸ "职业协会或贸易协会的一个主要目的就是限制或消除价格竞争，尽可能保证无较低价选择的余地。"❹ 米尔顿·弗里德曼也指出，立法机构总是把保护公共利益作为辩护的理由，然而，"对立法机关颁发职业执照的压力却很少来自曾被有关职业的成员欺骗过或以其他方式胡乱处理过的群众。相反，压力总是来自该职业的成员本身。"❺ 例如，律师职业许可，一般地说，其动力来源于由律师组成的职业委员会。❻ 也有学者尖锐地指出，相对于维护职业在位者的集团利益来说，职业许可在提高消费者接受服务质量方面的目标永远是处于第二位的。职业许可的主要目标是自利的，无非旨在一个本来是竞争性的行业里建立起垄断性权力。❼

经济学家业已指出："允许人们从事某种职业的执照是进入该行业的有效壁垒。"❽ 因此，如果阻挠竞争者进入的效应明显地淡化了实施职业许可所可能产生的积极意义，那么最终损害的将是消费者的权利。这是因为，虽然受到职业许可影响的利益集团（该词在本书毫无贬义）很多，如消费者、职业待

---

❶ ［英］L. T. 霍布豪斯：《形而上学的国家论》，汪淑钧译，商务印书馆 1997 年版，第 43 页。

❷ Walter Gellhorn, *Individual Freedom and Governmental Restrain*, Louisiana State University press, 1956, p. 114.

❸ ［美］凯斯·R. 桑斯坦：《权利革命之后：重塑规制国》，钟瑞华译，中国人民大学出版社 2008 年版，第 78 页。

❹ ［美］约翰·肯尼思·加尔布雷思：《权力的分析》，陶远华、苏世军译，河北人民出版社 1988 年版，第 103 页。

❺ ［美］米尔顿·弗里德曼：《资本主义与自由》，张瑞玉译，商务印书馆 2004 年版，第 150-151 页。

❻ Edward J. Miller, Public Members on Professional Regulatory Boards: The Case of Lawyers in Wisconsin, *Administration & Society*, 1988（November），p. 369-390.

❼ Shirley Svorny, *Licensing, Market Entry Regulation*, in B. Bouckaert and G. De Geest（eds.），Encyclopaedia of Law and Economics, Vol. Ⅲ,（Edward Elgar, 2000），p. 303.

❽ ［美］库尔特·勒布、托马斯·盖尔·穆尔编：《施蒂格勒论文精粹》，吴珠华译，商务印书馆 2010 年版，第 347-348 页。

位者（尚未进入职业内的人）等，但是理论研究表明，"鉴于'经济人'普遍的自利性，在由管制者、管制对象和公众三方所形成的交易模型中，管制者与管制对象结成同盟具有某种必然性。"❶ 究其原因，一是行政机关在管制过程中为被管制者所俘获，表现为在决定和政策的制定上偏向这些受管制或受保护的利益，而损害分散的、相对而言未经组织的利益。❷ 而消费者利益集团则由不计其数的个体构成，政府管制政策对其造成的不利影响由各个消费者分担，对个人的影响并不大。因此，消费者个人往往缺乏为本集团的利益而积极努力的动机。❸ 波斯纳也解释了消费者在立法程序中处境不佳的原委："他们的人数太多，所以就无法组织成一个有效率的'卡特尔'以支持或反对一项现存的立法或立法提案。"❹ 这样，消费者集团和职业共同体集团相比，后者往往对政府管制具有更大的影响力。例如，米尔顿·弗里德曼在分析美国很多州立法对理发师实施许可管制时就指出，在政治上比较容易把力量集中起来的正是生产者的集团，而不是消费者集团。消费者几乎没有人愿意为了在议会中作出反对限制理发师开业的错误行为而花费很多的时间。❺ 职业许可实施过程中的规制俘获，也主要表现为了保护职业在位者利益而实施许可，而所谓"公共利益"事实上则被搁置。如安东尼·奥格斯所指出的，"在任何一个体系内，公共机构若要限制与公共利益密切相关的职业的准入壁垒，总是会遭遇来自职业协会的挑战，因为后者的目的在于寻求该行业的知识垄断。"❻ 二是由于缺少有效的公众参与，政府制定职业许可的信息不可能依靠抽象的"公众"获取。相反，被管制的职业团体已经在资源、技术、信息等方面都具有与行政机关相抗衡的相当实力，因此，行政机关很难以一种与职业团体对立的姿态来运作。而且，官僚制度经常力图实现行政管理的程式化，而这只有在冲突得以

---

❶ 张国庆、王华：《动态平衡：新时期中国政府管制的双重选择》，载《湖南社会科学》2004 年第 1 期。

❷ 参见 ［美］理查德·B. 斯图尔特：《美国行政法的重构》，商务印书馆 2002 年版，第 23 页。

❸ 参见王俊豪：《政府管制经济学导论——基本理论及其在政府管制实践中的应用》，商务印书馆 2001 年版，第 60 页。

❹ ［美］理查德·A. 波斯纳：《法律的经济分析》（下），蒋兆康译，中国大百科全书出版社 1997 年版，第 684 页。

❺ 参见 ［美］米尔顿·弗里德曼：《资本主义与自由》，张瑞玉译，商务印书馆 2004 年版，第 154 页。

❻ ［英］安东尼·奥格斯：《规制：法律形式与经济学理论》，骆梅英译，中国人民大学出版社 2008 年版，第 226 页。

避免的情况下才有可能，这也促使行政机关寻求与受管制团体的妥协。❶

（三）职业许可是政治屈从的结果

"政府管制行为本身是一种政治行为，任何一种政府管制政策的制定与实施都体现着各级政府的政治倾向，一定程度上包含政治因素。"❷ 职业许可的产生和膨胀，除了经济因素和文化因素之外，也还可能包含职业政治家对政治压力的屈从。

第一，在实行两党制的国家，按照政治经济学的中值选民定理，❸ 一项公共政策的决定，既不取决于多数人的偏好，也不取决于少数人的偏好，而是取决于中值选民的偏好。也就是说，政治家❹要想其政策获得选民的支持，他只需要使其立场向中值选民的偏好靠近。❺ 如果政治家利用中值选民的偏好，那么公共决策就可能背离公共选择的目的。恰如塔洛克所指出的，政客们的态度"取决于他们预计的选民的反应，而不是选民将会获得的利益"。❻ 职业许可作为一种公共政策，也很可能是职业政治家为了取悦中间选民而作出的承诺。❼

第二，公共选择理论认为，颁发营业执照可能是一种利用政治手段改善某一集团的经济环境的方法。而且，对某种职业所提供的服务的需求弹性越小，

---

❶ 参见 J. Landis, The Administrative Process, 1938, p. 75. 转引自王锡锌、章永乐：《专家、大众与知识的运用》，载《中国社会科学》2003 年第 3 期。

❷ 王俊豪：《政府管制经济学导论——基本理论及其在政府管制实践中的应用》，商务印书馆 2001 年版，第 1 页。

❸ 中值选民定理的基本含义是指，如果两个政党各自努力使自己当选的机会最大化，它们就要使自己的立场接近中值选民。中值选民定理揭示了这样一个现实，即虽然政府有民主的形式，但民众意愿的实际确定，在很大程度上是由少数人左右着的。参见［美］弗兰克·J. 古德诺：《政治与行政——一个对政府的研究》，王元译，复旦大学出版社 2011 年版，第 90 页。

❹ 实际上，在西方民主国家，政治家（政务类公务员）的利益和官僚（事务类公务员）的利益往往存在分野，在乎选票的往往只是政治家。根据韦伯设想的公共行政的理想形态，官僚机构应当执行而非影响政府政策。参见［英］安东尼·奥格斯：《规制：法律形式与经济学理论》，骆梅英译，中国人民大学出版社 2008 年版，第 69 页。但实际上，官僚通过为政治家提供服务过程中的选择性行为，会在一定程度上影响政治家的决策。而在中国，政治家（高级文官）与官僚之间的界限，不易区别。

❺ 参见［美］曼昆：《经济学原理：微观经济学分册》（第 5 版），梁小民、梁硕译，北京大学出版社 2009 年版，第 496-497 页。

❻ 转引自［美］斯蒂夫·G. 梅德玛：《捆住市场的手——如何驯服利己主义》，启蒙编译所译，中央编译出版社 2014 年版，第 178 页。

❼ 当然，这种争取选票的行为未必仅仅是选举期间对选民作出的许愿。在两次选举的间隙，执政党也可能出台讨好中间选民的政策，以期赢得下届选举。

颁发执照这种管制方式就对其越有利。❶ 根据公共选择将政治视为交易的理论，职业许可的实施表面上看来是以社会福利最大化为目标的，实质上却可能是对支持选票的职业团体一方的特别照顾。因为"管制者通常偏重于组织性较好的利益集团，以便取得更强的政治力量，并让这些利益集团通过优惠的管制政策取得一定的额外利益，以诱使它们愿意在对管制者的政治支持方面进行投资"。❷

第三，由于实施职业许可比不实施职业许可的政治风险小，因此它可能被有关政府部门用来规避公众的谴责。因为尽管许可代表着最强烈的政府干预，但"它的实施至少在表面上被视作是政府部门关心民众所作出的最大可能的努力。"❸ 施蒂格勒在 1965 年就政府管制曾问过自己一个这样的问题：

假设我是一个公共健康部门的医生，有人向我推荐一种新药，现在我有资格批准它能否上市。尽管我们不知道它的全部效果，而且通常在新药出现 5 到 10 年之内我们不会知道它的全部效果是什么。如果我批准它上市，并且像反应停那样的一系列悲剧出现了，我会面临什么？我肯定会被解除职务，而且我还会被揪出来让公众辱骂，公众会随便要求解雇当事人。事实上，如果我批准了一个我不该批准的药剂上市，那么，对我的惩罚将是非常惨重的。另一方面，假设这种药剂被证明是健康有效的，而且从长期看，它的成就是了不起的，但我们现在还不知道这一点。如果我延缓这种新药上市长达 5 年，直到它的全部效果都被实验出来，那么，很多人将由于它的未被使用而死亡。幸存者是不会抱怨我没有早点批准药剂上市的。给我的所有惩罚都是由于我太早批准药剂上市的错误，而对于我太晚批准药剂上市的错误却没人要求惩罚。这种奖惩机制似乎是不理想的。❹

由此可见，职业许可的规制未必构成公共利益。它的出台很可能仅仅是政府机构一味迎合公共舆论的结果，事实上却缺少专业理性。对一般公众来说，他们基于朴素感情的认识并未经过精细的成本与收益分析，因此往往缺少科学上的依据。例如，公众往往认为有证书的人比没有证书的人要可靠；政府

---

❶ 参见［美］库尔特·勒布、托马斯·盖尔·穆尔编：《施蒂格勒论文精粹》，吴珠华译，商务印书馆 2010 年版，第 347-348 页。

❷ 王俊豪：《政府管制经济学导论——基本理论及其在政府管制实践中的应用》，商务印书馆 2001 年版，第 58-59 页。

❸ 张卿：《行政许可：法和经济学》，北京大学出版社 2013 年版，第 97 页。

❹ 转引自［美］罗纳德·H. 科斯：《论经济学和经济学家》，罗君丽、茹玉骢译，格致出版社、上海三联书店、上海人民出版社 2010 年版，第 71 页。

"管制"比完全"撒手"要更能体现政府负责。❶ 而政府管制部门面对公众则往往秉承"宁可失之谨慎"❷原则行事，也不愿意为可能的小风险失去选票或民意。总之，政府规制机构所虑，绝非仅仅经济方面的可接受性，还有政治方面的可接受性。任何政府规制机构都不可能完全与政治绝缘。因此，职业许可亦不能完全排除政府部门的机会主义行为。

（四）职业许可是政府部门不计代价的率性而为

"由于规制者可以依据法律权限，站在垄断的立场上对被规制者行使规制权限，因而它也是'法定垄断者'。而且这种垄断者，在以规制法作后盾的权限之外，还具有能自己强化法律权限的机制。"❸ 特别是，当行政机关自己兼有行政立法、行政执法和行政司法职能时，它就会更加有可能强化自己的规制权限。布坎南曾总结道：官员花的是纳税人的钱，花别人的钱总没有花自己的钱那么小心，那么精算，成本的考量比个人和企业弱了许多。官员的首要考量不是实现公共利益，而是增进自己的权力和影响力，拿纳税人的钱砸出自己的政绩，何乐不为？特殊利益集团也会游说、俘获议员和官员，如寻求关税和配额保护、要求出台为自己定做的国家标准、争取政府订单等，以获取超过平等回报的垄断租金。❹

职业许可的申请人可以视为职业许可制度的需求者，而职业许可的立法、执法机关可以视为职业许可制度的供给者。对成本的低估往往会使需求者对职业许可的效率产生错觉。作为一种社会性规制，由于对职业许可缺乏判断其是否得当的明确标准，加上政府对职业许可具有垄断地位，因而职业许可难免存在任意性，其公正性和有效性难以有效衡量。正如有学者所论，在私人组织中由所有者决策，决策一旦失败，后果和损失由自己来承担。政府中由政治家和官僚来决策，决策一旦失败，最终后果由社会和老百姓承担。❺ 因此，公众眼

---

❶ 在我国，一些媒体和公众往往错误地认为，这种事情政府该管管了，那种事情政府该管管了。殊不知，管制一旦设定，就会生成附着其上的设租、寻租的既得利益群体，进而就会危害公共利益。而取消管制的代价则极为高昂。

❷ ［美］史蒂芬·布雷耶：《打破恶性循环——政府如何有效规制风险》，宋华琳译，法律出版社2009年版，第69页。

❸ ［日］植草益：《微观规制经济学》，朱绍文等译，中国发展出版社1992年版，第61页。

❹ 参见陈斌：《布坎南：破除对权力的浪漫想象》，载《南方周末》2013年1月17日，第F29版。

❺ 宋世明：《公共选择理论视野中的规则变革》，载《中国行政管理》2004年第8期。

里非常严肃甚至神圣的"职业许可"（特别是社会美誉度较高的那些职业许可），极有可能仅仅是职业许可机关的草率行为。

三、公共选择理论对职业许可的解释力：价值与局限

一方面，公共选择理论"深刻"地刻画了职业许可的制度现实；另一方面，公共选择理论又"片面"地刻画了职业许可的制度现实。因此，公共选择理论对职业许可进行的解释，既有其价值也有其局限。

（一）公共选择理论的价值

首先，从大的方面说，公共选择理论对建设有限政府和法治政府具有一定的理论指导价值。第一，公共选择理论坚持方法论上的个人主义和经济人假设，这只不过是以苛刻的口吻告诫人们，"官僚不是天使"，政府不可能天然地追求公共利益，不要把政府及其工作人员假设得那样能干和高尚。"人类的政治生活在很大程度上取决于人性的事实，即人之为人这一事实。"[1] 如同科斯所称："管理者一般都希望恪尽职守，但往往不称职而且受特殊利益集团的影响，因为像我们所有人一样，他们也是人，其最强烈的动机未必是最高尚的。"[2] 美国学者布赖斯说："把公共义务当作政治中的主要动力来依赖，就等于要设想一个天使的国家。我们所了解的人，必定都是有某种其他动机的。"[3] 实际上，政府在公共性的背后往往隐藏着对自身利益的追求，也就是说，政府具有自利性。一种现实主义的态度是，应该用制度约束政府的自利。第二，公共选择理论坚持将政治视为一种交易。因而，政府的任何决策都可能是与利益集团"交易"的结果。"政府管制俘获理论的一个不可抹杀的贡献是：它为政府科学地制定与实施管制政策敲了警钟。"[4] 虽然政府规制俘获理论的经济人假设过于绝对，其结论也有很大的局限性，但其带来的冲击是巨大的，它让习

---

[1]　[美] 弗兰克·J. 古德诺：《政治与行政——一个对政府的研究》，王元译，复旦大学出版社2011年版，第4页。

[2]　[美] 罗纳德·H. 科斯：《论经济学和经济学家》，罗君丽、茹玉骢译，格致出版社、上海三联书店、上海人民出版社2010年版，第87页。

[3]　转引自 [美] 弗兰克·J. 古德诺：《政治与行政——一个对政府的研究》，王元译，复旦大学出版社2011年版，第62页。

[4]　王俊豪：《政府管制经济学导论——基本理论及其在政府管制实践中的应用》，商务印书馆2001年版，第66页。

惯于规制的政府和人们不得不认真地反思规制。❶ 特别是，该理论让人们警醒：政府失灵可能重蹈市场失灵的覆辙。❷

可见，公共选择理论所怀疑的就是国家所作出的"始终以一种特定的，即有助于人民幸福的方式来治理人民"❸ 的许诺是否"靠谱"。其政策含义是，应该通过制度建设对政府权力加以约束，以避免上述类似情形的出现。这恰恰是建设法治政府的题中应有之义。

其次，具体到职业许可而言，公共选择理论对改革和完善职业许可制度具有一定的实践意义。如前所述，在公共选择的理论视野中，职业许可是政府信息无能、规制俘获、政治屈从或率性而为的结果。该理论打破了"公共利益神话"，充分体现了对职业许可异化（如对特定职业及既得利益保护，妨碍进入竞争）的深沉担忧。这种认识，在刻画了职业许可制度现实的同时，也指明了职业许可制度改革与完善的方向。譬如，通过削减政府的职业许可权力，将更多的职业选择自由还给公民，以从根本上减少由职业许可带来的各种弊端；通过在职业许可设定中引入专家参与以增强职业许可的科学性和政府的信息能力建设；通过引入公众参与以对抗职业团体的"规制俘获"，并增强职业许可设定的公共性和实施的可接受性；通过引入成本—收益分析方法对职业许可进行事前和事后的评估，以减少政府在设定和实施职业许可过程中过度屈从民意、追求选票以及不计代价的机会主义行为，等等。

（二）公共选择理论的局限

首先，公共选择理论对人性的刻画过于绝对，忽视了人性的多样性和多面性。人固然有利己性，但利他性并非全无，否则不能解释全部的政治现象和社会现象。政府职员即使不总是克己奉公、毫无偏见；但也肯定不总是结党营私、非法不义。实际上，人的行为动机一定是多元、复杂、动态的，既有利己的成分，又有利他的成分；既追求个人利益，也不排斥公共利益，无法一以论之。因此，离开人的社会性与文化性去考察人性的假设，必定是片面的。个人追求某种值得追求的目标和有价值的东西，它可能是财富，也可能是社会地位，还可能是名誉。理性的公共选择追求的是效用的最大化，绝不仅仅是片面

---

❶ 参见潘伟杰：《制度、制度变迁与政府规制研究》，上海三联书店 2005 年版，第 168 页。

❷ 参见 [美] 凯斯·R. 桑斯坦：《权利革命之后：重塑规制国》，钟瑞华译，中国人民大学出版社 2008 年版，第 194 页。

❸ [英] 边沁：《政府片论》，沈叔平等译，商务印书馆 1995 年版，第 152 页。

而狭隘的经济利益。正如有学者指出的，公共选择理论的问题在于，其主张理性行为最狭义的含义不仅要权衡利弊，而且要从利己主义的角度来权衡利弊。但是，我们也应该有信心看到政府官员具有公共性的一面，充分挖掘和加以培养，可以在公共管理中加以应用。❶ 具体到职业许可而言，"可以肯定地说，某些市场失灵非常需要政府的某些合适的干预形式。"❷ 因此完全否认职业许可对职业市场失灵的矫治是不符合事实的，泛泛地将职业许可纳入公共选择的理论框架是对职业许可不适当的丑化。

其次，应该看到公共选择理论发端于西方，其较为适合于分析西方的政治现象，而以之分析中国的政治现实则较为牵强。例如，利益集团理论在中国适用的余地相对较小。中国的现实问题毋宁是，地方利益、部门利益与公共利益之间的矛盾远远甚于利益集团对政府部门的所谓"规制俘获"。

本章小结

根据公共利益理论，职业市场存在市场失灵，政府有必要加以干预。政府通过实施职业许可，可以矫治某些职业行为的负外部性；可以缓解存在于职业市场主体之间的信息不对称。而这是靠市场本身难以完成的。其理论前提是，政府及其职员恪尽职守、大公无私。就对职业许可的解释而言，公共选择理论完全不同于带有鲜明的理想主义色彩的公共利益理论。公共选择理论从对政府及其职员人性的冷峻质疑出发，认为职业许可根本就是"政府失灵"的结果。根据公共选择理论，职业许可的实施是基于政府的信息无能、规制俘获、政治屈从或不计代价的率性。但是，本书认为，作为两种解释模式，不论是公共利益理论还是公共选择理论，事实上都不可能单独地解释全部职业许可现象。莫若说，现实中大部分职业许可的设定，系出于维护公共利益之正当目的，但由于行政政策的偏倚或行政职员的悖德渎职而令这一目的难以实现，从而事实上维护了利益集团的私益。或者说，大部分职业许可可能既有利于对公共利益的维护，却也便宜了特定的利益集团。

---

❶　吴庆：《公共选择还是利益分析——两种公共管理研究途径的比较》，载《北京师范大学学报》（社会科学版）2007 年第 5 期。

❷　参见斯蒂格利茨：《政府为什么干预经济》，郑秉文译，中国物资出版社 1998 年版，第 97 页。

第四章

职业许可的设定

市场控制的两种形式——控制生产者自身的产生和控制生产者的生产活动——看起来似乎是兴亡与共的。

—— ［美］理查德·L. 埃贝尔*

职业许可固然应以公共利益的维护与增进为其必要，但不应忽视对这一行政手段进行以最小代价取得最大效果的适当性检验。❶ 由于职业许可制度控制的是生产要素中的劳动要素，它的产生与运行与经济生活密切相关。因此对其设定进行经济分析是可行的。主要来说，本章是将职业许可置于社会性规制理论之下，扣问两个相互关联的问题：（1）职业许可的收益是否大于成本？（2）与其他替代措施相比，职业许可的效果是否更好？经济分析主要是效率分析。一个不能提高经济效率的制度不会产生，即使产生也注定失败。对职业许可来说，亦是如此。

第一节　社会性规制视野中的职业许可

一、规制与社会性规制

（一）规制

规制一词源于英文 Regulation。其原意为规范制约，即政府运用法律、规章、制度等手段对经济和社会加以控制和限

---

* ［美］理查德·L. 埃贝尔：《美国律师》，张元元、张国峰译，中国政法大学出版社 2009 年版，第 34 页。

❶ 参见杨建顺：《行政规制与权利保障》，中国人民大学出版社 2007 年版，第 355 页。

制。日本经济学者植草益在其那部广被引用的著作中提出："通常意义上的规制，是指依据一定的规则对构成特定社会的个人和构成特定经济的经济主体的活动进行限制的行为。"❶ 规制也称为管制、管理、控制、调整、调节、校准等。❷《新帕尔格雷夫经济学大词典》将 Regulation 译为"管制"，但多数经济学家认为，"管制"一词较为生硬，在中文中使人容易联想为政府用行政手段和命令直接对微观经济主体进行强制性的管理。而"规制"一词则较为中性与温和，它强调政府通过法律等正式制度来约束和规范经济主体的行为，与市场经济对政府的期待较为符合，因此将 Regulation 译作"规制"更为妥贴。❸ 当然也有学者认为，"管制""监管""规制"等词之间并无实质性区别。❹ 笔者也认为，将 Regulation 译为"管制"或者"规制"，并不损害我们分析问题的实效。因此，如果不加特别说明，以下我们是在相同意义上使用"管制"和"规制"两个词。陈富良先生主张，在涉及计划经济体制时使用"管制"，在涉及市场经济体制时使用"规制"，以示二者之区别。❺ 这一建议，倒也值得采纳。惟须强调的是，虽然规制内含着强制。但是，"它不是强迫人们去做他们不愿意做的事情，而是通过强制使人们去做他们想做的事情。"❻

至于"政府规制"，则是强调了规制的主体是政府。同时，这也意味着，可能存在政府之外的其他主体设定的规制。在现代，"组织的社会"早已取代了"个人的社会"。❼ 社会团体等组织与国家之间存在着广泛的规制分权。本书讨论的对象是政府规制，对社会团体规制仅在必要时提及。王俊豪教授认为，"政府管制是具有法律地位的、相对独立的政府规制机构，依照一定的法规对被管制者所采取的一系列行政管理与监督行为。"❽ 一般来说，规制不是

---

❶ ［日］植草益：《微观规制经济学》，朱绍文等译，中国发展出版社1992年版，第1页。该书的译者认为，"Regulation"译成"管制""管理""控制""制约""调整""调控""规定"等都不符合原意。参见该书第304页。

❷ 参见夏登峻主编：《英汉法律词典》（第三版），法律出版社2008年版，第808页。

❸ 参见潘伟杰：《制度、制度变迁与政府规制研究》，上海三联书店2005年版，第27页。

❹ 参见徐晓松：《管制与法律的互动：经济法理论研究的起点和路径》，载《政法论坛》2006年第3期。

❺ 参见陈富良：《放松规制与强化规制》，上海三联书店2001年版，第2页。

❻ ［英］安东尼·奥格斯：《规制：法律形式与经济学理论》，骆梅英译，中国人民大学出版社2008年版，第43页。

❼ ［德］施密特·阿斯曼：《秩序理念下的行政法体系建构》，林明锵等译，北京大学出版社2012年版，第80页。

❽ 王俊豪：《政府管制经济学导论——基本理论及其在政府管制实践中的应用》，商务印书馆2001年版，第1页。

宏观调控而是微观管理。因此"规制"与"干预"两者的词义略有差别。政府规制专指微观层面的政府干预，它只是政府干预的一种方式。日本经济法学者金泽良雄将规制理解为广义的"国家干预"，其中包括消极的权利限制与积极的促进保护。当然，他也注意到，并非所有的国家干预皆属于经济法中的规制。❶ 英国著名公法学者安东尼·奥格斯也认为，有时候，"规制"一词，可以被用来指称任何形式的行为控制。❷ 潘伟杰教授则认为，如果将规制理解为国家以经济管理的名义进行干预，则会使得规制的研究过于宽泛。因此他对政府规制进行了较为狭义的定义，认为"政府规制是行政主体以矫正市场失灵为目的，以宪法和法律为依据，通过制定和执行行政法规或规章以直接干预市场配置机制和间接改变消费者或市场主体的供需决策的法律行为。"❸ 笔者认为，这一定义基本可取。在此意义上，宏观调控、政府规制和直接参与三种措施同为国家干预经济社会的手段。

（二）社会性规制

1. 社会性规制的界定

规制可以类分为直接规制与间接规制。❹ 直接规制是指由政府行政部门对经济活动直接进行的约束和管制。如以法律手段直接介入经济主体决策，参与其定价、投资决策、产品销售、原材料选择等经济决策过程等。间接规制是指在维护市场经济主体自由决策的前提下，对某些阻碍市场机制效能发挥的行为加以管制，是依照反垄断法、商法、民法等制约不公平竞争行为为目的的规制。如实行反垄断政策、反不正当竞争政策、发布市场信息政策等。

直接规制又可分为经济性规制和社会性规制。经济性规制的实质"是对公司涉及价格、数量、进入和退出市场行为的限制。"❺ 这种规制主要应用于自然垄断和存在信息不对称的领域，目的是为了防止发生资源配置低效率和确保利用者的公平利用。而社会性规制则是指，"以保障劳动者和消费者的安

---

❶ 参见［日］金泽良雄：《经济法概论》，满达人译，中国法制出版社 2005 年版，第 45 页。

❷ 参见［英］安东尼·奥格斯：《规制：法律形式与经济学理论》，骆梅英译，中国人民大学出版社 2008 年版，第 1 页。

❸ 潘伟杰：《制度、制度变迁与政府规制研究》，上海三联书店 2005 年版，第 31 页。

❹ 也有的将反垄断规制单列一个类型。参见占飞燕：《社会性规制理论综述》，载《湖北行政学院学报》2007 年第 3 期。

❺ ［美］W. 基普·维斯库斯等：《反垄断与管制经济学》，陈甬军译，中国人民大学出版社 2010 年版，第 307 页。

全、健康、卫生、环境保护、防止灾害为目的，对物品和服务的质量和伴随着提供它们而产生的各种活动制定一定标准，并禁止、限制特定行为的规制。"❶ 美国经济学家史普博把产品质量、工作场所安全和环境管制的复合物称为"社会的"或"新潮的"管制，并把它视为一个独立的系统。❷ 而国内关于社会性规制的定义大同小异，基本都是日本学者植草益关于社会性规制定义的翻版。一般都认为，社会性管制是对物品和服务的质量和伴随它们而产生的各种活动制定一定标准，并禁止、限制特定行为的管制。❸

相比经济性规制，社会性规制出现较晚。直到 20 世纪 70 年代，美国等发达国家才开始重视社会性规制，理论界才开始较系统地研究社会性规制问题。一般认为，20 世纪 80 年代以来，放松经济规制，加强社会规制，成为了世界潮流。❹ "政府对社会性规制的重视在某种程度上是社会进步、生活质量提高的反映，体现了对消费者利益的保护与对社会可持续发展问题的关注。"❺

2. 社会性规制的目标

一般而言，社会性规制的目标主要集中在以下几个方面：限制负外部性，保持人类社会可持续发展；激励正外部活动，促进社会全面进步；保障信息劣势方的权益。但是，应该看到，虽然社会性规制有其经济目的，即对"市场失灵"所导致的市场效率的损失的规制，但更为重要的是其社会目的，即预防市场主体对人类"整体利益"的侵害。❻ 也就是说，不能仅从经济学的角度谈论社会性规制之目的，社会性规制还有维持社会秩序和经济社会稳定等社会目的。❼ 总之，社会性规制的本质，"在于它是以增进社会福利为目的的，是一种包含各种复合性的目的在内的，有关确保健康、安全、质量、环境及确保

---

❶ ［日］植草益：《微观规制经济学》，朱绍文等译，中国发展出版社 1992 年版，第 22 页。

❷ 参见 ［美］丹尼尔·F. 史普博：《管制与市场》，余晖等译，上海三联书店、上海人民出版社 1999 年版，第 497 页。

❸ 参见黄珺仪、孙炳娜：《社会性管制绩效的成本与收益分析》，载《东北财经大学学报》2007 年第 6 期。

❹ 参见席涛：《美国的成本—收益分析管制体制及对中国的启示》，载《经济理论与经济管理》2004 年第 6 期；黄珺仪、孙炳娜：《社会性管制绩效的成本与收益分析》，载《东北财经大学学报》2007 年第 6 期。当然也有人认为社会性规制加强实际是一种假象。参见陈红星：《西方社会性规制的改革潮流与评价》，载《苏州大学学报》2012 年第 6 期。

❺ 谢地主编：《政府规制经济学》，高等教育出版社 2003 年版，第 10 页。

❻ 参见郑慧：《社会性规制述评》，载《生产力研究》2009 年第 9 期。

❼ 参见 ［日］植草益：《微观规制经济学》，朱绍文等译，中国发展出版社 1992 年版，第 287 页。

教育、文化等社会福利的规制"。❶

二、作为社会性规制的职业许可

总体而言，职业许可是社会性规制的一种方式。❷

首先，职业许可是一种直接规制。一般来说，直接规制是指以认可、许可等法律手段直接介入经济主体决策的规制。❸之所以说职业许可系一种直接规制，是因为：第一，它采取的手段是许可。日本学者植草益认为社会性规制的形式主要有禁止特定行为；对营业活动进行限制；同时，还要以资格制度、检查鉴定制度以及基准、认证制度来对禁止特定行为和限制营业活动作出补充。❹执业资格制度是社会性规制的重要方法。即国家对于从事健康、安全、环境联系密切的单位和个人，为了确保消费者利益，而要对其专门知识、经验、技能等进行认定、证明并发给执业资质证明的制度。❺第二，它采取的方式是直接介入职业服务市场双方的决策。在劳动市场上，如果从事某种职业须经事前许可，就意味着，不经许可，即使双方自愿，雇主亦不能自由雇佣没有执照的雇员。

其次，职业许可具有社会性规制的主要特征。社会性规制的领域主要涉及健康、安全和环境保护。在美国，通常把社会性管制局限于健康、安全和环境保护这三个方面，因此，把社会性管制称为 HES 管制（Health、Safety and Environmental Regulation），甚至不对社会性管制下定义。❻而职业许可与健康、安全甚至环境保护都直接相关。例如为了保证公众健康，对从事医疗、医药工作的人实行职业许可制度，主要是为了避免医疗事故的发生，提高整个社会的健康水平；对特种设备检验检测人员、焊工等设定职业许可，则是因为这些职业直接涉及公共安全；对注册环保工程师设定许可进入，则是因为这类职业关

---

❶　王雅利、毕东强：《公共规制经济学》（第 3 版），清华大学出版社 2011 年版，第 223 页。

❷　社会性规制的方式，还包括禁止特定行为、营业活动限制、标准认证和检查制度、信息公开制度、收费补偿制度等。参见王雅利、毕东强：《公共规制经济学》（第 3 版），清华大学出版社 2011 年版，第 223 页。

❸　参见［日］植草益：《微观规制经济学》，朱绍文等译，中国发展出版社 1992 年版，第 21 页。

❹　参见［日］植草益：《微观规制经济学》，朱绍文等译，中国发展出版社 1992 年版，第 287 页。

❺　参见占飞燕：《社会性规制理论综述》，载《湖北行政学院学报》2007 年第 3 期。

❻　参见王俊豪：《政府管制经济学导论——基本理论及其在政府管制实践中的应用》，商务印书馆 2001 年版，第 40 页。

系着生态文明。

当然，在现实中，对社会性规制和经济性规制作截然的区分并不总是很容易的。笔者认为，由于职业许可制度控制的是生产要素中的劳动要素，它与经济生活直接相关，因此职业许可作为一种进入规制，也兼具经济性规制的内容，但其主要还是一种社会性规制。

"政府规制理论的兴起，代表的不仅仅是一种行政法学理论的思潮，它反映的是一个更为突出的问题，即在日趋相互依赖的社会中，政府规制对解决社会共同体中日益涌现的公共问题的意义。"❶ 职业许可作为一种行政法律制度，从政府社会性规制的视角对其加以观察，以探寻其背后的经济意蕴，或许可以获得不同于一般行政法解释学视角的有益结论。

第二节　职业许可的成本收益分析

如前所述，职业许可的制度目标在于弥补市场失灵，即职业行为负外部性之矫治与职业市场信息不对称之缓解。如果职业许可不能达到这一目标，显然不应被设定。但是，如果职业许可制度的设定成本耗费甚巨，甚至远远高于市场缺陷造成的无效，那么即使能够达到上述目标，亦并不可取。因此，是否设定职业许可，理论上还要对职业许可的成本与收益进行分析。不仅如此，在所有收益大于成本的职业管制措施之间还要进行净收益的比较，以最后决定是否设定职业许可。本节拟对职业许可的成本收益分析先作一般性地讨论，职业许可及其替代性选择之间的净收益比较，将在下节展开。

一、政府规制的成本收益分析概述❷

（一）成本收益分析的概念与原理

成本收益分析（Cost-benefit analysis）是通过比较项目的全部成本和收益

---

❶　潘伟杰：《制度、制度变迁与政府规制研究》，上海三联书店 2005 年版，第 16 页
❷　由于法经济学（主要是经济学）的理论知识已经得到一定普及，因此为节省文字，本书不再对成为常识的概念，如成本、收益、效率等进行赘述。

来评估项目价值的一种方法。成本收益分析作为一种经济决策方法，将成本费用分析法运用于政府部门的计划决策之中，以寻求在投资决策上如何以最小的成本获得最大的收益。目前这种方法被广泛地认为系评价政府规制有效性的一种有利工具。著名经济学家庇古提出，法律或者政府应该干预企业的有害影响，理由是外部性的存在。这一论说被称为"市场失灵必然政府规制"的"庇古主义"。❶ 科斯在其发表的被称为法经济学奠基之作的《社会成本问题》一文中，对"庇古主义"提出了批评，建立了所谓"科斯主义"。其要义是，外部性的存在并不是政府干预的适当基础，交易成本的高低才是制度选择的标准。他提出："所有解决问题的方法都是有成本的，因此不能轻巧地假定市场或企业不能很好地解决问题，从而政府规制就是必要的。"❷ 也就是说，科斯并不一味地反对政府干预，他反对的是不计成本的政府干预，也就是无效的政府干预。在这里，科斯恰当地指出了对政府规制进行成本收益分析的必要性。

成本收益分析的基本原理，就是能够在对规制产生的成本与收益进行比较后判断该项规制是否值得实施。"无论社会管制带来什么样的好处（这些好处也许很大），但同时也都会付出代价。"❸ 在决定是否或如何规制的过程中，行政机构应衡量可得的规制选择——包括不规制的选择——的所有成本和收益。显然，合理规制的收益应该大于其成本，否则就是"受累不讨好"，也就不值得去做。因此，如石涛博士之见，成本—收益分析方法关注的是一项公共政策从总体上看是否对稀缺资源进行了合理的配制，也就是以市场效率作为判断标准的。❹ 据此，对职业许可进行成本收益分析，目的即是论证职业许可所产生的收益是否足以说明其成本的合理性。

（二）成本收益分析的功能与局限

成本与收益分析的核算，就是在目标给定（假定目标是正确的）、行为给

---

❶　参见柯华庆：《科斯方法论与社会连续性理论》，载黄少安主编：《制度经济学研究》，经济科学出版社 2012 年版，第 141 页。

❷　R. H. Cose, The Problem of Social Cost, *Journal of Law and Economics*, Vol. 3, （Oct., 1960），p. 18.

❸　[美] 小贾尔斯·伯吉斯：《管制和反垄断经济学》，冯金华译，上海财经大学出版社 2003 年版，第 323 页。

❹　参见石涛：《政府规制的"成本—收益分析"：作用、内涵及其规制的效应评估》，载《上海行政学院学报》2010 年第 1 期。

定基础上，判断它们之间的一致性。❶ 成本收益分析的管制理念是市场理念，强调的是效率。成本收益分析作为行政机构制定执行规章的基本原则、决策程序、分析方法，并以收益超过成本以及社会净收益最大化，作为衡量管制绩效的标准。成本收益既有实证分析的市场基础，又有规范分析的价值取向。❷ 它着重强调的是，在适当成本下获得最大收益。❸ 由于"成本收益分析为我们提供了一种透明性的评估政策的视角，它把规制过程中涉及的众多不同因素、甚至不同属性和种类的要素进行不同程度的量化和货币化，从而根据成本和收益的大小来对规制政策作出肯定或否定的结论。"❹ 因此美国公法学者桑斯坦认为，成本收益分析可以缩小公众与行政人员认知上的偏差。❺ 总之，如石涛博士所论，成本收益分析方法为我们提供了一个透明、有效的方法来对不同特征、不同用途的政策进行共同单一特征比较，避免了以往因某些非理性因素而产生的主观臆断和盲目决策情况发生，有助于政府规制的质量和效率的不断改善和提高。❻

虽然成本收益分析具有上述功能，但成本收益分析也常常遭到批评。这是因为成本收益分析总体而言是功利主义的，因此难免对公平、正义、基本权利等价值有所疏忽。❼ 即是说，有些领域根本不适合用成本收益方法分析。总地看，对成本收益分析工具的批评主要集中在对环境保护、社会精神、心理价值等无法量化因素的评估方法、前提假设，并认为该工具没有考虑代际关系、公平分配等方面。❽ 另外还应承认，对职业许可进行经济分析时，由于难以计算政府管制的边际成本和边际收益，因此也就不能用边际成本等于边际收益的原

---

❶ 参见魏建：《法经济学：分析基础与分析范式》，人民出版社 2007 年版，第 240 页。

❷ 参见席涛：《美国的成本—收益分析管制体制及对中国的启示》，载《经济理论与经济管理》2004 年第 6 期。

❸ 席涛：《美国政府管制成本与收益分析的制度演变》，载《中国社会科学院研究生院学报》2003 年第 1 期。

❹ 石涛：《政府规制的"成本—收益分析"：作用、内涵及其规制的效应评估》，载《上海行政学院学报》2010 年第 1 期。

❺ 转引自张笑滔：《浅论行政许可设定的评价——以政府规制的经济分析为视角》，载《研究生法学》2008 年第 5 期。

❻ 参见石涛：《政府规制的"成本—收益分析"：作用、内涵及其规制的效应评估》，载《上海行政学院学报》2010 年第 1 期

❼ 例如城市的盲道，在多数情况下置而少用甚至置而不用。但这是属于残疾人的权利，不能仅依成本—收益方法简单地予以评估。

❽ 参见石涛：《政府规制的"成本—收益分析"：作用、内涵及其规制的效应评估》，载《上海行政学院学报》2010 年第 1 期。

则决定最佳政府管制。在此，本书不对职业许可进行具体的成本收益分析，而仅勾勒该种方法之大概。

（三）成本收益分析的计量与应用

王俊豪教授提出了一个简单可行的计量规制收益的方法，即政府规制收益＝实施规制后消费者支出减少数＋生产者收益增加数。[1] 美国经济学家施蒂格勒运用福利经济学理论认为，规制收益＝生产者剩余增量＋消费者剩余增量－规制成本。当消费者剩余增量与生产者剩余增量之和大于规制成本时，则规制增加了社会福利。石涛博士则对成本收益分析可能引发的规制效应进行了评估并分析了其主要影响因素。[2] 由于成本收益分析的计量是一个异常繁复的问题，加上本书无意对特定的职业许可进行定量的成本收益分析，因此在此就不对成本收益分析的计量问题展开全面讨论。[3] 原因恰如蒋红珍博士指出的，应该注意的一个趋势是，那种"计算型"的"纯粹或标准的成本收益分析"正在让位于面向现实化操作的、"描述型"的、被修正了的成本收益分析。[4]

将成本收益分析方法应用于政府规制起始于美国。美国自 20 世纪 70 年代至今，历届总统都在探索、改革和实施管制成本收益分析的理念与方法。[5] 特别是在 1995 年以后，美国政府管制最大的突破就是将成本收益分析作为行政机构制定规章的原则、程序和方法，并以收益超过成本和社会净收益最大化作为衡量管制绩效的标准。[6] 当前，中国也已经开始了立法绩效评估的试点工作，在行政法律规范制定中试行成本收益分析。《行政许可法》原则性地规定了"行政许可的实施机关可以对已设定的行政许可的实施情况及存在的必要性适时进行评价"；国务院《全面推进依法行政实施纲要》（2004 年）更是在

91

---

[1]　参见王俊豪：《政府管制经济学导论——基本理论及其在政府管制实践中的应用》，商务印书馆 2001 年版，第 24 页。

[2]　参见石涛：《政府规制的"成本—收益分析"：作用、内涵及其规制的效应评估》，载《上海行政学院学报》2010 年第 1 期。

[3]　本书的意旨，在于提供一个对职业许可进行成本—收益分析的方法，而非对某一特定职业许可进行量化的、具体的成本—收益分析。或者说，本书想指出的是，对职业许可有必要进行成本—收益分析，但并不通过成本—收益分析，具体地指出某一职业许可是否必要。

[4]　参见蒋红珍：《政府规制政策评价中的成本收益分析》，载《浙江学刊》2011 年第 6 期。

[5]　关于美国政府管制成本与收益分析的制度演变，可参见席涛：《美国政府管制成本与收益分析的制度演变》，载《中国社会科学院研究生院学报》2003 年第 1 期。

[6]　参见黄珺仪、孙炳娜：《社会性管制绩效的成本与收益分析》，载《东北财经大学学报》2007 年第 6 期。

第 17 条"破天荒"地明确规定:"积极探索对政府立法项目尤其是经济立法项目的成本效益分析制度。政府立法不仅要考虑立法过程成本,还要研究其实施后的执法成本和社会成本。"并且,自 2006 年起对《信访条例》《艾滋病防治条例》《蓄滞洪区运用补偿暂行办法》《个人存款账户实名制规定》《劳动保障监察条例》和《特种设备安全监察条例》等 6 个行政法规开始立法后绩效评估。

二、职业许可制度的成本分析

职业许可的成本,是指政府行政许可机构在立法、执法、监督、修法等整个职业许可过程中的行政资源耗费,职业团体游说产生的寻租成本,职业申请人因职业许可而产生的申请费用,以及消费者因职业许可导致职业服务价格的上升而增加的支出。从种类上说,职业许可的成本包括行政机关在职业许可资格审查和职业许可过程中所产生的行政成本,也包括因设定职业准入条件而产生的机会成本。从范围上说,对职业许可成本的估算可以根据职业许可过程进行。因为职业许可的立法、执法、修法、废法等各个环节都会发生一定的成本。

本书根据职业许可的成本承担的对象,将职业许可成本划分为(政府承担的)行政成本和(职业申请人、职业团体、消费者等承担的)服从成本。❶行政成本,即财政成本、预算成本、直接成本,包括信息搜集成本、法律成本、供给成本、权利成本和实施成本。行政成本由于可以通过税收的方式转嫁,因此消费者是职业许可行政成本的最终承担者。职业许可的服从成本,指为实现职业许可的目标,被许可的职业申请人发生的支出和机会成本、职业团体的寻租成本及消费者剩余的减少。

(一)职业许可的行政成本

"行政成本是政府和当事人在涉及法律规则的运行时产生的成本。"❷ 职业许可的行政成本,包括了行政机关为设定某项职业许可整个运作支出的所有

---

❶ 本书对职业许可成本与收益项目的划分,均得益于韩俊华先生作品的启发。参见韩俊华:《政府规制成本与收益法的理论研究》,载《价格理论与实践》2011 年第 11 期。

❷ [美] 斯蒂文·萨维尔:《法律的经济分析》,柯华庆译,中国政法大学出版社 2009 年版,第 29 页。

费用。

　　具体来说，在职业许可的立法阶段，政府要进行广泛的调查研究工作，如征求有关职业团体的意见，然后起草法律法规，再以座谈会、论证会、听证会等多种形式征求公众意见，作为修改草案的依据。这些都是立法成本。当然，在职业许可成本中，占比最大的无疑是职业许可的执法成本。它包括政府职业许可机构发生的日常成本和政府职业许可机构的职员人数。❶ 这些许可机构的工作人员的工资及其活动经费便构成职业许可的重要运行成本。另外，政府修改或调整政府管制立法，也会发生相当的管制成本。如果放松或解除某种政府管制，政府就要为原来在政府管制机构工作的职员重新安排新的工作岗位，或者提供失业后的经济补偿，此外，一些利益集团还会因失去既得利益而抵制政府放松或解除管制。这些都会发生一定的成本。❷

　　还有，"机会成本在经济学上常常也被称为'隐成本'，意指同一资源倘若用于其他用途可以得到的相应收益。"❸ 对规制机构来说，如果规制预算既定，那么选择一种职业进行规制，就意味着要放弃对其他职业的规制。❹ 这是规制机构可能产生的机会成本。

（二）职业许可的服从成本

　　如前所述，职业许可的服从成本，是指为实现职业许可的目标，被许可的职业申请人发生的支出和机会成本、职业团体的寻租成本及消费者剩余的减少。

　　职业许可申请人的支出，是指职业申请人为取得某种职业资格，在尚未进入职业许可审查程序之前，为准备法律所规定的限制性条件而产生的各种费用。例如准备职业资格考试产生的购买复习资料、参加培训、报名、考试、登记、公告等与申请直接相关或间接相关的各项可见支出。另外，职业申请人还会有机会成本产生：申请人为准备某种职业资格，意味着他必须放弃另外的职业选择及可能带来的职业收入。选择（且不一定能够）进入某一种职业，就

---

❶　一般来说，行政成本不包括设立规制机构（行政机关）的成本，设立行政机关一般认为属于沉没成本。但亦有相反意见。如凌斌博士认为，这种"界权成本"完全不能忽略，否则得出的结论就是不可靠的。参见凌斌：《法治的代价——法律经济学原理批判》，法律出版社2012年版，第99页。

❷　参见王俊豪：《政府管制经济学导论——基本理论及其在政府管制实践中的应用》，商务印书馆2001年版，第18-23页。

❸　凌斌：《法治的代价——法律经济学原理批判》，法律出版社2012年版，第97页。

❹　这时规制机构也被假定以预算为限，追求最大的效用目标。

意味着丧失进入其他职业的机会。

职业许可的本质是"控制生产者自身的产生"。❶ 如果得以许可，即意味着该职业可以获得某种程度的超额垄断利润。因此一些职业团体为了促使政府颁布对其有利的法规，常常还会对立法者进行游说，甚至行贿，❷ 并极力夸大自己职业团体相比其他职业团体的重要性。这就产生了职业团体承担的寻租成本。

消费者剩余（Consumer surplus）是指"一种物品的总效用与其总市场价值之间的差额"。❸ 易言之，消费者为取得一种商品所愿意支付的价格与他取得该商品而支付的实际价格之间的差额就是消费者剩余。一般而言，由于职业许可会带来职业服务收费的普遍提高，而且由于缺乏竞争压力，可能导致低效率，比如职业在位者可能提供质量更低的职业服务；另外，职业许可也一定程度上剥夺了消费者自愿选择的机会。因此，在职业许可设定后，消费者剩余有减少之一面。

三、职业许可制度的收益分析

职业许可的收益，是指职业许可设定后带来的当事各方以及社会整体福利的增加。本书将职业许可的收益划分为私人收益和社会收益。

（一）职业许可的私人收益

职业许可的私人收益，是指职业申请人、职业团体（私人的联合）、消费者等因职业许可的设定而得到的利益增量。

职业申请人如果能够获得职业许可，那么他就获得了一般性禁止前提下其他人不能从事的特定职业的从业权利。因此，职业申请人的私人收益主要表现为因获得职业许可而使个人收入提高的程度。如罗斯巴德指出的，"劳工执照

---

❶ ［美］理查德·L. 埃贝尔：《美国律师》，张元元、张国峰译，中国政法大学出版社 2009 年版，第 34 页。

❷ 发生在原商务部条法司诸官员身上的"立法式腐败"真真切切地告诫人们，"寻租"在我国的存在并非夸大其词。参见苏永通、赵蕾：《一个商务部官员和律师们的隐秘交易》，载 http://infzm.com/content/17636/2. 2013 年 4 月 26 日浏览。

❸ ［美］保罗·萨缪尔森、威廉·诺德豪斯：《经济学》（第 18 版），萧琛主译，人民邮电出版社 2008 年版，第 83 页。

总是会给执照享有者带来更高的、受保护的收入。"❶ 另外，对一些需要许可而又有着广泛社会声誉的职业，还能给被许可人带来某种荣誉感，为其提供了"人生的意义或信念。"❷ 同样地，对职业团体来说，如果能够获得职业许可，那么该团体就可以获得一定程度的超额垄断利润。因为许可的存在，人为地限制了职业从业人员数量，那么职业市场上执业人数就少于自由竞争市场的均衡水平，从而职业在位者就可以赚取超额利润。对个体的消费者来说，通过职业许可，他不但能够减少判断职业服务提供者职业能力的支出，而且（理论上）还可以获得具有最低限度质量的职业服务。

（二）职业许可的社会收益

社会收益是指因职业许可弥补市场缺陷（负外部性与信息不对称）和资源配置的非效率所带来的社会福利的增加。社会收益包括两个方面：一方面是社会福利的净增加；另一方面是社会福利损失的减少。❸（1）社会福利的净增加。其一，由于职业许可要求从业人员的职业技能必须达到基本标准，从而"事实上保护了人们免遭公然的无能或者显然的腐败之手造成的痛苦。"❹ 其二，由于职业许可具有信号传递和信息甄别的功能，可以一定程度上缓解职业市场主体之间的信息不对称。因此它可以有效降低双方谈判的成本，特别是能够有效降低职业服务消费者对职业服务提供者的误判，使得职业服务的最终价格大体反映双方意愿，从而优化了资源配置效率，增加了社会收益。类似地，在劳动市场上，持有职业许可证书的雇员不必费心尽力地向雇主直接展示自己的劳动能力，雇主也不必逐一检测劳动者的劳动能力。因此，职业许可一定程度上能够"使人们进行合作的交易成本最小化，并竭力降低合作不成带来的损失"。❺ 总体而言，虽然职业许可意味着将某些职业申请人排除在职业大门之外，可能减少了该职业申请人个人的福利，但却因此增加了整个社会的福利水平。（2）社会福利损失的减少。按照科斯的观点，权利应该配置给那些能

❶　[美] 穆雷·罗斯巴德：《权力与市场》，刘云鹏等译，新星出版社 2007 年版，第 43 页。

❷　[澳] 罗伯特·E. 古丁：《保护弱势——社会责任的再分析》，李茂森译，中国人民大学出版社 2008 年版，第 6 页。

❸　参见何立胜、樊慧玲：《政府社会性规制的成本与收益分析》，载《中州学刊》2007 年第 5 期，第 53 页。

❹　Walter Gellhorn, *Individual Freedom and Governmental Restrain*, Louisiana State University Press, 1956, p. 144.

❺　魏建：《法经济学：分析基础与分析范式》，人民出版社 2007 年版，第 186 页。

够最富有成效地使用它们的人，并且有激励引导他们这样做。❶ 职业许可制度就是一个由政府通过许可的方式配置职业资源的制度。因此，政府基于自身绩效最大化的考虑，会希望将职业资源配置给那些最适合从事这些职业的人。而职业许可（通过资格考试）即是一种甄别和筛选机制。大体来说，通过考试的人比通不过考试的人，更适合从事政府管制的某种职业。易言之，职业许可，它一定程度上做到了"让合适的人干合适的事儿"，从而减少了人力资源配置不当造成的社会福利损失。

四、结语：职业许可的成本与收益之比较

按照上列项目，可计算出实行某项职业许可后所产生的成本与收益。而通过对比职业许可的成本与收益，即可决定对特定职业是否值得设定许可。简言之，如果职业许可的收益大于职业许可的成本，则这种职业许可是必要的；否则，就没有必要。正如本书下节将要论述的，职业许可的收益大于成本，仅是判断是否设定职业许可的必要条件而非充要条件，是否设定职业许可的另一决定因素，是职业许可相对其他替代性选择是否具有比较优势。

不过，还有必要作出如下几点说明。第一，"成本—收益分析"应被理解为包括可被量化的测量，以及量化有困难但又必须考虑的成本与收益的定性测量。❷ 由于社会福利的增加往往并不明显，因此作为社会性规制的职业许可的收益不是那么容易用货币加以衡量。而且，有的收益是远期的，要等到数年以

---

❶ 参见［美］罗纳德·H. 科斯：《论经济学和经济学家》，罗君丽、茹玉骢译，格致出版社、上海三联书店、上海人民出版社 2010 年版，第 13 页。

❷ 对于测算规制收益的过程中面临的如何判断无法量化的成分所产生的收益问题，石涛博士提出，一个粗略的定性判断方式是，假如非量化成分都在收益一边，并且净收益是积极的，则可以认为非量化成分对于决策是没有很大影响的，可以不予考虑。或者是通过调查询问来了解在多大程度上非量化成分能够改变规制决定，而这里的规制决定是由分析的量化成分来确定。当然，如果成本和收益中都有非量化成分则上述方法适用性会降低。应该指出的是，一些要素没有被量化的原因在于规制制定者给予其他因素更大的权重和更多的优先考虑，而给予没有被量化要素以较小的权重，从而使这些要素可能被简单地忽略。参见石涛：《政府规制的"成本—收益分析"：作用、内涵及其规制的效应评估》，载《上海行政学院学报》2010 年第 1 期。也有学者指出在社会性规制中只有成本可以价值单位计量，而其收益则很难用价值单位衡量，收益是以物理单位（如挽救的生命数）而不是价值单位来表示的。对社会性规制进行成本收益分析是难以进行的，采用的多是成本—效益分析。但是成本—效益分析无法判断一项政策是否带来社会净收益，因而对是否应当实施某项政策无法给出绝对判定准则，也就是说不能解决政府是否应当规制的问题。参见郑慧：《社会性规制述评》，载《生产力研究》2009年第 9 期。

后才可能体现出来。另外，有些职业许可是缺乏可被用于估计隐性价格的市场有效数据的。还有一些职业许可或许还具有道德的理由或美学的价值。❶ 第二，上述成本与收益比较分析的前提是成本不大于管制预算（如果有的话）。否则即使成本大于收益、即使客观上存在某种职业许可需求，也不可能设定这种职业许可。第三，制度之间具有联动性，一种制度往往构成另一种制度的函数。因此，一项有价值的职业许可的成本收益分析，不应仅仅分析该项许可本身以及该项许可本身的成本，还要分析由这种许可引起的体系化效应。因为职业许可产生的功效完全可能被其引起的其他方面的变化而抵消。第四，根据韩俊华先生的观点，进行成本与收益比较，还要掌握规制成本收益相互转化、相互依存规律。规制的成本与收益均是时间的函数，在规制初始阶段，规制操作不熟练、不适应，存在摩擦成本，规制收益不明显，具有隐藏性、滞后性、渐进性。随着规制的运用，规制部门和规制对象对规制的适应性、认识性增强，规制收益显现，在某个时间节点后，规制收益质变，长期递增。但最终由于技术的进步，规制变得落后，需要新的立法，并产生规制清理费用，规制收益又转化为规制成本。❷ 第五，生产者的成本有可能正是消费者的收益，而生产者的收益也可能意味着消费者的成本。因此同时计算生产者和消费者的成本与收益，表面看来可能存在重复计算问题。不过，这种在生产者和消费者之间的"转移支付"可以忽略，因为有意义的是最终的"社会成本"问题。最后，成本与收益分析并不能从总体上把握管制成本与收益对宏观经济和社会的影响。只有具体到某一特定职业，才可能有较为精确的结论。

由此可见，本书对职业许可的成本收益分析是在忽略了诸多因素（而被忽略的诸多因素或许恰恰是关系命题真假的关键）之后的一种并非完善的分析。但"一种理论的检验不在于其假设的现实性而在于其预测力。"❸ 职业许可的成本收益分析的最大的价值，在于为判断职业许可制度的必要性提供了一种可能的思想方法。

97

❶ 参见［美］小贾尔斯·伯吉斯：《管制和反垄断经济学》，冯金华译，上海财经大学出版社2003年版，第343、371页。

❷ 参见韩俊华：《政府规制成本与收益法的理论研究》，载《价格理论与实践》2011年第11期。

❸ ［美］理查德·A. 波斯纳：《法律的经济分析》（上），蒋兆康译，中国大百科全书出版社1997年版，第293页。

第三节　职业许可的替代性选择

——一个比较制度分析

在《社会成本问题》这篇颇负盛名的论文中，科斯对以庇古为代表的所谓标准经济学方法提出了严肃的批评。标准经济学认为，一方（比如污染者）是损害的原因，通过征税、补贴或管制矫正来产生社会最优。科斯认为，这种方法忽视了外部性在本质上是相互性的事实，它不可能决定能带来经济理论理想最优的税收、补贴和管制，并且，它没有考虑分析中的管制成本和溢出效应，结果，可能导致治疗的效果比最初的病况更糟糕的政策药方。在科斯看来，需要做的是对各种替代性政策方案的效应按照社会产出价值来进行深入考察。而这只有在对组织这些活动的替代性制度的收益和成本的细致考察中发现。❶换言之，在指出损害具有相互性的基础上，科斯提出，政策的选择是使社会成本最小化。

根据科斯的社会成本理论，对于任何一项政府管制，不仅应该对其进行成本与收益的比较以确定其必要性，而且应该在不同的管制措施与其他替代性措施之间进行比较以确定该政府管制的必要性。如果存在两种以上替代性措施，那么应选择社会总成本最低的那种为佳。这就是所谓的比较制度分析。也就是说，比较制度分析就是，在若干项相互具有替代性的规制措施中"选优"。❷就职业管制来说，许可、认证、诉讼、税收、保险、禁令以及市场等机制都是政府可能采取的选择，本无高下之别，政府政策的评价标准应是社会成本的最小化。即是说，应该通过比较制度分析，权衡职业管制所有可能的替代进路之利弊，分析各种不同管制手段的成本与收益，并在此基础上选择最为适合的管制手段。

---

❶　参见［美］斯蒂文·G. 米德玛编：《科斯经济学——法与经济学和新制度经济学》，罗君丽等译，格致出版社、上海三联书店、上海人民出版社 2010 年版，第 300 页。

❷　当然，应该看到，在很多时候，人们很难穷尽所有可能的替代性措施，因此按照社会成本最小化的原则进行的选择，就可能遗漏重要的选择项。我们所能做的是，尽力防止不严谨的思考和对重要因素的忽视。

一、科斯思想：比较制度分析与社会成本问题

（一）科斯思想的脉络：从《企业的性质》到《社会成本问题》

研习法经济学，无论如何是绕不开科斯这位天才的。他强调的"交易成本"概念、他发现的"企业的性质"、他关注的"社会成本"问题以及他主导的"替代性思维"等，共同构筑了其法经济学思想的富矿。而建立在"替代性思维"基础上的"比较制度分析"应该算是科斯法经济学有别于其他法经济学流派的主要特征。这一分析方法不但充分体现了科斯作为思想大家的恢弘气度与犀利洞见，而且吸引着无数后来人向科斯理论寻求思想支援。

文献表明，科斯比较制度分析的思想产生的时间比其提出社会成本问题还要为早。在 1937 年《企业的性质》那篇同样令科斯声誉遐迩的论文中，科斯就指出，企业显著的特征是作为价格机制的替代物。企业作为一种组织之所以必须，是因为通过企业支配资源能够节约某些市场运行成本。同样地，企业的规模之所以不能无限扩张，也是因为当交易达到某一点时，企业内部组织成本会上升。当企业内部组织一笔额外交易的成本，等于通过在公开市场上完成同一笔交易的成本或在另一个企业中组织同样交易的成本时，企业将停止扩张。❶ 在该文中，科斯将企业作为市场的"替代机制"来看待，并指出，究竟是成立企业，还是交给市场，取决于哪种方式的成本更低。可惜的是，人们更多地关注了该文中"交易成本"的概念，却忽视了其"比较制度分析"这一研究方法的价值，直到科斯在《社会成本问题》中对此再次加以强调。

科斯在《社会成本问题》一文中指出外部性问题具有相互性特点：在甲的行为对乙产生负的外部效应（External effect）时，如果允许甲继续损害乙，这是对乙的利益的妨害；反过来，如果不允许甲损害乙，则是对甲的利益的妨害。因此，"真正的问题是，是允许甲损害乙，还是允许乙损害甲？关键在于避免较严重的损害"。即科斯指出应该着眼于如何实现损害最小化和社会福利最大化。❷ 按照科斯的理论，如果从铁路火车上溅出的火花导致了一场森林大火，我们不应该简单地得出结论说，是火车导致了这场大火；而是应该在确定阻止这个意外事故发生的责任人时，来问一问砍掉铁轨附近的树的社会成本是

❶　R. H. Coase, "The Nature of the Firm", *Economica*, n. s. 4 （Nov., 1937）, pp. 386–405.

❷　参见李石新：《〈社会成本问题〉：经济分析方法的变革》，载《生产力研究》2005 年第 12 期。

否比在火车上装配新的安全措施所需花费的社会成本更小。虽然科斯的主张是以解决外部性问题为出发点的，但其带来的却是经济学方法论上的重大变革："必须从总体的和边际的角度来看待问题"。❶用科斯自己反复申明的话来说，"在设计和选择社会安排时，我们应该从整体效果上去考虑。这就是我所提倡的方法变革中最重要的一点。"❷

如果说，《企业的性质》在比较企业和市场两种机制时主要是使用"边际"和"替代"两种分析工具的话，那么，《社会成本问题》在提出解决外部性的办法中则不仅包括了"边际"和"替代"，还加入了"总体"的思想；如果说《企业的性质》比较的是企业和市场相互之间的"交易成本"哪个"更低"，那么《社会成本问题》，正如它的名字那样，关注的是如何使总的"社会成本""最低"。显然，科斯的思想从《企业的性质》到《社会成本问题》发生了"惊人的一跃"。而基于"替代"概念基础上的"比较制度分析"思想在这两篇难分伯仲的著名论文中却是一脉相承。❸在《企业的性质》中，比较的是企业和市场；在《社会成本问题》中，比较的则是市场交易和政府规制。尽管在《社会成本问题》中的分析限于比较由市场衡量的生产价值。但是，科斯明确地指出，"在解决经济问题的不同社会安排间进行选择，当然应在此更广泛的范围内进行，并应考虑这些安排在各方面的总效应。"❹因此实际而言，社会成本问题虽然是从解决外部性问题出发的，但科斯认为其具有普适性。科斯反复强调："所有的社会安排都有或多或少的不足，我们正是在这些社会安排中进行选择""经济政策的根本问题……在于考虑替代性社会安排在实践中是如何运行的，并评估它们的执行情况。换句话说，我们应该比较替代性社会安排的综合效果"。❺

由于科斯在《社会成本问题》中公开地反对庇古的政府干预主张，因此

---

❶ R. H. Coase, "The Problem of Social Cost", *Journal of Law and Economics*, Vol. 3（Oct., 1960）, pp. 1–44.

❷ ［美］斯蒂文·G. 米德玛编：《科斯经济学——法与经济学和新制度经济学》，罗君丽等译，格致出版社、上海三联书店、上海人民出版社 2010 年版，第 93 页。

❸ 除此之外，科斯还一以贯之地强调的是，"交易成本"及其发生于其间的、由企业和市场共同构成的经济体系的"制度"结构。

❹ ［美］斯蒂文·萨维尔：《法律的经济分析》，柯华庆译，中国政法大学出版社 2009 年版，"代译序"，第 29 页。

❺ ［美］斯蒂文·G. 米德玛编：《科斯经济学——法与经济学和新制度经济学》，罗君丽等译，格致出版社、上海三联书店、上海人民出版社 2010 年版，第 216–217、213 页。

有人深刻地误认为科斯主义就是"市场交易模式"。❶ 事实上，"科斯既反对将市场理想化，也反对将政府理想化。"❷ 实质而言，科斯反对的不是政府干预而是庇古鼓吹政府干预的那种"轻巧"。在科斯眼中，不管是市场交易还是政府干预都有成本。因此，不能预设市场交易或政府干预哪种制度更具优越性。人们应该在解决具体问题时，比较这两种方案的成本，选择社会成本最低（即总的效果最好）的那一种。即是说，在按照庇古主义开出政府干预的药方时，不能对制度实践中为实现政府干预所可能付出的更高代价置若罔闻。首先，市场的"失灵"并非一经政府干预就必然"显灵"，其次，即使真能"显灵"，也要考虑是否值得如此去做。

（二）科斯思想对思考职业许可问题的启示

科斯对"社会成本"问题的关注，使我们观察职业许可问题的角度不再是从"成本"出发，而是从"社会成本"出发；目标追求不再是职业许可的"成本"最低，而是职业管制生成的"社会成本"最低，即应周全地考虑职业管制产生的总的效果。换言之，职业许可或许只是政府职业管制的若干工具之一，或许有更好的替代选择可以更小的社会成本达到与许可同样的效果，或者可以同样的社会成本取得比许可更好的效果。我们甚至无须对职业许可带有所谓"同情的理解"。❸ 笔者竭力表明的是，法律制度服务于生活需要。是否使用职业许可，必须慎思明辨，最终取决于从全社会的角度对这一措施之效率的冷静观察。

具体而言，"对政府控制的成本与收益分析，有利于权衡政府管制的利弊得失，从而为政府决定对哪些领域应该实行管制，对哪些领域不应该采取管制提供理论依据。"❹ 但这仅仅是判断某一项政府规制措施是否必要的第一步（如果收益<成本，那么当直接否掉），因为，对某一领域实施的管制措施可能

---

❶　例如波斯纳就认为科斯是反对政府干预的，从而将科斯看作自由市场的代言人。参见柯华庆：《科斯方法论与社会连续性理论》，载黄少安主编：《制度经济学研究》，经济科学出版社 2012 年版，第138 页。

❷　[美] 斯蒂夫·G. 梅德玛：《捆住市场的手——如何驯服利己主义》，启蒙编译所译，中央编译出版社 2014 年版，第 164 页。

❸　[美] 凯斯·R. 桑斯坦：《权利革命之后：重塑规制国》，钟瑞华译，中国人民大学出版社 2008 年版，第 6 页。

❹　王俊豪：《政府管制经济学导论——基本理论及其在政府管制实践中的应用》，商务印书馆 2001 年版，第 18 页。

存在两种以上并且具有相互替代可能的情形。在决定是否或如何规制的过程中，行政机关应衡量可得的规制选择——包括不规制或放弃规制的选择——的所有成本和收益。在对不同规制方法作出选择的过程中，行政机关应选择那些使净收益最大化（包括潜在的经济、环境、公共健康和安全以及其他优势，对分配的影响以及公平）的方法。❶ 也就是说，不能简单地以交易成本论高低，还要比较各类措施在机会成本上的替代关系。如凌斌博士之见，从机会成本的角度来看，交易成本为正的情况都预设了替代交易的存在。❷

如前所述，庇古主义的理论缺陷在于，没有考虑制度绩效之间的成本比较，而"轻巧"地认为政府管制当然优于市场调节。而科斯主义的法律经济学作为一种方法论意义上的东西，则"给法学界带来了一个法律现实主义的视角，或者说是一个法律多元的理论视角，或者说是一个比较制度分析的视角。"❸ 即是说，"科斯使我们懂得考虑法律与经济问题应该有一个比较制度分析的视野，我们应该从交易成本的比较的角度去看庇古税、管制、法院普通法的责任配置，还有市场交易，这些都是解决问题的方式，关键是看哪一种成本最低。"❹ 总体思路应该是，"算一算每种可能选择的利弊总账，然后找出一种总体上最优的选择。"❺ 魏建教授将这个过程命名为制度竞争，即实现同一目的的不同制度之间的竞争。而制度选择就是在这些相互竞争的制度之间进行。❻

总之，庇古主义是单向思维和政府干预意识。而科斯主义强调"问题的相互性"。"相互性思维"是科斯范式的特点。相互性思维是考虑具体场景下总效果的策略。对市场交易还是政府干预的选择来说，科斯的主张，简单地说就是，具体情况下哪种方法总的效果好就用哪种方法。❼ 引入社会成本概念分析职业许可制度，旨在审慎地表明，勿在"没有下工夫考察每种制度的全部

---

❶ 参见张千帆等：《宪政、法治与经济发展》，北京大学出版社 2004 年版，第 119 页。

❷ 参见凌斌：《法治的代价——法律经济学原理批判》，法律出版社 2012 年版，第 28 页。

❸ 张建伟：《法律、经济学与国家治理——法律经济学的治理范式与新经济法理学的崛起》，法律出版社 2008 年版，第 299 页。

❹ 张建伟：《法律、经济学与国家治理——法律经济学的治理范式与新经济法理学的崛起》，法律出版社 2008 年版，第 300 页。

❺ 凌斌：《法治的代价——法律经济学原理批判》，法律出版社 2012 年版，第 18 页。

❻ 参见魏建：《法经济学：分析基础与分析范式》，人民出版社 2007 年版，第 21 页。

❼ 参见［美］斯蒂文·萨维尔：《法律的经济分析》，柯华庆译，中国政法大学出版社 2009 年版，"代译序"，第 21-22 页。

成本的情况下建议用一种制度结构替代另一种"。❶ 职业许可不失为一种实现公共利益的办法，但未必就是最有效的那一种。

二、职业许可的替代性选择

如前所述，职业许可的理想功能与制度目标是职业行为负外部性之矫治与职业市场信息不对称之缓解。另外，作为一种副产品，职业许可或能保证职业服务的最低限度的质量。就此目标而言，存在若干非许可性质的替代性选择。在负外部性的矫治方面，侵权诉讼、税收、职业责任保险、市场机制（取消管制）等在一定程度上与职业许可具有相互替代性；在信息不对称的缓解方面，职业认证、市场机制等在一定程度上与职业许可具有相互替代性。因此，上述措施都可以称为职业许可的替代性选择。根据科斯法律经济学理论，如何在这些规制措施之中作出选择，取决于哪种措施的成本更低。也就是说，不仅要对职业许可进行成本收益分析，也要对职业许可的若干替代性选择进行成本收益分析。进一步地，还要在所有收益大于成本的替代性措施之间进行净收益的比较，以最后确定对特定职业设定许可的必要性。这实际就是比较制度分析的思维。通过比较制度分析，需要确认设定职业许可的充分理由，在于的确要比其他替代性选择付出的代价更小，而不是自己拥有更强大的强制力量。

（一）职业认证

职业认证不排斥任何人从事相关工作，但是政府或者非政府组织设置一个考试并且给通过这个考试的人一个标明职业技能水平的证明书。由于认证允许消费者或者雇主自愿选择是否付给那些拥有政府证明具备更高技能的人比那些较少工作技能的人以更高的报酬，因此职业认证对一种职业的价格或报酬的影响较小，因为它不严格地限制供应，而且对质量的影响也较小。因此它在政府的绝对管制与政府完全撒手之外提供了一种较温和的选择。❷ 这种办法也被米

---

❶ ［美］斯蒂文·G. 米德玛编：《科斯经济学——法与经济学和新制度经济学》，罗君丽等译，格致出版社、上海三联书店、上海人民出版社 2010 年版，第 6 页。

❷ Morris·M. Kleiner, Occupational Licensing, *The Journal of Economic Perspectives*, Vol. 14, No. 4 (Autumn, 2000), p. 200. Morris M. Kleiner 在另一篇文章中提到，职业许可对薪水的影响在 14% 左右，而职业认证对薪水的影响则要小得多。参见 Morris M. Kleiner and Alan B. Krueger, Analyzing the Extent and Influence of Occupational Licensing on the Labor Market, 参见 http://www.nber.org/papers/w14979. 2014 年 3 月 16 日浏览。

尔顿·弗里德曼称为是"一个折衷的办法"。❶ 就弥补消费者的信息赤字而言，职业认证具有和职业许可同样的效果；而其优势在于，它赋予了消费者更宽广的自由选择权，如果消费者愿意，他们就可以接受质量更低一点的服务。❷ 这正是密尔所期望的那种状态：持有这种证书的人既能受到公众对其的重视，又未在职业竞争上压倒他人。❸

与许可相比，职业认证是市场偏向的，将其称为对职业的激励性规制似乎更为合适。这种规制措施的原理在于，由于职业能力等信息虽然在当事人之间是不对称分布的，但由于是可核实的，因此根据博弈理论，拥有有利信息的当事人有激励将自己的私人信息传递出来，以使自己和那些拥有不利信息的当事人区别开来。❹ 如大学生在求职时会主动向用人单位呈递自己的各种各样的证书，而且往往以此为荣。作为一种激励性职业管制，职业认证的特点，第一是诱导性。职业认证不是绝对的强制或禁止，而是在保持主体自由选择权利的基础上，加以利益引导，让有证书的人员和没有证书的人员的市场价值有所区分。第二是间接性。职业认证并不直接限制公民职业选择的自由，也不限制相关企业雇佣没有证书的相关人员从事有关工作，但对企业的资质与持有证书人员的数量挂钩。可以说，解决职业市场的信息不对称问题，职业认证丝毫不输职业许可，正所谓"通常支持发给执照的论点，尤其是家长主义的论点几乎完全可以由发给证书得到满足。""很难找到需要发给执照而不能由发给证明书得以满足的任何事例"。❺ 正因如此，职业许可广受非议。❻ 但仍应注意的是，认证这种规制方式的优点在于，它不阻止消费者以较低的价格选择较低品质的服务。不过，其最大的缺陷亦在于，它不能有效阻止消费者选择低质量的服务从而可能对第三人造成的伤害。❼ 也就说，面对特定职业行为的严重的负外部性，职业认证往往无能为力。而且，认证与许可拥有一个共同的缺陷，即在技术变化快速的时代，取得证书的人员并不能保证其一直具备该证书所显示

---

❶ ［美］米尔顿·弗里德曼：《资本主义与自由》，张瑞玉译，商务印书馆 2004 年版，第 160 页。

❷ Shirley Svorny, *Licensing*, *Market Entry Regulation*, in B. Bouckaert and G. De Geest（eds.）, Encyclopaedia of Law and Economics, Vol. Ⅲ,（Edward Elgar, 2000）, p. 306.

❸ 参见［英］密尔：《论自由》，许宝骙译，商务印书馆 1959 年版，第 128 页。

❹ 参见魏建：《法经济学：分析基础与分析范式》，人民出版社 2007 年版，第 206 页。

❺ ［美］米尔顿·弗里德曼：《资本主义与自由》，张瑞玉译，商务印书馆 2004 年版，第 161 页。

❻ Shirley Svorny, *Licensing*, *Market Entry Regulation*, in B. Bouckaert and G. De Geest（eds.）, Encyclopaedia of Law and Economics, Vol. Ⅲ,（Edward Elgar, 2000）, pp. 302~309.

❼ 参见［英］安东尼·奥格斯：《规制：法律形式与经济学理论》，骆梅英译，中国人民大学出版社 2008 年版，第 220~221 页。

的那种执业能力，因为，知识垄断往往成为知识更新的羁绊。另外一点，也是职业认证所不能及的，那就是职业许可可以一定程度上降低雇主对雇员的监督成本。由于获得职业许可殊为不易，雇员会慑于被撤销许可可能带来的巨大损失，因此他在职业活动中会自觉地保持一定的"敬业"水平。美国的 Svorny 教授就认为，当其他措施对职业服务提供者的机会主义行为不能提供有效的惩罚和震慑时，职业许可或许是一种很好的替代选择。❶

当然，如果在特定的市场中存在高风险，社会公众可能只购买经过认证的职业服务，职业认证制度事实上也就演变成了职业许可制度。❷ 例子毋庸远求：根据 2012 年 5 月 11 日人力资源和社会保障部等 8 部委发布的《职业资格清理规范第一批公告目录》，证券业从业资格由职业许可"变身"为职业认证，但如果证券公司只聘用获得证券业从业资格的人员，那么该资格事实上仍将通过"市场强制"起到职业许可的功效。

还有另外一个问题就是，即使不与职业许可的功能相比较，职业认证本身也存在过度使用从而破坏其功效的可能。❸ 因这一命题超出本书意旨，在此不予多议。

（二）侵权诉讼

侵权诉讼，是侵权法调整的私法模式，也称为责任规则。责任规则是通过在事后要求负外部性行为人赔偿造成的损失来威慑和促使行为人进行外部性内部化。相对于职业许可的"先发制人"而言，责任规则的特点是事后追偿。而它又可分为严格责任和过错责任两大类。严格责任是只要造成损失就要赔偿，不管行为人是否存在过失。过错责任则是在行为人既存在过失又造成损失时才要求其给予赔偿。❹

对职业行为可能产生的损害来说，既可能存在严格责任的情况，也可能存在过错责任的情况。在严格责任规则下，由于职业损害要求行为人承担，因此职业行为人有激励实现其最优的预防水平。在过错责任规则下，职业服务提供方和职业服务接受方都要求达到法定的预防水平，否则就要对职业损害承担责

---

❶ Shirley Svorny, *Licensing*, *Market Entry Regulation*, in B. Bouckaert and G. De Geest（eds.），Encyclopaedia of Law and Economics, Vol. Ⅲ,（Edward Elgar, 2000），p. 308.

❷ 参见张卿：《行政许可：法和经济学》，北京大学出版社 2013 年版，第 23 页。

❸ Jason Fertig, Gerald Zeitz, Gary Blau, Building Internal Motivation for Worker Competency Certifications: A Critique and Proposal, Human Resouce Development Review, 2009（June），pp. 197-222.

❹ 参见魏建：《法经济学：分析基础与分析范式》，人民出版社 2007 年版，第 57 页。

任，只要法定预防水平等于最优预防水平，就能够实现预防最优。❶ 责任规则的另一个优势在于，能够有效地节约行政成本。因为仅在损害实际发生时，侵权法律制度才会涉及，而其他方法不论损害是否发生都一直在运行着。尤其在损害发生的概率很小的情况下，侵权责任的优点就更为显著。❷ 而且，一般而言，法官（虽然也是政府官员）比行政官员更能免受选举政治的影响。❸

责任规则的缺陷在于，第一，有些职业损害通过侵权诉讼是难以获得最后赔偿的，因为职业损害往往远远大于责任人能够负担的财产水平。如有学者之见，当被告责任财产不足时，司法判决将难以得到完全执行，司法控制路径将无法为潜在加害人提供有效预防的激励，从而导致潜在加害人的谨慎程度降低。❹ 第二，某些特定的加害人与特定的受害人之间的因果关系可能是模糊不清的。❺ 第三，通过侵权法体系，还有一个昂贵的诉讼成本需要考虑，有时即使能够胜诉，消费者也缺乏起诉的动力或财力。❻ 而当原告提起诉讼的激励不足时，将有部分违法行为逃避追诉，这将激励更多的潜在违法行为；❼ 另外，诉讼中漫长的审理周期以及对专门法律知识的需求也足以令一般的消费者望而却步。因此布雷耶甚至有些武断地说："无论侵权法体系有着怎样的优缺点，我都不相信它能取代政府规制。"❽ 第四，在严格责任规则下，可能造成诉讼量的无谓增加。因为在严格责任规则下，诉讼主体收集证据的要求被降低了。

---

❶ 参见魏建：《法经济学：分析基础与分析范式》，人民出版社 2007 年版，第 57 页。

❷ 参见［美］斯蒂文·萨维尔：《法律的经济分析》，柯华庆译，中国政法大学出版社 2009 年版，第 29 页。

❸ 参见［美］理查德·A. 波斯纳：《法律的经济分析》（上），蒋兆康译，中国大百科全书出版社 1997 年版，第 486 页。

❹ Steven Shavell, Liability for Harm versus Regulation of Safety, 载 http://www.nber.org/papers/w1218，2013 年 5 月 19 日访问；或参见 Steven Shavell A Model of the Optimal Use of Liability and Safety Regulation, 载 http://www.nber.org/papers/w1220, 2013 年 5 月 19 日访问。

❺ ［美］理查德·A. 波斯纳：《法律的经济分析》（上），蒋兆康译，中国大百科全书出版社 1997 年版，第 485 页。

❻ 如波斯纳指出的那样，如果对每个受害人所造成的损害过小而使诉讼不足以成为一桩有利可图的生意，那么直接管制就有了理由。参见［美］理查德·A. 波斯纳：《法律的经济分析》（上），蒋兆康译，中国大百科全书出版社 1997 年版，第 484 页。

❼ Steven Shavell, Liability for Harm versus Regulation of Safety, 载 http://www.nber.org/papers/w1218，2013 年 5 月 19 日访问。另可参见 Steven Shavell, A Model of the Optimal Use of Liability and Safety Regulation, 载 http://www.nber.org/papers/w1220, 2013 年 5 月 19 日访问。

❽ ［美］史蒂芬·布雷耶：《打破恶性循环——政府如何有效规制风险》，宋华琳译，法律出版社 2009 年版，第 78 页。

第五，"民事诉讼的事后、消极、被动、个案化的行为方式，对司法节减交易费用而言，构成了严重的限制。"❶ 引用美国学者的话就是，"在解决信息问题上法院仍然是一种差劲的制度"。❷ 最后，对一种职业侵权行为，要考虑其引发的社会成本，而不单单是有形的直接损害。例如一个不合格的医师，他可能引起疾病的蔓延，因此他造成的损害往往并非直接接受其治疗的某一个患者，而是整个社会的健康水平。❸

总之，如徐晓松教授之见，在经济学家的眼中，政府规制是与私人诉讼并列的一种社会治理手段。经济学者没有直接研究管制（监管）所带来的法律结构变化，但他们主要从成本分析角度对管制（监管）所进行的研究已经表明，他们不仅注意到了传统民事法律救济手段的弊端，而且将某些场合中管制（监管）的产生看作是对这一弊端防范的一个结果。❹ 经验事实证明，对不断重复的风险行为，建立管制似为更优。因为适当的政府规制可以减少侵权诉讼争端：与其等待问题发生，不如防患于未然。特别是对人的生命、健康和安全而言，某些职业行为存在"发生不可逆转损害的危险，所以有管制问题。"❺ 职业许可的正当性就在于"尽可能排除可避免的或后果不容小觑"❻ 的破坏。职业许可正是对侵权法诉讼失灵或低效率的一种回应。

（三）矫正税

英国福利经济学家庇古最先提出，根据污染所造成的危害程度对排污者征税，用税收来弥补排污者生产的私人成本和社会成本之间的差距，使两者相

------

❶　宋功德：《论经济行政法的制度结构——交易费用的视角》，北京大学出版社 2003 年版，第 72 页。

❷　转引自宋功德：《论经济行政法的制度结构——交易费用的视角》，北京大学出版社 2003 年版，第 78 页。

❸　另外，亦有美国学者以环境保护为例述说了完全依赖私人责任规则存在的一些比较明显的困难，包括损害的分散性难以避免搭便车行为，从而导致运用私人责任规则所需要的动机不充分；司法机关适用的责任规则可能无法处理由多个行为人的行为相互作用所导致的问题；司法救济难以提供充分适当的、预防未来出现问题的措施，等等。参见［美］理查德·B. 斯图尔特：《美国行政法的重构》，商务印书馆 2002 年版，第 33 页，注 104。

❹　参见徐晓松：《管制与法律的互动：经济法理论研究的起点和路径》，载《政法论坛》2006 年第 3 期。

❺　［德］施密特·阿斯曼：《秩序理念下的行政法体系建构》，林明锵等译，北京大学出版社 2012 年版，第 109 页。

❻　［德］施密特·阿斯曼：《秩序理念下的行政法体系建构》，林明锵等译，北京大学出版社 2012 年版，第 110 页。

等。因此，这种对外部性的矫正税，也被称为庇古税。其特点是政府按照负外部性造成的预期损害向行为人征收税款，促使行为人在决策时将税收因素考虑在内，从而实现外部性内部化。即"在矫正税下，一方支付给政府与损害成本等量的钱。"❶ 但是，矫正税是以负外部性造成的预期损失来衡量的，属于事前预测的，而非外部性现实发生后造成的实际损失。因此，这种替代性选择正确实施的关键在于，政府要有准确预测外部性损失信息的能力。事实上，这是不可能的。特别是，准确预测职业行为可能造成的间接损害，可谓难于登天。另外，如魏建教授之见，矫正税的管理成本也非常高昂。❷ 美国法经济学家萨维尔就含蓄地指出，尽管矫正税对防止损害后果有效，但事实上极少用到。所有社会用来减少有害后果的主要工具仍是管制和责任机制。其中原因即在于征收矫正税的实施费用过于高昂。❸ 还有，外部性税收的一个关键问题是如何确定税率标准，这会出现企业向政府寻租，下级政府向上级政府寻租的可能性。❹ 还有，作为职业许可的替代性选择，如何实现税负公平或许也是一个令政府感到棘手的难题。

（四）职业责任保险

职业责任保险，是以各种专业技术人员在从事职业技术工作时因疏忽或过失造成合同对方或他人的人身伤害或财产损失所导致的经济赔偿责任为承保风险的责任保险。

职业责任保险的优势是，通过强制从事特殊职业的人员或其雇主以缴纳保险的方式对受损害人予以赔偿，解决了个体职业人员侵权赔偿而财产不足之难题，从而化解了特殊职业可能产生的系统性、社会性风险。

职业责任保险的缺陷在于，第一，保险带来的道德风险及逆向选择情形均可能发生。前者是指，职业行为人在缴纳了保险以后，反而会降低执业的谨慎程度；后者是指由于保险公司难以区别不同执业者风险发生的概率，从而只能以一个平均的概率收取保费，这样职业风险较小的行为人会逐渐退出职业市场，剩余的将都是职业风险较大的职业行为人，从而出现"劣币驱逐良币"

---

❶ ［美］斯蒂文·萨维尔：《法律的经济分析》，柯华庆译，中国政法大学出版社 2009 年版，第 27 页。

❷ 参见魏建：《法经济学：分析基础与分析范式》，人民出版社 2007 年版，第 57 页。

❸ 参见［美］斯蒂文·萨维尔：《法律的经济分析》，柯华庆译，中国政法大学出版社 2009 年版，第 32 页。

❹ 参见黄新华：《论政府社会性规制职能的完善》，载《政治学研究》2007 年第 2 期。

的现象，最终降低了职业的整体服务质量。第二，强制保险，显然是以限制公民财产权为代价的。究竟是否值得为了不能准确预测的职业危害而限制多数人的财产权，是一个颇为值得研讨的伦理问题。第三，如何周全地计算保险费率也是一个费心耗神之事。第四，职业责任保险的实施范围较为有限。一般而言，在医师、律师、建筑师、会计师等技术性较强的职业中实施职业责任保险的较多，在其他职业中则较为少见。❶

（五）市场机制（自由谈判、取消许可）

市场机制对应法律经济学分析范式中的谈判理论。这种理论源于斯密"看不见的手"理论。它以传统价格理论为基础，认为自愿合作可以使一项资源从估价低的主体手中转移到估价高的主体手中，从而提高资源的使用效率，优化资源配置，同时也提高了合作双方的福利水平。❷ 市场主义的奉行者一般都认为，市场机能隐含对供给和需求双方的尊重，通过自愿交易，双方可互蒙其利。❸ 因此，市场的失灵都可以通过私人之间的协议内部解决。总之，市场机制大体可解释为政府"什么也不用做"。

就作为职业许可的替代性选择而言，市场机制可以称为外部性和信息不对称情形的自我矫正机制。根据这一机制的原理，不管是外部性还是信息不对称，靠职业服务双方的自愿谈判都能避免。

市场机制的优势在于，它能够分散责任且能最大限度地尊重当事人的自我决策。但是，应当承认"有些事情个人是无法凭着自己的力量做到的"，因此非市场性的公共决策方式不可缺少。❹ 市场机制假设人完全理性、信息完全、无机会主义。显然，这是远离现实的。事实上，就外部性的矫正来说，市场机制的缺陷在于，它对超出职业服务交易双方以外的第三人所造成的影响无能为力，更无法有效应对大规模风险。就信息不对称的缓解来说，一如前述，信息

109

---

❶　总体而言，目前我国职业责任保险发展滞后，覆盖面较为狭窄。2014 年 1 月 21 日，在全国保险监管工作会议上，保监会主席称，要在 2014 年推进医疗事故强制责任险，医生或医院必须购买。另外，律师职业责任保险、注册会计师职业责任保险、建筑工程设计责任保险等存在零星的商业保险的试点，尚未形成成熟的职业责任强制保险机制。不过，诸如"机动车交通事故强制责任保险"，尽管并非"职业"责任保险，但显然其具有减轻机动车驾驶人职业责任的功效。

❷　参见魏建：《法经济学：分析基础与分析范式》，人民出版社 2007 年版，第 174 页。

❸　参见熊秉元：《解释的工具：生活中的经济学原理》，东方出版社 2014 年版，第 42 页。

❹　参见［美］丹尼尔·贝尔：《资本主义文化矛盾》，赵一凡等译，生活·读书·新知三联书店 1989 年版，第 251 页。

不对称情形的存在，本身即构成了谈判顺利进行的障碍。由于"信息不对称直接形成了交易中的对合作剩余、风险值难以准确判断的障碍"，❶ 因此职业服务市场上自愿合作事实上是难以真正达成的。另外，囿于职业服务市场的特点，消费者尽管并非完全不能，但往往难以有效地通过重复且频繁地购买行为获得职业服务的经验和知识，从而减少职业服务提供方和接受方之间的信息不对称。况且，即使有些市场缺陷通过市场本身能够克服，但往往时间较长，代价极大。一般而言，政治家不敢轻易言试。如此看来，"在交易费用高昂的市场制度中，政府规制的存在从规范的角度说是有意义的。"❷

（六）禁令

禁令，即完全禁止一切人从事某种特定职业，也就是不允许存在某种特定的职业市场。既然职业市场根本不存在，禁令这种绝然的管制措施，也就谈不上能否解决职业市场失灵了。显然，除非情不得已，政府不应贸然采取这一措施。

相比而言，尽管职业许可实质上是通过进入管制实现了价格管制，而价格管制往往会导致经济学家们担心的垄断市场的无谓损失。但是，这种进入管制并不是绝对地禁止私人主体从事某种职业。恰恰相反，这种管制是鼓励私人主体从事该种职业，只是必须满足特定标准。当然，也可能存在这种情形，即如果进入标准过高（例如资格考试试题难到任何人都不可能通过），那么，职业许可也就蜕变为禁止规则了。进一步说，在职业许可制度下，由于职业许可导致职业服务市场产生短缺，仍然存在一定的并未出清的市场需求，必然引起相应的供给。因此往往会形成职业市场的"灰市"甚至"黑市"。如凌斌博士所论，管制规则下的"灰市"或"黑市"，通常提供的是质量更差或价格更低的服务和产品。❸ 米尔顿·弗里德曼亦曾就此指出："在有证书和没有证书的人之间的价格差异会大得足以导致公众使用没有证书的开业的人。"❹ 因此管制规则对政府机构的行政能力提出了更高的要求：管制规则的效率取决于政府控制"灰市"的监管力度。❺ 也就是说，对职业许可制度来说，很可能出现事与愿违之情形，即原本指望通过许可提高职业服务质量，却出现了质量更差的职

---

❶ 魏建：《法经济学：分析基础与分析范式》，人民出版社 2007 年版，第 68 页。

❷ 潘伟杰：《制度、制度变迁与政府规制研究》，上海三联书店 2005 年版，第 55 页。

❸ 参见凌斌：《规则选择的效率比较：以环保制度为例》，载《法学研究》2013 年第 3 期。

❹ ［美］米尔顿·弗里德曼：《资本主义与自由》，张瑞玉译，商务印书馆 2004 年版，第 160 页。

❺ 参见凌斌：《法治的代价——法律经济学原理批判》，法律出版社 2012 年版，第 206 页。

业服务（与获得职业许可的"红市"相比）。❶

三、职业许可及其替代性选择之间的比较分析

以下我们通过表4-1对职业许可与其他职业管制方式之间的优势和劣势进行一个简略的比较。❷

表4-1 职业管制措施之比较

管制方式 特征	职业认证	侵权诉讼	矫正税	职业责任保险	市场机制	职业许可
强制性	无	无	有	有	无	有
外部性矫治之功效	无	有，但不能完全避免对第三人的伤害	有，但对政府信息能力要求高	有，但微弱	有，但微弱	有
信息不对称缓解之功效	有	无，但可以改变信息不对称造成的不利后果	无	无	有，但微弱	有

由上可见，每一种职业管制措施都有其优势（有利之处）和不足（必须支付的代价），各有其最为适合的适用范围。而且，不同规制路径显示了国家

---

❶ 这是因为对特定权益而言，其需求与供给通常都具有"刚性"：即不会因为价格（包括风险）的提高而完全消失，也不会完全不受价格变化的影响。只要价格上升到一定程度，总会产生相应的供给，或者只要价格降低到一定程度，总会产生相应的需求。参见凌斌：《规则选择的效率比较：以环保制度为例》，载《法学研究》2013年第3期。

❷ 当然，本书在此对职业许可的优劣分析仅仅限于其在经济方面的影响，其实来说，职业许可影响广泛，例如它或许会加重种族歧视。因为能够通过许可考试的少数族群人口比例，往往小于该少数族群人口在国家总人口中的占比。James D. Chesney and Rafael J. Engel, Quantitative Analysis of a Licensing Examination Using Adverse Impact, Evaluation and the Health Professions, 1983 (March), pp.115-129.

干预（包括不干预）程度的不同。● 与职业许可比较而言，其他替代性选择既可能更好，也可能更不好。它们"各自的比较优势很大程度上依赖于具体情形。"● 因此，在选择职业选择行为的管制措施时，应当把职业许可、职业认证、侵权诉讼、税收、责任保险以及市场机制放在平等的位置上，不能断然判定孰优孰劣。还是那句话，问题的关键在于，哪种职业管制措施的社会成本最小，哪种才是最优的选择。也就是，哪种措施最能促进效率，哪种措施才是"更好"。● "只有充分地考察所有可能的规则类型，比较不同选择的效率差异，才能更为理性而审慎地理解、评价和完善相关制度。"● 是否设定职业许可的决策，最终应该建立在对职业许可及其所有可能的替代性选择之间的净收益的比较上。简言之，面对众多的职业规制措施（包括放弃规制），应该选择其净收益最大的那个。

选择净收益最大值者，也就是对一种选择的成本收益的总和与另一种选择的成本收益的总和相比，而不是以一种选择的成本与另一种选择的收益相比。

具体而言，如果存在：

$$NE_1 = B_1 - C_1 > 0；NE_2 = B_2 - C_2 > 0；NE_3 = B_3 - C_3 > 0；\cdots\cdots；NE_n = B_n - C_n > 0.$$

那么，应选择的职业规制措施是：$Max（NE_1，NE_2，NE_3，\cdots\cdots，NE_n）$。

其中，NE（Net Earning）表示净收益，B（Benefit）表示收益，C（Cost）表示成本。由于只有收益大于成本的规制措施才称得上是职业许可的替代性选择，因此所有替代性选择的净收益均大于零。

四、结语

本节主要探讨的是，在职业许可与其若干替代性选择之间如何取舍及其经济理由。应当说，所谓替代性选择主要是一种"思想实验"，它并非真实世界的反映。● 因为现实中，职业许可、职业认证、侵权诉讼、矫正税、职业责任

● 本书特别注意到，不能将国家对职业领域的干预和职业许可划等号；职业许可仅是若干干预措施之一种。

● ［美］斯蒂文·萨维尔：《法律的经济分析》，柯华庆译，中国政法大学出版社 2009 年版，第 31 页。

● 谢林认为，所谓"效率"就是"更好"的代名词。转引自：［美］斯蒂文·萨维尔：《法律的经济分析》，柯华庆译，中国政法大学出版社 2009 年版，"代译序"，第 31 页。

● 凌斌：《法治的代价——法律经济学原理批判》，法律出版社 2012 年版，第 214 页。

● 弗里德曼在 20 世纪 60 年代提出的"假设不相关命题"，认为只要理论得出的结论具有预测力，理论的假设可以与现实不相符合。参见魏建：《法经济学：分析基础与分析范式》，人民出版社 2007 年版，第 215 页。

保险以及市场机制等都有其最优匹配的领域。就职业管制的目标而言，任何单一的管制措施，均无力竟尽其功。因此，政府机构有必要对各种可能的管制工具进行"整合性衡量"，❶综合考虑它们共同的效应，并在法治的前提下，将各种工具有效地结合使用。针对不同职业，有效地利用不同的管制工具，根据不同管制工具的功能优势对其匹配不同的职业领域，并建立起不同管制工具之间的协调机制，以实现职业管制的最终目标。总之，既要认真地对待职业许可，也要认真地对待与职业许可相竞争的那些替代性制度，还要认真对待政府干预与不干预对公民职业选择自由产生的影响和意义。

本章小结

　　作为一种社会性规制措施，职业许可制度的正当性❷仍然是弥补"市场失灵"，其经济学的理论基础是外部性理论和信息不对称理论。成本收益分析及在其基础上的比较制度分析，是对职业许可进行经济分析的中心任务。通过对职业许可进行经济分析，第一，验证一项职业许可的收益是否能够抵消其成本，只有收益大于成本，该项职业许可才有必要。第二，比较哪一种管制措施最有效率，即选择使得社会净收益最大化的职业管制措施，而不一定是职业许可。"如果两种制度提供的服务数量相等，那么费用较低的制度安排是较有效的制度安排"。❸因此说，职业许可或许既不是最好，也不是最糟。问题的关键在于，职业许可相比其替代性选择是否具有成本上的比较优势。换一种实用主义的表达就是，是否设定职业许可，归根到底乃在于，职业许可是否比其替代性选择能成本更小但更成功地解决问题。

113

---

　　❶　［德］施密特·阿斯曼：《秩序理念下的行政法体系建构》，林明锵等译，北京大学出版社2012年版，第114页。

　　❷　正当性意味着某种程度的"可接受性"。"当公众接受而无须予以强迫的时候，决定就是正当的。"参见［美］朱迪·弗里曼：《合作治理与新行政法》，商务印书馆2010年版，第142页，注13。

　　❸　林毅夫：《关于制度变迁的经济学理论：诱致性变迁和强化性变迁》，载［美］R. 科斯等：《财产权利与制度变迁——产权学派与新制度学派译文集》，上海三联书店、上海人民出版社1994年版，第383页。

第五章

职业许可的实施：
标准与程序

为学问而学问是片面的，一切学问都是为了实践。

——杨日然[*]

从法学视角看来，行政许可的设定属于立法问题，即何种法律规范可以"设定"行政许可；而行政许可的实施则属于执法问题，即何种法律规范可以"规定"行政许可。而在本书，从法经济学的视角着眼，职业许可的设定要解决的是职业许可的有无问题；在确定需要职业许可的前提下，职业许可的实施要解决的是提供什么样的职业许可问题。事实上，职业许可的实施也包括很多方面，本书选择具有重要意义的标准与程序两个方面进行探讨。

第一节　职业许可的标准

如前所述，职业许可，是为了保护公共利益而设定的一般性禁止，在申请人符合一定条件时，就特别地、个案性地解除对该申请人的职业禁止。因此，如何设定职业许可的条件（标准），乃职业许可实施的核心问题之一。如此看来，职业许可标准本是职业许可程序的一个重要组成部分，也可以说，设定并事先公布许可标准本是职业许可程序之第一环节。❶ 但鉴于职业许可的标准问题具有独立研究的价值，以下本书将其单独作为一个问题予以适当讨论。

---

[*] 杨日然：《法理学》，台湾三民书局股份有限公司 2005 年版，第 200 页。

❶ 例如日本行政程序法第五条就规定，行政机关必须事先设定是否予以许可、认可等的判断基准（审查基准），而且应当将该基准公布。参见［日］盐野宏：《行政法总论》，杨建顺译，北京大学出版社 2008 年版，第 195 页。

一、职业许可标准的法学意涵与经济学目标

一般而言，许可的标准包括了准入标准和后续标准。后续标准用于监督被许可人，以保证他们提供的产品或服务达到最低质量标准；否则，则被许可人将不能再从事交易。而准入标准则适用于许可之前的筛选过程。❶ 本章将要探讨的职业许可标准是指职业准入标准。

（一）职业许可标准的法学意涵

简而言之，职业许可标准，是指职业许可申请人为获得某种职业许可必须满足的条件。

在法学界，有学者将许可标准与许可条件区分开来，认为行政许可标准与控制行政许可实施中的裁量权有关，它从属于行政许可条件，是行政许可条件的具体展开。例如王太高教授就认为，"行政许可标准实质上是连接以抽象法规范形式存在的行政许可条件与行政许可申请人具体事实之间的媒介，是行政机关在实施行政许可过程中制定并公布的判断行政许可申请人是否符合法定的行政许可条件，进而决定其能否获得相应行政许可的裁量基准。"❷ 按论者的本意，"条件"系行政许可的设定，是立法的事儿；"标准"系行政许可的实施，是行政的事儿。❸ 也就是说，"条件"更抽象些，"标准"更具体些，有标准比没有任何标准更能防止行政许可机关的恣意。应当承认，这种对行政许可"条件"与"标准"的刻意区分，的确体现了行政法学研究的精细化；主张"标准"是"条件"的具体化，的确也有一定的理论价值。但问题是，实践中很难把握"条件"与"标准"的绝对界限。因为有的"条件"需要进一步具体化为"标准"，也有的"条件"在立法上已经非常明确，没有具体化的空间了。例如，根据《公证法》第 18 条的规定，一般情况下，申请担任公证员的年龄应在 25~65 岁。此中的年龄"条件"，已经非常明确、具体；不需要——事实上行政机关也不能——进一步具体化了。因此，对行政许可中的"条件"和"标准"截然两分，实不可能。毋宁认为，行政许可标准与行政许可条件具有相同的含义。以下本书对"职业许可的标准"和"职业许可的条件"，将

---

❶ 参见张卿：《行政许可：法和经济学》，北京大学出版社 2013 年版，第 99 页。
❷ 王太高：《论行政许可标准》，载《南京大学学报：哲学·人文科学·社会科学》2008 年第 6 期。
❸ 王太高：《行政许可条件研究》，载《行政法学研究》2007 年第 2 期。

在相同含义上交替使用。从范围上说，本书所谓"职业许可的标准"，包括了法律法规中存在的许可的"条件"（设定），也包括了可能更加细化并以（不具有法源地位的）行政规范中存在的许可的"标准"（实施）。

职业许可标准，不论是对职业许可申请人，还是对职业许可机关，都具有重要意义。它既给职业许可申请人以指引，也给职业许可机关以约束。正如季卫东教授指出的，行政程序的条件导向十分突出，只要具备了一定的程序要件，就必须作出与之相适应的决定。❶ 对职业许可而言，亦是如此。职业许可之本质，就是依据一定的标准，通过调查申请人的基本情况（如能力、品行），判断其与事先公布的标准是否相符的行政行为。因此，根本地说，职业许可是一个条件导向极强的筛选职业人才的过程。在这个过程中，事先划定的"条件"就是职业许可标准。

（二）职业许可标准的经济学目标

1. 职业许可标准的经济学逻辑

现在，先让我们描述一个农民筛粮（筛选其他合适的东西，当然亦无不可）的情形。首先需要一个筛子。这个筛子的网眼或大或小，网眼的大小直接决定了多大尺寸的东西能够漏下去，从而决定了多大尺寸的东西能够被筛选出来。网眼大点，由于筋条可以少用一些，从而制筛的成本低些；反之，网眼小点，制筛的筋条就要多用，成本就高些。因此，农民在购买筛子（或者自制筛子）时，他必然要盘算的是，为了要筛选的东西，是否值得花更多的钱呢？

职业许可的标准类似于筛子之网眼，而标准之简繁，则对应着网眼之疏密。标准过于疏简，恐有滥竽充数者挤入；标准过于严苛，又恐有无辜者被挤出。同时，严苛的标准往往意味着更高的制定成本和执行成本；相反，疏简一些的标准则可以少花些耗费。因此，需要斟酌的是，职业许可的标准，如何能够做到合适。

有如前述，职业许可的制度目标是缓解职业市场的信息不对称和矫治职业行为的负外部性。因此，设定职业许可标准的任务，就是寻找合适的参数并赋予其适当的阈值，以实现职业许可的制度目标。申言之，制定标准的直接任务是，以尽可能低的成本产生职业许可机关所期望的最低限度的职业服务质量和

---

❶ 参见季卫东：《法治秩序的建构》，中国政法大学出版社 1999 年版，第 35 页。

安全级别。这个最低限度的职业服务质量和安全级别，从经济学上分析，就是通过标准限定提高的质量和安全的边际收益等于（至少是约等于）它的边际成本。这应该是职业许可标准的经济学意义。

从上面的分析可见，职业许可标准有个适当性问题：这个标准应是，既能"筛"出合适人选使其迈过某职业门槛，又能将不胜任者有效地"挡"在职业大门之外。显然，如果标准过低，后面的任务不能完成；而如果标准过高，前面的任务不能完成。而且，如果职业许可标准过高，得到便宜的首先是职业在位者，而非消费者。因为，该种情况下，消费者将为职业服务供应低于市场均衡需求量而支付额外代价。由于设置许可标准将会产生相应的立法、执法甚至司法成本，而不同的许可标准也对应不同的许可收益。因此，职业许可标准不是越高越好，当然也不是越低越好，而是应该力求适当。一般来说，更高的许可标准对应着更高的职业服务水准；随着职业许可标准的提高，在职业服务质量水准提高的同时，职业服务供应也随之减少，当超过某个临界点之后，消费者从职业服务质量提高方面获得的收益将变得小于由于职业服务供应减少而不得不付出的额外代价。❶ 这时，从经济学视角看来，职业许可标准的提高将变得不值。

如果把职业许可的设定视为立法行为的话，那么职业许可标准就是职业许可机关向职业许可申请人颁发许可证这一行政行为的实质性条件。如前所述，设置该条件的实体目标是，筛选进入职业服务市场的适格人选。但正义的实现是需要现实成本的。如桑本谦教授指出的，为减少错误决定而采取的各种措施都需要消耗以信息费用为主构成的制度成本。❷ 因此，任何法律制度应该在减少法律决策误差损失之同时，也要着力降低法律运行的信息费用。这是立法在分配正义和经济效率之间作出的一个折衷的选择。相应地，职业许可标准的经济学目标就是，以尽可能低的成本筛选出进入职业服务市场的适格人选。

当然，如果以公共选择理论的视角看，有些职业许可的标准也可能与公共利益无关。例如，在很多国家和地区，"通过司法考试"都是申请律师执业的法定条件之一。但这被有的学者讥讽为："被法律人伪装、维持的神圣形象所

---

❶ 这种额外代价，就是张五常先生所说的那种情况："好些时，限量是通过提升资历或条件的要求，以保护顾客利益为前提，掩盖着以牌照的限量来增加持牌垄断的利益"。参见张五常：《受价与觅价》（神州增订版），中信出版社2012年版，第117页。

❷ 参见桑本谦：《法理学主题的经济学重述》，载《法商研究》2011年第2期。

欺骗，是所有法律人彼此心照不宣、默契勾结的结果。"❶

2. 设置职业许可标准的具体任务

那么，如何才能实现职业许可标准的上述经济学目标呢？本书认为，职业许可标准的制定包括两个主要任务：设计适当的参数并赋予其适当的阈值。从公共利益理论视角看，职业许可标准涉及的主要问题包括：第一，选择哪些参数作为准入标准？第二，准入标准参数值应该精确到何种程度？而从公共选择理论视角分析，应尽力去除糅合在职业许可标准中的政治家、官僚集团、职业在位集团等的个人私益。

二、职业许可标准参数的选择

根据张卿博士的观点，职业许可标准的参数是指用来界定准入标准的一个或几个可测量的因素。❷ 例如，通过国家司法考试是获得律师执业许可的标准之一，那么考试便是表达这一标准的参数。

（一）选择职业许可标准参数的一般原则

职业许可传达的信息是否可靠，很大程度上依赖于标准是否科学。而标准是否科学，又依赖于许可标准参数的选取及其阈值的确定。一般而言，选取职业许可标准参数应该注意以下两项原则。

1. 应该有利于目标的实现并力求成本最小化

有如前文所述，从公共利益理论视角看，职业许可标准的经济目标是，以尽可能低的成本筛选适格的职业从业人员。因此，所选取的职业许可标准的参数，首先，应该能够胜任筛选之需。例如所选参数应与职业许可制度目标相关，如果不相关，反而会误导和连累职业许可机关作出正确决定。其次，实施成本较低。应该排除那些虽然与职业许可制度目标相关但鉴定代价过高的参数。

事实上，职业许可标准的制定，是职业许可设定的具体内容之一。因此，对职业许可标准设定的分析，可以遵循上一章"职业许可设定"中提出的理论框架，即：第一，参数的选择必须有助于达成职业许可标准的目标，否则应当舍弃；第二，在能够达成职业许可标准目标的若干参数中选择净收益最大的

---

❶ 杨智杰：《千万别来念法律》，中国政法大学出版社 2010 年版，第 2 页。

❷ 参见张卿：《行政许可：法和经济学》，北京大学出版社 2013 年版，第 101 页。

那个。例如，《律师法》第5条❶规定了律师执业许可的条件（标准），其主要制度目标显然是为了确保申请人具备法律职业工作所需要的基本知识和技能。然而，证明申请人具备法律职业基本知识和技能的参数可能有多个，例如"通过国家统一司法考试"＋"在律师事务所实习满一年"是最常用的一组参数，但却并非惟一一组参数。因为，根据《律师法》第8条❷的规定，"在法律服务人员紧缺领域从事专业工作满十五年，具有高级职称或者同等专业水平并具有相应的专业法律知识"，也是检测申请人是否具备法律职业基本知识和技能的参数组合。显然，上述两种参数组合的鉴定成本是不同的。对于满足《律师法》第8条规定的申请人而言，当然也可以通过"通过国家统一司法考试"＋"在律师事务所实习满一年"的参数组合申请律师执业许可，但显然按照第8条之规定申请的社会成本更低。

2. 各参数之间应保持协调

正如张卿博士所言，在同一许可制度下，如何协调准入标准中所使用的不同参数，即保证参数间的协调一致，是标准制定者需要考虑的另一个问题。❸显然，职业许可标准中若干参数不能简单地"混搭"在一起，相互之间应该有机联系，不能相互抵牾，否则事与愿违。

例如，在中国参加国家统一司法考试，根据《国家司法考试实施办法》的规定，原则上是要求本科以上学历的。这样"本科学历"和"通过国家统一司法考试"这两个参数之间尽管并不矛盾，但有可能抬高职业许可标准的成本。张卿博士在谈到这一现象时曾说到，真正重要的是，确认在该人员已经具有本科学历水平时，通过司法考试到底能够增加多少准确性。如果本科学历证书就已经能够证明其持有人具备了法律专业知识和从事法律职业的能力，将司法考试作为第二次测试的意义就没有了。因为它使许可机关最终决定的错误减少量，可能无法抵消其高昂的行政成本。❹因此能够确证的命题是，由于现实中国法学教育的现状，不能保证每一个法学院的毕业生都达到上述能力和水

---

❶ 《律师法》第5条规定："申请律师执业，应当具备下列条件：（1）拥护中华人民共和国宪法；（2）通过国家统一司法考试；（3）在律师事务所实习满一年；（4）品行良好。实行国家统一司法考试前取得的律师资格凭证，在申请律师执业时，与国家统一司法考试合格证书具有同等效力。"

❷ 《律师法》第8条规定："具有高等院校本科以上学历，在法律服务人员紧缺领域从事专业工作满十五年，具有高级职称或者同等专业水平并具有相应的专业法律知识的人员，申请专职律师执业的，经国务院司法行政部门考核合格，准予执业。具体办法由国务院规定。"

❸ 参见张卿：《行政许可：法和经济学》，北京大学出版社2013年版，第103页。

❹ 同上书，第176页。

平，因此司法考试还是一个必要的管制性措施。

总之，如桑本谦教授所指出的，在非商业领域，学历、年龄、性别、生长和居住环境等，都可能用来当作标签，用以判断某个人的能力。而贴标签恰恰是降低信息费用的有效方案。❶ 选择职业许可标准参数的目的是为了提高职业许可的"可操作性"，这种立法技术即类似于给职业许可申请人贴合格标签。而贴标签的经济效果则是降低了信息搜寻费用。

（二）　对职业许可标准常见参数的分析

职业许可是对人的行为的限制与资格确认。因此，它的标准都是关于"人"本身的直接或间接限制。表 5-1 例示了被称为"社会四师"的注册会计师、注册建筑师、医师和律师执业许可标准中的常用参数。总体来看，主要包括了考试、学历、经历、品行等。

表 5-1　职业许可标准示例

法律规范名称	《注册会计师法》（2014 年）	《注册建筑师条例》（1995 年）	《执业医师法》（1998 年）	《律师法》（2012 年）
积极条件	第 8 条　具有高等专科以上学校毕业的学历、或者具有会计或者相关专业中级以上技术职称的中国公民，可以申请参加注册会计师全国统一考试；具有会计或者相关专业高级技术职称的人员，可以免予部分科目的考试。第 9 条　参加注册会计师全国统一考试成绩合	第 8 条　符合下列条件之一的，可以申请参加一级注册建筑师考试：（一）取得建筑学硕士以上学位或者相近专业工学博士学位，并从事建筑设计或者相前业务 2 年以上的；（二）取得建筑学学士学位或者相近专业工学硕士学位，并从事建筑设计或者相关业务 3 年以上的；（三）具有建筑学业大学本科毕业学历并	第 9 条　具有下列条件之一的，可以参加执业医师资格考试：（一）具有高等学校医学专业本科以上学历，在执业医师指导下，在医疗、预防、保健机构中试用期满 1 年的；（二）取得执业助理医师执业证书后，具有高等学校医学专科学历，在医疗、预防、保健机构中工作满 2 年的；具有中等专业学校医学专业学历，在医疗、预防、	第 5 条　申请律师执业，应当具备下列条件：（一）拥护中华人民共和国宪法；（二）通过国家统一司法考试；（三）在律师事务所实习满一年；（四）品行良好。实行国家统一司法考试前取得的律师资格凭证，在申请律师执业时，与国家统一司法考试合格证书具有同等效力

❶　参见桑本谦：《法理学主题的经济学重述》，载《法商研究》2011 年第 2 期。

法律规范名称	《注册会计师法》（2014 年）	《注册建筑师条例》（1995 年）	《执业医师法》（1998 年）	《律师法》（2012 年）
积极条件	格，并从事审计业务工作 2 年以上的，可以向省、自治区、直辖市注册会计师协会申请注册	从事建筑设计或者相关业务 5 年以上的，或者具有建筑学相近专业大学本科毕业学历并从事建筑设计或者相关业务 7 年以上的； （四）取得高级工程师技术职称并从事建筑设计或者相关业务 3 年以上的，或者取得工程师技术职称并从事建筑设计或者相关业务 5 年以上的； （五）不具有前四项规定的条件，但设计成绩突出，经全国注册建筑师管理委员会认定达到前四项规定的专业水平。 第 9 条　符合下列条件之一的，可以申请参加二级注册建筑师考试： （一）具有建筑学或者相近专业大学本科毕业以上学历，从事建筑设计或者相关业务 2 年以上的； （二）具有建筑设计技术专业或者相近专业大专毕业以上学历，并从事建筑设计或者相关业务 3 年以上的； （三）具有建筑设计	保健机构中工作满 5 年的。 第 10 条　具有高等学校医学专科学历或者中等专业学校医学专业学历，在执业医师指导下，在医疗、预防、保健机构中试用期满 1 年的，可以参加执业助理医师资格考试。 第 11 条　以师承方式学习传统医学满三年或者经多年实践医术确有专长的，经县级以上人民政府卫生行政部门确定的传统医学专业组织或者医疗、预防、保健机构考核合格并推荐，可以参加执业医师资格或者执业助理医师资格考试。考试的内容和办法由国务院卫生行政部门另行制定。 第 12 条　医师资格考试成绩合格，取得执业医师资格或者执业助理医师资格。 第 13 条　国家实行医师执业注册制度。取得医师资格的，可以向所在地县级以上人民政府卫生行政部门申请注册	

124

法律规范名称	《注册会计师法》（2014年）	《注册建筑师条例》（1995年）	《执业医师法》（1998年）	《律师法》（2012年）
积极条件		技术专业4年制中专毕业学历，并从事建筑设计或者相关业务5年以上的； （四）具有建筑设计技术相近专业中专毕业学历，并从事建筑设计或者相关业务7年以上的； （五）取得助理工程师以上技术职称，并从事建筑设计或者相关业务3年以上的。 第10条 本条例履行前已取得高级、中级技术职称的建筑设计人员，经所在单位推荐，可以按照注册建筑师全国统一考试办法的规定，免予部分科目的考试。 第11条 注册建筑师考试合格，取得相应的注册建筑师资格的，可以申请注册		
消极条件	第10条 有下列情形之一的，受理申请的注册会计师协会不予注册： （一）不具有完全民事行为能力的； （二）因受刑事处罚，自刑罚执行完毕之日起至	第13条 有下列情形之一的，不予注册： （一）不具有完全民事行为能力的； （二）因受刑事处罚，自刑罚执行完毕之日起至申请注册之日止不满5年的； （三）因在建筑设计或者相关业务中犯有	第15条 有下列情形之一的，不予注册： （一）不具有完全民事行为能力的； （二）因受刑事处罚，自刑罚执行完毕之日起至申请注册之日止不满2年的； （三）受吊销医师执业证书行政处罚，自	第7条 申请人有下列情形之一的，不予颁发律师执业证书： （一）无民事行为能力或者限制民事行为能力的； （二）受过刑事处罚的，但过失犯罪的除外； （三）被开除公

125

法律规范名称	《注册会计师法》（2014 年）	《注册建筑师条例》（1995 年）	《执业医师法》（1998 年）	《律师法》（2012 年）
消极条件	申请注册之日止不满 5 年的；（三）因在财务、会计、审计、企业管理或者其他经济管理工作中犯有严重错误受行政处罚、撤职以上处分，自处罚、处分决定之日起至申请注册之日止不满 2 年的；（四）受吊销注册会计师证书的处罚，自处罚决定之日起至申请注册之日止不满 5 年的；（五）国务院财政部门规定的其他不予注册的情形的	错误受行政处罚或者撤职以上行政处分，以上行政处分处罚、处分决定之日起至申请注册之日止不满 2 年的；（四）受吊销注册建筑师证书的行政处罚，自处罚决定之日起至申请注册之日止不满 5 年；（五）有国务院规定不予注册的其他情形的	处罚决定之日起至申请注册之日止不满 2 年的；（四）有国务院卫生行政部门规定不宜从事医疗、预防、保健业务的其他情形的	职或者被吊销律师执业证书的
特殊条件				第 8 条　具有高等院校本科以上学历，在法律服务人员紧缺领域从事专业工作满 15 年，具有高级职称或者同等专业水平并具有相应的专业法律知识的人员，申请专职律师执业的，经国务院司法行政部门考核合格，

续表

法律规范名称	《注册会计师法》（2014年）	《注册建筑师条例》（1995年）	《执业医师法》（1998年）	《律师法》（2012年）
特殊条件				准予执业。具体办法由国务院规定

1. 考试

考试成绩往往是职业许可中最为重要的标准参数。《行政许可法》对资格考试事项有特别规定。❶ 一般而言，除非法律、行政法规另有规定，实施职业许可，依法应当举行国家考试的，行政机关应当根据考试成绩和其他法定条件作出职业许可决定。依据考试成绩实施职业许可的最大益处，在于能够最大限度上限制职业许可机关的自由裁量权。因此，考试已经成为各种职业许可首选的标准参数。如表5-1所示，《注册会计师法》《注册建筑师条例》《执业医师法》《律师法》等，都规定了相应的考试制度。

张卿博士曾较为系统地总结了国家统一司法考试的优点和缺点。他认为，一般来说，司法考试比其他程序性管制更有效率，因为：第一，规模经济使得它可以在一定程度上节省行政成本。第二，它可以向考官提供更多关于申请人法律知识的信息。第三，它可以在一定程度上减少贿赂的可能性。❷ 不过他也指出，国家统一司法考试的行政成本也比其他程序性管制更多。许可机关要产生组织和实施成本，申请人要花费更多时间去准备，甚至导致申请人更多的焦虑、开支和迟延。❸ 这些分析，对其他种类的职业许可，亦为适用。笔者所为疑虑的是，能否通过两三天的考试，测试出应试者的最低限度的职业能力，是无法确知的。因为，有些能力只能通过实践培养得来。

2. 学历

学历也是用来考察、检测申请人能力的常用标准参数。从表5-1看来，

---

❶　《行政许可法》第54条规定："实施本法第12条第3项所列事项的行政许可，赋予公民特定资格，依法应当举行国家考试的，行政机关根据考试成绩和其他法定条件作出行政许可决定；赋予法人或者其他组织特定的资格、资质的，行政机关根据申请人的专业人员构成、技术条件、经营业绩和管理水平等的考核结果作出行政许可决定。但是，法律、行政法规另有规定的，依照其规定。公民特定资格的考试依法由行政机关或者行业组织实施，公开举行。行政机关或者行业组织应当事先公布资格考试的报名条件、报考办法、考试科目以及考试大纲。但是，不得组织强制性的资格考试的考前培训，不得指定教材或者其他助考材料。"

❷　参见张卿：《行政许可：法和经济学》，北京大学出版社2013年版，第177页。

❸　同上书，第178页。

《注册会计师法》《注册建筑师条例》《执业医师法》均对参加职业资格考试的学历作出了具体要求，但《律师法》对此并未明确规定。事实上，1996 年通过的《律师法》是有学历要求的，❶ 但修订后的《律师法》对学历似乎采取了隐晦处理的办法，但这并不意味着国家司法考试没有学历要求，而是事实上由司法行政机关商请最高人民法院和最高人民检察院决定。根据司法部《国家司法考试实施办法》的有关规定，❷ 报名参加国家司法考试的学历要求是大学本科。但事实上，这一规定并未严格执行。一是，申请人在达到学历前就被允许参加司法考试，他们可以在法学院学习的第三年或第四年通过考试，一毕业就被授予律师资格。从而使他们可以更早地进入法律服务市场；二是，在特殊地区还可采取更为宽松的政策措施。❸

根据司法部《国家司法考试实施办法》第 8 条的规定，国家司法考试主要测试应试人员所应具备的法律专业知识和从事法律职业的能力。但是，随意翻检任何一所法律院校本科生或研究生的培养方案，其培养目标大体亦是如此。因此，如张卿博士指出的，在理论上，司法考试只是检验在法学院发生的情况，如果法学院授予的学历证书能够保证其可信性，使用国家司法考试并不会增加许可决策的边际准确性。❹

据我国台湾地区学者杨智杰介绍，荷兰是世界上法律服务最为自由的国家。在荷兰，只要是从法律院系毕业的学生，当然可以成为律师，不需要另外考试；非法律院系毕业的，则要通过一个测试，以确保他能够理解基本的法律用语、程序规定，会搜寻法律数据。美国有 4 个州也是如此。即，在荷兰，有关部门确信律师考试根本无法确保申请人的真正应该具备的执业能力，而这些

---

❶ 1996 年的《律师法》第 6 条规定："国家实行律师资格全国统一考试制度。具有高等院校法学专科以上学历或者同等专业水平，以及高等院校其他专业本科以上学历的人员，经律师资格考试合格的，由国务院司法行政部门授予律师资格。" 2007 年《律师法》修订时即取消了学历这一条件，坊间认为这种变革是为了提高法学本科毕业生的就业率，因为有学历限制，法学本科学生在校期间是没有资格参加司法考试的。

❷ 《国家司法考试实施办法》第 15 条规定："符合以下条件的人员，可以报名参加国家司法考试：（一）具有中华人民共和国国籍；（二）拥护《中华人民共和国宪法》，享有选举权和被选举权；（三）具有完全民事行为能力；（四）高等院校法律专业本科毕业或者高等院校非法律专业本科毕业并具有法律专业知识；（五）品行良好。"第 16 条规定："有下列情形之一的人员，不能报名参加国家司法考试，已经办理报名手续的，报名无效：（一）因故意犯罪受过刑事处罚的；（二）曾被国家机关开除公职或者曾被吊销律师执业证、公证员执业证的；（三）被处以 2 年内不得报名参加国家司法考试期限未满或者被处以终身不得报名参加国家司法考试的。"

❸ 《国家司法考试实施办法》第 23 条规定："国家司法考试的实施，可以在一定时期内，对民族自治地方和经济欠发达地区的考生，在报名学历条件、考试合格标准等方面采取适当的优惠措施，具体办法由司法部商最高人民法院、最高人民检察院确定。"

❹ 参见张卿：《行政许可：法和经济学》，北京大学出版社 2013 年版，第 182 页。

实际工作能力最好的培养场所是在律师事务所。因此，虽然他们不要求考试，但他们要求长达 3 年的实习，才可以独立执业。❶ 这么看，律师执照的管制目标，实际上仅仅在于减低消费者的搜寻成本，即缓解法律职业服务市场上的信息不对称。果真如此，根据本书第四章阐述的理论，职业许可是可以为职业认证替代的。

3. 经历

由表 5-1 可以看出，经历也是职业许可常用参数之一。《注册会计师》对申请注册的经历要求是"从事审计业务工作 2 年以上"；《律师法》规定的申请执业的经历要求是"在律师事务所实习满 1 年"。还应注意到，《注册会计师法》和《律师法》对经历的要求是在职业资格考试合格之后有相应年限的实际工作经验；而《注册建筑师条例》《执业医师法》则是在职业资格考试报名环节就对申请考试者提出了经历的要求。这种对经历不同的规定，其经济效果是颇为不同的。将经历要求提前至职业资格考试报名阶段，意味着它是对职业"资格"的限制，缺少这种经历的申请人连职业资格考试的资格都没有。从而，这种考试事实上就是"业内"考试。因为，这种要求事实上限制了那些并未实际从事该种职业的人参加考试，进而限制了其从事该种职业。而将经历要求置于注册或执业之前，意味着它仅仅是对职业"行为"的限制。这种对经历的要求，不排斥其他职业或无职业申请人报考某类职业资格，而获得了"资格"许可的申请人也并不一定继续申请"行为"许可，从而并不真正从事该种职业。实践中，很多"注册会计师全国统一考试合格证"和"法律职业资格证书"（或"律师资格证书"）处于"沉睡"状态，能够说明此种情况的存在。

另外，《注册建筑师条例》《执业医师法》采取了将经历与学历结合规定的方式，即学历越高，对经历的要求越低。由于更高的学历意味着更长的理论学习年限，因此相应降低其经历年限的要求，有其经济合理性。

4. 品行

从表 5-1 来看，正面提出品行要求的只有《律师法》。不言而喻，品行对任何职业从业人员来说，都至关重要。因此，将品行作为职业许可标准参数，可谓天经地义。但是，"品行"作为职业许可标准的参数是否真能起作用，则是另一回事。如《律师法》只规定了"品行良好"四个字。类似地，《公证法》对公证员品行的要求是"公道正派，遵纪守法，品行良好"。问题很简单，拿什么证明一个人的品行好或不好呢？谁来证明呢？公安机关即使能够并愿意提供申请人的犯罪记录，但却也难为申请人的道德品行背书！因此，"品

❶ 参见杨智杰：《千万别来念法律》，中国政法大学出版社 2010 年版，第 108 页。

行"是一个"中看不中用"的参数。或者说,这个参数是有用的,因为品行不端,对任何职业都可能形成危害,但因为其无法被有效鉴定,因此变得无用。

事实上,如果通过排除法,能将明显的品行不端者"挡"在某些职业大门之外,那么这种正面的品行要求,似乎就变得更加没有必要。例如,《注册会计师法》规定"因受刑事处罚,自刑罚执行完毕之日起至申请注册之日止不满 5 年的",不予注册;《注册建筑师条例》《执业医师法》也有类似规定。但上列三部法律均没有区分刑事犯罪的故意和过失,是其不足之处。比较而言,《律师法》中提出"过失犯罪的除外",显示了其进步性,但仍有不足,因为职业过失犯罪似乎不应排除在外。笔者认为,在这方面,规定最为完善的,当属《公证法》❶。从改革的角度看,不如将"品行良好"由准入标准参数转为后续标准参数,用以作为监管指标。

5. 年龄

一般而言,各种职业许可对申请人年龄的下线均有限制。从表5-1可以看出,虽然各种职业许可并不正面限制申请人的年龄,但往往将"不具有完全民事行为能力"规定为职业许可的消极条件。根据民事法律的规定,具有完全民事行为能力的自然人,一般须年满 18 周岁且精神发育正常。❷ 相反,直接规定职业许可申请人年龄上线的则不多见。不过,《公证法》可作一示例。根据该法第 18 条之规定,担任公证员,应当具备的条件包括:"年龄 25 周岁以上 65 周岁以下"。

三、职业许可标准参数阈值的确定

以执业医师许可为例,如果将"学历"称为许可标准的"参数",那么"本科""专科""中专"等,则是"参数"的"阈值"。在选择职业许可参数及给其赋值时,要考虑成本和收益问题。只有当选择更多的参数以及赋予其更确定的阈值所取得的收益大于所要付出的成本时,才值得去做。

---

❶ 《公证法》第20条规定:"有下列情形之一的,不得担任公证员:(一)无民事行为能力或者限制民事行为能力的;(二)因故意犯罪或者职务过失犯罪受过刑事处罚的;(三)被开除公职的;(四)被吊销执业证书的。"

❷ 《民法通则》第11条规定:"18周岁以上的公民是成年人,具有完全民事行为能力,可以独立进行民事活动,是完全民事行为能力人。16周岁以上不满18周岁的公民,以自己的劳动收入为主要生活来源的,视为完全民事行为能力人。"第13条第1款规定:"不能辨认自己行为的精神病人是无民事行为能力人,由他的法定代理人代理民事活动。不能完全辨认自己行为的精神病人是限制民事行为能力人,可以进行与他的精神健康状况相适应的民事活动。"

（一）职业许可标准参数阈值的成本分析

职业许可标准参数值，既可以规定的极为精确，以致职业许可机关只是机械式适用，例如前引《公证法》对公证员年龄的规定；也可以规定的极为模糊，预留给职业许可机关很大的自由裁量权，例如《律师法》对律师"品行良好"的规定。对职业许可标准参数值进行法经济学分析的目标，就是寻找成本最低的参数的最优精确度。

一般来说，准入标准的精确度涉及以下成本：[1]

1. 准入标准的制定成本

假设立法者相信，法律制定的精细程度越高，法律决策的误差就越少，那么，为了提高法律的精确性，一个首选的措施就是制定更多的法律，或者在法律之下制定实施细则，或者出台立法解释和司法解释。显然，法律的膨胀会在各个环节提高法律运行的成本。[2] 类似地，职业许可准入标准的精确度越高，制定成本也就越高。依张卿博士之见，制定成本又涉及两种社会成本：获取并分析准入标准可能造成的影响的成本，以及在制定过程中使参与人达成一致的成本。[3]

2. 采用准入标准的成本

一方面，精确度更高的准入标准，可能减少申请人和许可机关理解和达到准入标准的成本。但另一方面，准入标准精确度越高，意味着他们越详细复杂，对于申请人和许可机关适用这些标准的成本也可能很高。因为他们需要更多的技术和法律专家来理解和适用。当然，更高精确度的准入标准，也可能减少了潜在的申请人进行申请，以及许可机关处理他们的行政成本。

另外，准入标准的精确度越高，意味着职业许可机关的自由裁量权越小，因此申请人和职业许可机关理解和适用其的成本也可能更低。但是，也可能发生另外一种情形，即精确度更高的准入标准鼓励那些有资格的申请人（在许可机关自由裁量情形下，他们或许并无申请之意），从而又增大了申请和授予许可的行政成本。同理，更精确的标准，也直接阻止了那些明显不适当的申请人，从而又降低了申请人和许可机关的行政成本。

从上可见，准入标准精确度越高意味着更复杂和更确定。准入标准的精确度从两个不同的方面影响着适用准入标准的成本。标准制定者需要在更少复杂

131

---

[1] 本书此处对准入标准各种成本的分析集中参考了张卿博士的成果，专此致谢。参见其著：《行政许可：法和经济学》，北京大学出版社 2013 年版，第 116-119 页。

[2] 参见桑本谦：《法理学主题的经济学重述》，载《法商研究》2011 年第 2 期。

[3] 参见张卿：《行政许可：法和经济学》，北京大学出版社 2013 年版，第 117 页。

性和更确定性之间取得平衡。❶

3. 过度包括的成本和包括不足的成本

最优包括是指准入标准设定得恰到好处，以至于根据监管目标，标准制定者想要授予许可的所有的申请人刚好满足这些标准。❷ 事实上，这个平衡点，在现实中，如果不是绝对不可能达到，也是十分难以达到的。因此，更多情况下，存在：（1）包括不足（即标准参数值过低），其后果可能是："不应许可的许可了"；（2）过度包括（即标准参数值过高），其后果可能是：应予许可的却不满足标准。

4. 错误适用的成本

如前所述，更高的精确度意味着准入标准更为确定，也更为复杂。一方面，准入标准更为确定能够给职业许可机关更多的指导、更少的自由裁量权，并因此减少他们适用准入标准发生错误的可能性。另一方面，更为复杂可能意味着职业许可机关将面临更多困难，反而可能在适用标准时产生更多的错误。❸

5. 与合法准入率有关的间接成本

一般而言，职业许可标准参数的精确度越低，意味着更少的确定性，同时意味着职业许可机关拥有更多的自由裁量权。因此，减少职业许可标准参数的精确度可能降低适格、但是厌恶风险的潜在合法进入者。他们可能决定不从事被许可的这种职业，或者干脆非法从事。因此，这可能削弱了市场竞争，间接地增加了社会福利成本，增加了司法体系的成本。

由上可见，理论上，为了确定不同精确度的成本，标准制定者可以计算每种精确度的社会总成本，并且选择成本最低的精确度。❹

（二）确定职业许可标准参数阈值的一般原则

确定职业许可标准参数的阈值，可以从公共利益理论和公共选择理论两个视角加以分析。

1. 公共利益理论的视角

最终而言，如何确定职业许可标准参数阈值的精确度，还是要衡量职业许可标准参数可能产生的成本与收益。为了减少立法成本，精确度就要适当降低；为了减少执行成本，精确度就要适当提高；为了减少错误成本，精确度则

❶ 参见张卿：《行政许可：法和经济学》，北京大学出版社 2013 年版，第 118 页。

❷ 同上书，第 118 页。

❸ 同上书，第 119 页。

❹ 同上书，第 119 页。

要适当提高或者适当降低。下面，以律师执业许可为例，予以简要说明。

《律师法》第5条第1款规定的律师执业许可的一般标准中共有四个参数，即：（1）拥护中华人民共和国宪法；（2）通过国家统一司法考试；（3）在律师事务所实习满1年；（4）品行良好。

在该执业许可标准中，首先，"拥护中华人民共和国宪法"和"品行良好"属于阈值高度不精确的参数，因此立法者达成一致的成本较低。其次，"通过国家统一司法考试"参数中的"阈值"是"通过"，但何谓"通过"往往还需要执行机关的另外解释，如《国家司法考试实施办法》第17条就规定："每年度国家司法考试的通过数额及合格分数线，由司法部商最高人民法院、最高人民检察院确定后公布。"这无疑又加大了该标准的执行成本。再次，"在律师事务所实习满1年"参数中的"阈值"是"1年"，由于其高度确定，因此一方面，立法者可能陷入"到底规定多少年为好"的争议之中，从而增加了其立法成本；另一方面，在执行过程中，也可能产生诸如"是在一个律师事务所连续实习满1年"还是"可以在若干律师事务所累加实习满1年"等争议，从而又增大了执行成本。而且如张卿博士指出的，虽然对每个申请人有实习1年的强制要求，但是国家并没有规定任何统一的方式来评价申请人在实习期间的工作状况。❶ 复次，由于现行律师执业许可标准中删除了1996年通过的《律师法》中关于学历的规定，使得立法时不同利益群体间的"讨价还价"成本显著降低；但有如上述，在《国家司法考试实施办法》中，执法者不得不对此再次予以申明，因此执行成本则又被抬高。最后，在律师执业许可标准中，虽然没有关于律师执业年龄的限制，一定程度上降低了立法过程中不同利益群体协商博弈的成本，但却可能因此增加了执行成本。事实上，在律师执业许可实践中并不缺乏由于年龄引起的纠纷，❷ 即是说，年龄参数及其阈值的不确定，还可能引起间接的司法成本。

另外，一些原则性的、精确度不高的标准参数将给职业申请人增加更多的信息成本，因为他们可能不清楚自己的申请是否被接受，例如律师执业中的"品行良好"。这可能导致申请人对职业许可机关的贿赂行为，因为原则性、精确度不高的标准，许可机关掌握着适用时的自由裁量权。

总之，标准制定者的任务是"选择可以以最小的社会成本解决剩余的市场失灵的参数及其数值。"为了完成这一任务，标准制定者通常要确认最佳的

---

❶　参见张卿：《行政许可：法和经济学》，北京大学出版社2013年版，第135页。

❷　司法部曾在给甘肃省司法厅的一个答复中明确："合作律师事务所、合伙律师事务所的律师以及国资律师事务所的聘用律师，年满70岁不再注册。如果律师事务所确实需要，本人身体健康并愿意继续在律师事务所工作的，可被聘为顾问，不再从事执业活动。"参见《司法部关于律师执业年龄问题的批复》（司复（1999）4号）。当然，在《行政许可法》施行后，由于僭越了立法权限，这样的"批复"丧失了其合法性。

干预阶段和最优的精确度。❶

2. 公共选择理论的视角

公共选择理论能够告诉我们的是，有些职业许可标准的参数及其阈值，可能是利益集团"硬塞"进去的或者是职业许可机关的率性而为，而与公共利益（职业许可的制度目标）完全无关。因此，在选择职业许可标准参数并确定其阈值时，应对那些明显与公共利益无关的参数及其过于严苛的阈值予以警惕。下面仍以律师执业许可为例予以说明。

本书在第三章第二节中，从公共选择理论的视角详细地分析过职业许可的成因。那些对职业许可的一般性批评，都适用于律师执业许可。那些批评，看起来似乎偏颇，但不能不令人深思。例如，司法考试往往只会考那些死记硬背的知识，律师职业真正应该具备的能力，如搜寻法律数据、沟通、谈判技巧等，却难以考查。因此，在我国台湾地区学者杨智杰看来，严格的律师考试，只是维持了高额的律师费用。❷ 律师考试制度，筛选的结果是"挑出比较多的考试机器"❸ 张卿博士也尖锐地指出，"没有律师仅仅依靠记忆中的'法律'解决问题。"❹ 根据司法部《国家司法考试实施办法》第 8 条第 1 款的设想，"国家司法考试主要测试应试人员所应具备的法律专业知识和从事法律职业的能力。"但事实上，该考试对法律职业能力的考查基本上无能为力。我国台湾地区学者杨智杰以美国律师考试对这一问题予以说明。美国律师考试，是由各州的律师公会负责，平均通过率在 70%，有的甚至超过 90%，对法学院的学生来说，认真准备两个月，通过这个考试一般并非难事。那律师质量是否明显低下呢？有关研究显示，考试分数与律师职业能力没有显著正相关。❺ 相反，早有研究表明，律师录取率与律师平均收入负相关，即律师考试通过率越低，律师的平均收入就越高。应该说，这个结论，对于有些公共选择理论知识的人来说，并不会感到过分意外。

而律师执业许可中的一些额外要求或许也反映了律师职业"在位者"对律师职业"待位者"可能带来的竞争的抵触。例如，2010 年 1 月 1 日实施的《北京市司法局律师执业管理办法实施细则》规定：持外地执业资格证的律师想转入北京，需要提供北京市所属人才机构出具的人事档案关系存放证明。这一规定虽然没有明文限制非北京户籍的律师进京执业，但司法局显然利用了北京市对外地人的人事限制政策，设置了一道隐性的限制关卡。这意味着没有北

---

❶ 张卿：《行政许可：法和经济学》，北京大学出版社 2013 年版，第 126 页。

❷ 参见杨智杰：《千万别来念法律》，中国政法大学出版社 2010 年版，第 5 页。

❸ 杨智杰：《千万别来念法律》，中国政法大学出版社 2010 年版，第 42 页。

❹ 张卿：《行政许可：法和经济学》，北京大学出版社 2013 年版，第 133 页。

❺ 参见杨智杰：《千万别来念法律》，中国政法大学出版社 2010 年版，第 94 页。

京户口的外地律师很难在北京执业。❶ 当然，就中国律师而言，他们是否已经成为了一个职业利益集团尚可讨论。在张卿博士看来，中国律师作为一个集团处于较弱的位置，他们甚至不能成功地游说使其免除更高教育的要求。在国家司法考试中受益的，其实是那些提供法学本科教育的大学和其他培训机构，因为国家司法考试增加了对教育服务的需求。❷ 另外，杨智杰也一针见血地指出，现在律师证照制度的弊端在于，既不让那些专精于某些特定领域的人出来提供法律服务，反而那些考上律师的人什么服务都能提供（如果他想的话）。❸

四、结语

最后需要说明的是，第一，通过了某一标准的检测并进入了某一职业，并不意味着该人所提供的所有职业服务都是没有瑕疵的。职业许可标准只是防范服务瑕疵的第一道门槛而已。如宋华琳教授指出的，标准这种规制形式往往给予的是一般性控制，它不可能也无法去把握和斟酌个案正义。❹ 第二，事实上，职业许可标准及其阈值的确定，实乃一个公共政策论题。职业许可标准的制定可能涉及职业许可机关、有关职业团体、以及职业许可的广义的受益方——消费者或消费者团体以及外部专家。因此，职业许可标准的制定和实施都需要一种良好的公共参与机制的建立和运行。

135

第二节　职业许可的程序

对职业许可程序进行经济学阐释的目的，一是探求职业许可程序的经济逻辑，二是据此评判现有职业许可程序的优劣并借此予以改进。即，以效率为目标，探求职业许可程序法律制度改革之道。

一、职业许可程序的法学意涵与经济学目标

如果把职业许可视为一个连续的过程，那么职业许可的程序自然应该包括

---

❶ 参见《南方周末》2010 年 4 月 22 日第 B9 版的有关报道。

❷ 参见张卿：《行政许可：法和经济学》，北京大学出版社 2013 年版，第 132 页。

❸ 参见杨智杰：《千万别来念法律》，中国政法大学出版社 2010 年版，第 102 页。

❹ 参见宋华琳：《论行政规则对司法的规范效应——以技术标准为中心的初步观察》，载《中国法学》2006 年第 6 期。

许可前的准入程序和许可后的事中监管程序与事后的惩戒程序。由于"事后程序"一般与行政争议的解决有关，属于行政复议或行政诉讼的内容，因此，本书所谓职业许可程序，在没有特别说明的情况下，仅指"事前程序"，即"职业准入程序"。

（一）职业许可程序的法学意涵

1. 程序、行政程序与职业许可程序

季卫东教授指出，"程序是交涉过程的制度化"。❶ 应该说，对程序的这个界定，简约而准确，堪称经典。它不仅指出了程序的本质特点是过程性和交涉性，还指出了"程序的基础是过程和互动关系，其实质是反思理性"，❷ 而且提出了程序的形式是交涉过程的"制度化"。所谓程序的"交涉性"，就是指程序的参与者在程序过程中享有表达自己意志的权利。❸ 据此，任何主体的单方性的办事步骤，不是程序；不成体系、没有制度化的交涉过程，也不是程序。这一点，对理解程序的法学意涵，极为重要。

根据肖凤城先生的观点，在英语中，Order，Program，Procedure 都可用来指称"程序"，但 Order 是指不以人的意志为转移的事物发展变化的过程，它强调的是过程的客观性；Program 是指人所设计的事物过程，它强调人对过程的设计；而 Procedure 是指两个以上的人互相协调进行的过程，它强调"人与人之间的关系"。法律程序应是指人与人之间的社会程序，而非自然程序。而行政程序就是行政活动的利益相关者（主要是行政主体和行政相对人）相互协调权利义务的一个连续过程。行政程序法根本上是为了规范和促进行政主体与行政相对人之间的协调。❹

根据以上对程序及行政程序的认识，笔者认为，所谓职业许可的程序，就是在职业许可实施过程中，有关什么人，在什么时间、什么地点、做什么事的一系列规则。即职业许可程序是职业许可实施的具体制度，它包括了当事人、时间、空间、事务等四大要素。特别来说，根据程序的"交涉性"本质，职业许可程序是指一种"外部行政程序"，而不是指缺乏职业许可申请人参与的、单纯追求实现行政目标的、行政机关的"内部行政程序"。

---

❶ 季卫东：《法治秩序的建构》，中国政法大学出版社 1999 年版，第 21 页。

❷ 同上书，第 76 页。

❸ 参见应松年主编：《当代中国行政法》（下卷），中国方正出版社 2005 年版，第 1228 页。

❹ 同上书，第 1229、1234 页。

2. 职业许可程序的本质与功能

现代行政程序是自由选择和行政裁量权的有机结合。一方面，鉴于现代行政事务日益专业和繁复，需要行政机关适时相机作出行政决定，因而行政裁量权的存在是法律必须面对的客观现实；但另一方面，不受约束和限制的行政裁量权也可能被恣意行使。为防止出现"行政裁量恣意"，行政程序作为控权手段之一种，应运而生。"程序的实质是管理和决定的非人情化，其一切布置都是为了限制恣意、专断和过度的裁量。"❶"其普遍形态是，按照某种标准和条件整理争论点，公平地听取各方意见，在使当事人可以理解或认可的情况下作出决定。"❷ 由于在行政决定过程中，行政机关兼署"当事人"与"决定人"之双重角色，因此防止行政机关的"任性"和偏私，显得极为重要。正如我国台湾地区学者汤德宗先生所指出的，行政程序法原有之寓意即是，"经由程序履行，促成行政决策正当，减轻'球员兼裁判'疑虑"。❸

如果将正当程序原则具体适用到职业许可中，职业许可程序的功能可归结为以下几方面：（1）将明确的职业许可标准嵌入职业许可程序之中，通过程序的限制和防范防止实体标准的偏移和变异，从而促进实体标准和实体理性的实现；❹（2）通过规定职业许可权行使的步骤、方式、顺序和时限，❺ 限制职业许可机关的自由裁量权；（3）增强职业许可机关和职业许可申请人之间的"交涉性"，保障职业许可申请人的程序参与权，增强职业许可决定结果的可接受性；（4）既追求作出职业许可决定的准确性，也追求作出职业许可决定的快速性，即努力实现职业许可"好"和"快"之间的均衡。

3. 职业许可程序在实证法上的规定

《行政许可法》第四章"行政许可的实施程序"，对行政许可程序有较详细的规定。依照《行政许可法》的上述规定，行政许可实施的一般程序包括：申请、受理、审查、决定等环节。另外，一些特殊的行政许可在实施过程中，还可能涉及听证程序、变更与延续程序。听证程序、变更与延续程序，事实上

---

❶ 季卫东：《法治秩序的建构》，中国政法大学出版社 1999 年版，第 57 页。

❷ 皮纯协、余凌云：《制定法规规章程序——法律经济学的透视》，载《行政法学研究》1994 年第 4 期。

❸ 翁岳生编：《行政法》（下册），中国法制出版社 2002 年版，第 930 页。

❹ 参见蒋建湘：《论预防腐败的行政程序法治之路》，载《政治与法律》2014 年第 12 期。

❺ 章剑生教授认为，程序是行为的过程，它由步骤、方式和时空三个要素构成。其中，步骤是指，行为的阶段性"单元"；方式即指形式，它是行为所表现出来的载体。而时空，即行为的起止时间与行为作出的空间点。参见章剑生：《现代行政法总论》，法律出版社 2014 年版，第 228 页。

都是对一般程序的延伸或变更。

作为行政许可之一种，职业许可自然应当遵循上述一般程序的有关规定。除此之外，《行政许可法》还在第四章第六节规定了"特别程序"。其中，与职业许可直接相关的是第54条。根据该条规定，赋予公民特定资格，依法应当举行国家考试的，行政机关根据考试成绩和其他法定条件作出行政许可决定；但是，法律、行政法规另有规定的，依照其规定。上述规定的资格考试应由行政机关或行业组织实施，并公开举行。组织者应当事先公布资格考试的报名条件、报考办法、考试科目以及考试大纲，但不得组织强制性的考前培训，不得指定教材或者其他助考材料。

（二）职业许可程序应该体现的经济学逻辑

虽然，程序公正性的实质是排除恣意，保证决定的客观正确。[1] 但是，是否可能以及可以为了结果的客观正确而不惜一切代价呢？显然，这个疑问本身即已体现出了经济学思维，因为它扣问了成本、收益及其相互关系。接着可以讨论的问题就是，从经济学角度观察，职业许可程序的制度目标又是什么呢？

本书认为，职业许可程序的经济学目标应该是效率。此处所谓效率，乃是准确性与速率的均衡。借用一位法学家的话说，这种均衡的基本含义应当是指行政活动的"时间快捷、成本低廉、结果合理"。[2]

1. 为"效率"正名

效率，进而说是法经济学分析方法，由于带有鲜明的功利主义色彩，形式上与法律所倡导的公平正义似有抵触，因此往往为人所误解。一直以来，有法律学者简单地把"效率"理解为"速度"，甚至仅仅理解为"快"。例如王学辉教授在一篇文章中就认为，行政效率的概念只表达了行政活动"快"这一量的问题，而行政效益的概念才同时表达了行政活动的质既要"快"还要"准"。[3] 也有学者似乎认识到了行政程序所承载的效率的重要价值，但仍然曲解了效率的内涵。[4] 例如肖凤城先生指出，当代行政程序法的基本矛盾就是公正与效率之间的平衡。在此，公正可以理解为"好"，而效率可以理解为"快"。因此，说明论者仍然是将"效率"概念与"速度""快"等概念混同的。

---

[1] 参见季卫东：《法治秩序的建构》，中国政法大学出版社1999年版，第14页。

[2] 参见应松年主编：《当代中国行政法》（下卷），中国方正出版社2005年版，第1255页。

[3] 参见王学辉：《行政程序法律的成本与收益分析》，载《现代法学》2000年第1期。

[4] 应松年主编：《当代中国行政法》（下卷），中国方正出版社2005年版，第1225页。

当然，并非所有的法律学者都误解了效率。美国著名的法经济学家波斯纳法官就指出："正义的第二种涵义——也许是最普通的涵义——是效率。"❶ 也就是说，在波斯纳眼中，效率本来就是正义的应有之义。关保英教授也提出，准确率和速率是行政过程中效率提高不可缺少的两个方面，任何一方的偏废都将影响效率。如果只强调速率不讲准确率，那么行政过程的结果就只是一种效率形式而无效率实质。❷ 显然，在关保英教授看来，行政活动的效率除了"速率"表征的"快"的含义之外，还包含了"准确率"表征的"好"的含义在内。即是，事实上，行政效率应该是指，在行政管理工作中投入的工作量与取得的行政效果之间的比率。当我们考虑行政效果时，已经暗含着考虑行政活动的准确率了。想想也是如此。如果一个行政机关在作出行政决定时一味地追求快速而丧失准确性，那么必然引起行政相对人的不满，进而极可能引发行政复议或行政诉讼等救济环节。如此一来，行政机关所欲求之"快"，事实上也不可能达到。正所谓"欲速则不达"。

当今，西方经典的微观经济学教科书几乎都有类似的定义："效率是这样一种经济状况，即没有一种方法能在不使其他任何人的境况变坏的同时使任何人的境况变得更好。"❸ 这样一个关于效率的经济学定义，隐含着"当前所有人的境况最好"的命题，也就是达到了所谓的"帕累托最优"。百度百科上称："'帕累托最优'是公平与效率的理想国。"由此可见，经济学上效率的含义本来就是有"质量"要求的：目前最好，无须改变。相反，这个关于效率的经济学定义，对速率的要求则是隐含的。如此看来，效率被有些学者——特别是法律学者——深深地误解了，应予正名！即，效率是有质量内涵的。所谓效率，应是"快"和"好"的综合体。

总之，经济学逻辑就是效率逻辑。当然，如果将效率当作公平，法经济学就会招致非议。因此，必须事先说明的是，法经济学只是讨论"在某个具体条件下是否能产生效益，它并不是说效率才是唯一重要的事。"❹

---

❶ ［美］理查德·A. 波斯纳：《法律的经济分析》（上），蒋兆康译，中国大百科全书出版社1997年版，第31页。

❷ 参见关保英：《行政法的价值定位——效率、程序及其和谐》，中国政法大学出版社1997年版，第84页。

❸ ［美］哈尔·R. 范里安：《微观经济学：现代观点》，费方域等译，上海三联书店、上海人民出版社2006年版，第249页。

❹ ［美］斯蒂夫·G. 梅德玛：《捆住市场的手——如何驯服利己主义》，启蒙编译所译，中央编译出版社2014年版，第264页。

2. 程序与效率

如果把效率的内涵定位于"快"和"好"的综合体，那么我们主张程序，进而，行政程序的目标价值是效率，也就会少些不必要的质疑。我们研究程序与效率的关系，就是力求寻找一种程序，在这种程序下，能够达到"快"和"好"的最优结合，而没有改进的余地，因为它已经不需要改进了。这样的程序，我们就称其为是有效率的程序。而程序正义所体现出来的基本价值也就是程序效率。甚至可以退一步说，即使把"效率"狭窄地理解为"速率"，甚至就是"快"，主张行政程序的基本价值目标是效率，也是恰当的。如汤德宗先生就认为，从衡量指标上看，行政程序是介于立法程序和司法程序之间的。就"效率"与"正确"的取舍而言，行政程序更追求"效率"，而司法程序更注重"正确"。❶

所谓"程序正义"，它是指法律程序自身在维护个体的尊严和基本权利、限制公权力的恣意妄为时发展出的一套正当性原则。其内涵的核心，在于保障程序过程的公正无偏，保障公民的各项基本权利。❷ 一般而言，程序正义是实体正义的对称。事实上，在一定范围内和一定程度上，程序正义与实体正义是相互依存并可以相互转化的。即，如果实体正义能够较为容易实现，那么程序正义的价值则相对降低；反之亦然。这恰如桑本谦教授所指出的，在一个信息为零的世界里，程序正义根本不需要。因为不计成本的程序正义会最终与实质正义趋同。"程序正义之所以能够取代实质正义而成为法律实施的现实目标，乃是因为程序正义降低了正义的规格，也因此降低了实现正义的成本"。❸ 可以形象地说，如果与实体正义比较而言，程序正义是在实体正义中"掺入"效率目标后的结果。如果非要进行"量"上的比较，那么也可以说，程序正义中的"公正"含量确实比实体正义为低，但它是一种法律现实主义的结果。因为，多数情况下，为了实现完美的实质正义而不惜一切代价，并不可取。特别是，"在一个资源稀缺的世界里，浪费是一种不道德的行为。"❹

根据美国学者迈克尔·D. 贝勒斯的观点，法律程序其实可以被视为实现

---

❶ 参见翁岳生编：《行政法》（下册），中国法制出版社 2002 年版，第 930 页。

❷ 参见丁建峰：《后果评估与程序公正——一个基于扩展偏好的法经济学分析》，载《财经问题研究》2013 年第 5 期。

❸ 桑本谦：《法理学主题的经济学重述》，载《法商研究》2011 年第 2 期。

❹ ［美］理查德·A. 波斯纳：《法律的经济分析》（上），蒋兆康译，中国大百科全书出版社 1997 年版，第 31 页。

某一目的过程中产生的一种必要费用。❶ 因此，对职业许可程序进行法经济学分析的目的，就是探讨如何使这种必要费用最小化。

　　一般而言，增加行政决定的准确性需要一个更周详和更高质量（而非简单的更加繁复）的法律程序，从而更加有助于实体正义的达成。但与此同时，更加准确的法律程序的耗费也会更加高昂。根据美国学者斯蒂文·沙维尔的看法，法律程序的准确性意指不存在错误。这个错误的表现就是，某个无辜的人可能被追究责任或某个有过错的人不被追究责任。因此最大化社会福利的准确性水平将体现在增加准确性带来的价值与实现成本之间的相互权衡。❷ 即，一个恰当的法律程序既不能单纯地追求"快"，也不能单纯地追求"好"，而应最大限度地实现两者的均衡。关于法律实施中的程序正义，波斯纳亦持"平衡论"观点。桑本谦教授指出，"平衡论"的核心观念是设计法律程序需要平衡程序执行的成本和效益。一味降低法律决策的误差损失抑或单纯减少程序执行的交易费用均违反程序正义的基本内涵，因为程序正义的经济学目标是最小化两种成本（误差损失和交易费用）之和。在波斯纳那里，程序正义的效率内涵是与行政决定结果的精确性同等重要。恰当的法律程序不能单纯地致力于提高法律的精确性，而是必须在效率和精确性之间谋求最大的交换值。❸

　　最后，应予说明的是，程序的效率问题是有两个层面的，其一是程序本身的效率。按照有关学者的观点，在这一意义上，程序的经济学意义，指程序公正能从一个侧面反映程序活动本身的效率状况的价值，影响这一层意义的因素更多地涉及程序技术的内容。❹ 其二是程序对效率的促进作用。此时，程序是被作为实现效率目标的工具看待的。在这一意义上，程序的经济学意义，指既然追求效率是经济社会发展的基本价值目标之一，那么法律程序应当被设计成能够最大程度地促进效率。当然，程序效率的这两个层面是相互缠绕在一起的，有时很难绝对地分清。

　　3. 职业许可程序的效率目标

　　接下来的问题是，具体到职业许可程序，其效率目标体现在何处呢？本书

---

　　❶　参见 ［美］迈克尔·D. 贝勒斯：《法律的原则——一个规范的分析》，张文显等译，中国大百科全书出版社 1996 年版，第 23 页。

　　❷　参见 ［美］斯蒂文·沙维尔：《法律经济分析的基础理论》，赵海怡等译，中国人民大学出版社 2013 年版，第 402 页。

　　❸　参见桑本谦：《理论法学的迷雾：以轰动案例为素材》，法律出版社 2015 年版，第 239 页。

　　❹　参见徐开金：《试析程序公正的法经济学意义——以民事诉讼程序为分析对象》，载《扬州教育学院学报》2005 年第 1 期。

认为，职业许可程序的效率目标就是，通过一定的程序，力求以最小的成本，筛选出合适的职业申请人到合适的职业或职位上。

首先，任何精确程度的职业许可程序都产生无可避免地执行成本（或称运行成本、直接成本、行政成本）。只不过，一般而言，精确程度高的许可程序执行成本更高。其次，如同下文将要详细分析的那样，通过事前设定的职业许可程序可能发生的错误，包括了"不应许可的许可了"和"应许可的未予许可"两种情况，这两种情况都会产生一定的成本。事实上，这两种错误成本都反映了经济效率的丧失，即人力资源配置的无效率：没有通过职业许可程序将合适的人员安排到合适的职业或职位上。

因此，从法经济学的视角看，职业许可程序效率问题的核心在于，最小化职业许可制度的错误成本和执行成本的总和。如果用"EC"代表错误成本，用"DC"代表执行成本，则该目的可记作：实现（EC+DC）的总额最小化。即如张卿博士所指出的，"每一个许可程序的目标应规定为，尽量减少错误成本和行政成本的总和。"❶

应予说明的是，如前所述，"交涉性"乃程序的本质。程序需要当事人的相互行为和关系而实现。❷ 职业许可的事前准入程序，始于申请人的申请，终止于许可机关（准予许可或不准予许可）的决定。因此，它是一个许可机关和许可申请人之间共享的相互行为系统。也就是说，职业许可程序的准确性受到职业许可程序设计本身的影响以及职业许可程序参与人的多重影响，例如职业许可机关对职业许可决定信息的搜集、证据的使用以及职业许可申请人的参与性行为，都可能影响错误的发生。因此，本书此处所谓职业许可程序的效率，既非单纯地指职业许可机关意欲实现的效率，也不单纯地指职业许可申请人意欲实现的效率，而是指"双方的效率、共同的效率、全社会的总效率"。❸

总之，在法律学者眼中，程序是承载着公平正义的。但在经济学者眼中，"程序的方式和内涵，都有成本的身影。"❹ 不同的程序，效率也不同。对职业许可程序来说，亦是如此。一般而言，职业许可程序可以增加准确率、提高速率；但也增加行政成本。因此，职业许可程序设置的技术玄奥，在于在最小成本的约束下，寻找准确率与速率的均衡点。

---

❶ 张卿：《行政许可：法和经济学》，北京大学出版社 2013 年版，第 153 页。
❷ 参见季卫东：《法治秩序的建构》，中国政法大学出版社 1999 年版，第 23 页。
❸ 参见应松年主编：《当代中国行政法》（下卷），中国方正出版社 2005 年版，第 1264 页。
❹ 熊秉元：《正义的成本：当法律遇上经济学》，东方出版社 2014 年版，第 189 页。

二、职业许可程序的成本收益分析

如前所述，职业许可程序的经济学目标是效率。那么，如何才能判定某一职业许可的程序是否有效率呢？进一步说，职业许可程序的效率目标如何能够实现呢？要回答这些相互关联的问题，还有赖于对职业许可程序进行成本收益分析，以及在此基础上的比较制度分析。

（一）职业许可程序的成本分析

根据张卿博士的观点，行政许可的"准入程序涉及公共信息、协商、公众听证会、不正当利益、时限、证据、合理决定以及复议和司法审查的原则。"❶但是，产生上述行政许可程序成本的各个环节，在职业许可实践中并非全部存在。例如职业许可一般不涉及第三人，除非该职业许可有数量限制，❷而有关申请人又同时提出了存在竞争关系的申请；又如，听证作为一种一般程序的特别程序，在职业许可机关拒绝申请人的申请时也仅作为一种或然程序存在；再如，司法审查属于事后救济程序，其成本也不需要在职业许可的准入程序中加以考虑。这样，作为一种特殊的行政许可，职业许可程序包括的环节可能有：职业许可机关发布许可信息，不单方接触一方当事人，遵守法定时限作出决定，申请人提供证明自己符合标准的证据等。在上述各个环节，既存在程序运行必然产生的直接成本，也可能由于作出错误的职业许可决定而生成错误成本。

1. 直接成本（Direct Cost，DC）

所谓职业许可程序的直接成本，也称为执行成本、行政成本、实施成本等，是指设置职业许可程序必然发生的运作成本。如前所述，所谓行政程序，就是行政活动的利益相关者（主要是行政主体和行政相对人）相互协调权利义务的一个连续过程。在这一连续过程中，充分体现了人与时、空要素的结合，是人的行为在一定时、空中的展开。显然，这种过程必然产生一定的费用（当然，下文会提及，适当的程序也会节省一些费用）。职业许可程序的直接

---

❶　张卿：《行政许可：法和经济学》，北京大学出版社2013年版，第152页。

❷　如我国《公证法》第17条规定："公证员的数量根据公证业务需要确定。省、自治区、直辖市人民政府司法行政部门应当根据公证机构的设置情况和公证业务的需要核定公证员配备方案，报国务院司法行政部门备案。"

143

成本，既包括了职业许可机关（行政主体）的运行成本，也包括了职业许可申请人（行政相对人）遵守该程序所付出的代价。前述成本大体均可描述为人、财、物和时间的耗费。例如，许可机关工作人员及其薪金、设定职业许可机关所必然产生的办公费用、职业许可机关的时间耗费，等等；后者如职业许可申请人为达到许可条件所支付的费用，如报考某种职业资格考试的培训费、报名费、证件工本费、路费以及时间成本，等等。如果职业许可申请人的收益大于其所付出的成本，申请人就会获得正效益。反之，如果申请人所要付出的代价超出其支付意愿时，他可能就放弃对职业许可程序的继续参与。这时，职业许可机关发生的直接成本可能会相应降低，例如随着报考人数的降低，职业许可机关为准备职业资格考试的成本也会一定程度降低。但惟须注意，在到达某个临界点之前，也许这种降低可以忽略不计。因为个别人放弃考试，对职业许可机关必然要做的诸如拟制考题、设置考场、配置监考教师等的影响微乎其微，只有超过某个临界点之后，这种影响才会变得明显。

而且应当注意，并非所有的程序控制都会造成积极的行政成本，有的不仅不会造成行政成本，而且还可能造成消极的成本。如审批时间，如果能把审批时间控制在一个适当的水平，它可能既阻止了行政人员之间的相互推诿，又不减少许可机关决定的准确性，还可避免聘请更多的人员处理申请，因此总成本会更低。❶

2. 错误成本（Error Cost，EC）

一般来说，职业许可机关的错误决策可分为两种：一种是职业许可机关将许可授予了那些不应该获得许可的申请人，即"不应许可的许可了"之错；另一种是职业许可机关拒绝了那些本应获得许可的申请人，即"应许可的未予许可"之错。

第一类错误的成本是指职业服务低于准入标准而进入职业服务市场产生的成本。这些成本可能发生在职业服务消费者身上，如接受了事实上低于准入标准的职业服务产生的直接后果（如医生不当的诊疗行为可能引发更严重的疾病甚至传染病的大面积蔓延）及间接后果（如因医生不当的诊疗行为造成的损害赔偿诉讼以及消费者对职业许可制度本身产生的不信任）；也可能发生在职业许可机关身上，如通过行政内部监督机制（信访、行政监察或行政复议）或者司法对行政的外部监督机制（行政诉讼）发现错误而产生的成本、先前

---

❶ 参见张卿：《行政许可：法和经济学》，北京大学出版社 2013 年版，第 162 页。

错误许可行为已经产生的既有成本以及职业许可机构声誉的降低，等等。

第二类错误的成本是发生应许可的却未予许可而产生的各种成本。这种情况下，可能产生的成本有申请人为申请所进行的投资；许可机构发现应许可却未予许可这种错误的成本。同时，可能产生的成本还包括先前驳回申请的行政成本、许可机构声誉的损失以及可能产生的行政赔偿成本。❶类似地，职业服务消费者所可能承担的成本是，正常情况下可能获得的职业服务却无法获得而产生的间接福利损失，如无法获得正常的医疗服务而死亡或引起传染病的大面积蔓延（这种损失事实上是隐蔽的），或者因职业服务的供应小于需求而必须向职业在位者支付的超额利润。当然，相比第一类错误，第二类错误由于直接、强烈地影响到申请人的利益（本来符合准入标准却得不到许可），因此其被发现的概率要比第一类错误被发现的概率明显为高。

由此可见，一般来说，上述职业许可机关所可能犯的两类错误的成本是大体相当的，因此应予以同等程度的重视。仍以医生执业为例，不管是犯"不应许可的许可了"之错，还是犯"应许可的未予许可"之错，都可能造成患者的死亡或传染病的大面积蔓延，只不过在第二类错误中，这种损害是隐蔽的而已。

最后，应予说明的是，职业许可程序的直接成本和错误成本往往是相互缠绕的。例如，如果直接成本超过职业许可申请人的支付意愿，那么职业许可申请人会放弃对职业许可程序的参与。这可能会将真正适格的职业待位者"挡"在职业许可的大门之外，其所造成的潜在影响与上述第二类错误（应许可的未予许可）相似。而且，还应当注意到，影响人们选择职业的因素是复杂的，当前的社会评价、未来的发展前景、竞争的激烈程度等，都是影响人们职业选择的重要因素，职业许可的直接成本只是其中一个方面而已。

（二）职业许可程序的收益（Procedure Benefit，PB）分析

除了成本之外，法律程序也产生某些收益。例如美国学者迈克尔·D. 贝勒斯就指出，"即使公正、尊严和参与等价值并未增进判决的准确性，法律程序也要维护这些价值。"❷尽管论者所谓法律程序主要指审判程序，但对分析

---

❶　参见张卿：《行政许可：法和经济学》，北京大学出版社 2013 年版，第 155 页。

❷　［美］迈克尔·D. 贝勒斯：《法律的原则——一个规范的分析》，张文显等译，中国大百科全书出版社 1996 年版，第 32 页。而美国法学家罗伯特·萨默斯类似地称程序正义本身的价值包括"实现参与性统治、程序理性、对人的尊严的尊重"。转引自王万华：《行政程序法研究》，中国法制出版社 2000 年版，第 59 页。

行政程序也不乏启示和教益。总体而言，程序的价值不完全取决于程序结果。即是说，对于法律程序的价值，不能仅从工具性视角看待，而是要看到其本身的重要价值。毋宁认为"它们是来自于程序本身的、使人感到满意的东西。"❶也就是说，程序的价值包括了程序本身的价值（基本性价值）和通过结果表现出来的程序能够促进的价值（工具性价值）。"法律程序所维护的程序价值可视为与直接成本相对应的收益。只有法律程序有助于减少错误成本时，经济和道德成本分析方法才把法律程序看作必要的费用。"❷ 在此，论者意欲说明的是，法律程序必然要付出直接成本，因为有些价值，例如公正、尊严、参与等虽然与程序结果的准确性没有必然联系，但却是本身值得维护的价值。因此，对法律程序进行经济分析，只有在其有助于减少错误成本（增加准确性），即能够"产生好结果"❸ 时，才有意义。

1. 职业许可机关的收益

职业许可机关从程序中可能获得的收益包括：（1）设计得当的职业许可程序有助于职业许可机关自始作出"正确决定"，从而可省去事后救济的耗费。从经济观点而言，在"事前程序"中慎重决策，一次作出正确决定，其成本通常低于草率决定，尔后再启动"事后救济"改正的花费。❹（2）由于职业许可申请人（包括行政相对人和特殊情况下的行政相关人）参与了职业许可行政决定的过程，因此其对最后行政决定所作出的无论准予许可还是不准予许可的行政决定都较容易接受，从而避免了抗争摩擦引起的耗费。也就是说，上述职业许可机关的程序收益实际体现为上述两类错误成本的减少。

2. 职业许可申请人的收益

首先，有了确定的程序，职业许可申请人可以更准确地为申请事项做准备，而不至于沦为"无头苍蝇"，因此可以节约"乱撞"的成本。这实际体现为上述直接成本的减少。其次，如前所述，设计得当的程序可以提高职业许可的准确率，因此可以抑制部分"应许可的未予许可"错误的发生，从而避免产生事后救济耗费，这实际也体现为上述错误成本的减少。当然，由于行政程

---

❶ ［美］迈克尔·D. 贝勒斯：《法律的原则——一个规范的分析》，张文显等译，中国大百科全书出版社 1996 年版，第 32 页。

❷ 同上书，第 33 页。

❸ 这是美国法学家罗伯特·萨默斯对程序通过结果体现出来的价值的称呼。参见王万华：《行政程序法研究》，中国法制出版社 2000 年版，第 59 页。

❹ 参见翁岳生编：《行政法》（下册），中国法制出版社 2002 年版，第 943 页。

序提高了职业许可行政决定的准确率，从而"不应许可的许可了"的错误也得以避免，因此对"投机取巧"的特定职业申请人而言，虽然并未产生个别性收益，但并不影响上述两类错误成本总和的减少。而且，所谓"设计得当"的程序是不存在"投机取巧"可能性的；否则，就不是"设计得当"的程序。因此，职业申请人的收益一定是正值。职业申请人在启动职业许可程序之前，其已经对所要花费的成本与所可能取得的收益做了比较，否则职业许可程序不会发生；即使发生，也不会终了。

3. 消费者的收益

①由于"设计得当"的行政程序提高了职业许可的准确率，从而避免了上述两类错误许可的发生概率，因此职业服务的消费者既可以得到有最低质量保证的职业服务，又不必负担由于职业服务短缺造成的额外支出。因此消费者的这种收益也体现为上述两类错误成本的减少。②由于"设计得当"的行政程序内含着本身具有效率的意蕴，因此减少的直接成本也会间接惠及消费者。

在对职业许可程序的收益进行了必要的考虑后，职业许可程序的效率目标显然应是实现程序收益减掉程序成本之后的净收益的最大化，也就是 PB-(EC+DC) 的最大化。如前所述，由于职业许可程序的收益均表现为职业许可成本的减少，因此，职业许可程序的效率目标仍然可以表述为实现直接成本和错误成本之和的最小化，即实现 (EC+DC) 总和的最小化。

（三）职业许可程序的比较制度分析

根本地说，程序本身的成本，是一种选择性代价。尽管"殊途"可以"同归"，然而，不同的路径，往往意味着不同的花费。就职业许可而言，如果达到同一制度目标存在若干种不同的程序，那么在成本收益分析基础之上，采用比较制度分析选择总成本最低的那种，即努力以最低成本寻找同样达到制度目标的程序方案，方为适当。但是，比较制度分析方法也有其局限性。在现实中，我们不可能穷尽所有可能的职业许可程序，也不可能设计出一种"无从挑剔"的职业许可程序，从而也就不可能选择出在所有可选项中成本最低的那种职业许可程序，除非我们"恰好""碰"上了那种成本最低的职业许可程序。但作为一种思想方法，比较成本最低仍然是职业许可程序设计所应追求的价值目标。

总之，以较少的成本获得既定水平的收益，或者以既定水平的成本获得较高水平的收益，都意味着效率。只有有效率的职业许可程序才值得期许。这个

147

经济标准，既适合于对特定职业许可程序的单体评价，也适合于对所有职业许可程序的总体评价。

三、职业许可程序效率目标的实现路径

一般而言，一个有效率的职业许可程序，必须同时具备两个方面的要求：一是职业许可程序本身设计的科学合理（设计得当）；二是职业许可程序运作的良好高效（运作得当）。设计得当和运作得当均能同时降低职业许可程序的直接成本和错误成本。循此，职业许可程序经济目标的实现路径，就包括了实现职业许可程序的设计得当和保障职业许可程序运作得当两个方面。

（一）实现职业许可程序设计得当

设计得当的程序规则可以提高效率，而设计不当的程序规则则是效率的障碍。在此，所谓行政程序"设计得当"，主要是指"程序保障"的强度与其所欲保障的"实体权益"的重要性应成正比关系。❶ 一般而言，"争议的标的（当然，它们无需是金钱的）越大，案件的正确裁判就越重要，不仅从私人立场而且从社会的视角来看都是这样。"❷ 例如，当给予申请人以职业许可时设置正式听证程序，一般而言，是没有意义的；相反，当拒绝给予申请人以职业许可时，设置正式的听证程序，就至为重要。

1. "得当"之判断标准

就单个的行政程序而言，何谓得当呢？对此，美国联邦最高法院在Mathewas v. Eldridge 案中，运用"成本—收益"观念，提出了著名的"三段利益衡量标准"。❸ 法官在此案的判决中指出，正当程序不同于其他法则，并非具有固定内容而无关时间、地点及情境的机械式概念。……认定正当法律程序具体意涵通常须考量以下三个不同因素：第一，将受到机关决定影响的私人利益；其次，机关用以剥夺该系争利益之程序造成错误决定的可能性，增加程序保障可能发挥的价值；最后，机关的利益，包括牵涉的职能以及因采用新增程序所需之财务及行政负担等因素。

---

❶ 参见翁岳生编：《行政法》（下册），中国法制出版社 2002 年版，第 945 页。

❷ ［美］理查德·A. 波斯纳：《证据法的经济分析》，中国法制出版社 2004 年 9 月第 2 版，第 45 页。

❸ 参见翁岳生：《行政法》（下册），中国法制出版社 2002 年版，第 1057–1058 页。

上述标准可化约为一个公式：$P×V \geq C$。P 为因采用某一程序致使行政决策变得更为正确的机率；V 为当事人之系争利益；C 为机关因采用该程序所需增加的开支。具体到职业许可程序而言，即是说，额外的程序是合理的，只有当：增加的职业许可程序所提高的职业许可决定的准确性×由职业许可获得的利益 $\geq$ 给职业许可机关因此增加的行政成本。

也就是说，如果为了增加职业许可决定的准确率，用在行政程序上的耗费（直接成本）大于所取得的收益，那么，这样的准确率的提高是不值得的。相反，就单一许可程序而言，只要职业许可程序运作的行政成本小于其减少的错误成本，就可以证明其具有正当性。实际上，这个原理也提醒人们：为了避免高昂的直接成本，合理的程序设计不能单纯地追求职业许可决定的绝对正确。只要为这种可能的错误提供足够的救济手段，即为已足。"与实质正义追求法律决策的零误差不同，程序正义能够容忍一定程度的误差，由此造成的损失将从节省信息费用方面获得超额补偿。"[1]

总之，职业许可程序不能一味地追求减少错误成本，因为，它可能同时提高了直接成本；相似地，亦不能单纯地追求降低直接成本，因为它可能同时提高了错误成本。正确的做法应该是：最小化直接成本和错误成本之和。

2. 单一程序本身的优化

根据经验法则，首先，把同样的事交给不同的人去办，可能总体效益会有较大不同。因此，从收益最大化出发，该件事应交给成本最低的一方去办。如张卿博士指出，《行政许可法》制定的一般许可程序大部分可以被证明具有正当性。但是，类似协商和听证程序，由于其限于由许可机关启动，因此可能被部分公务员用来满足其私利。所以，如果由第三方或申请人被允许启动这些程序，可能会更有效率。[2]

其次，同样的事，在不同时间去办，可能总体效益也会有较大不同。例如，据报道，湖南执业药师考试中，报考人数近万人，而实际通过的，仅有百分之几。因此，实行先考后审后，主管部门审核资料的工作压力大大减轻了。[3] 因此，在职业许可程序中，应尽可能将同样的事务选择成本最小化的时间段去完成。

最后，同样的事，规定在不同的地点去办，可能总体效益也会有较大不

---

[1] 桑本谦：《理论法学的迷雾：以轰动案例为素材》，法律出版社 2015 年版，第 239 页。

[2] 参见张卿：《行政许可：法和经济学》，北京大学出版社 2013 年版，第 173 页。

[3] 参见黄修祥：《报考执业药师，湖南为啥不行》，载《南方周末》2014 年 7 月 24 日，F30 版。

同。例如，执业医师考试是集中在设区市设置考场还是在各县城都设置考场，其成本也会有较大差异。类似地，原则上也应该选择成本最小化的地点去完成相同的事务。

《行政许可法》规定了统一办理制度、一个窗口对外制度❶和一次告知制度，就是期望最大程度地消除人为设置的交易壁垒，从而便利每一个具体的许可事项的达成。

3. 多个职业许可程序的设计❷

在职业许可程序中可能存在一个情形，即申请人会被要求遵循多个许可程序。每个许可程序都规定申请人应当提供相应的信息。这时，第一，有必要按照上述"设计得当"的标准检验，是否每个程序都可以减少最后决策的错误成本，并且减少的总量大于此程序涉及的相关行政成本。如果一个程序不符合这一标准，最好将其从总的程序链中去除，或将它与其他程序合并。

第二，如果后一许可程序，就其性质而言，可以不依赖前一程序而独立完成，把它们安排为平行程序而非先后程序，可能更有效率，这将给申请人更多的选择以安排时间，缩短整个申请过程，从而降低其准入成本。❸ 例如，法定实习是申请律师执业许可的一个条件，而通过国家司法考试又是法定实习的一个先决条件，这就不可避免地会阻止所有申请人尽可能早地开始其法定实习期，即使他们多数已经掌握了必要的法律知识和能力。

(二) 保障职业许可程序运作得当

程序是依靠"人"运行的。因此，程序的运作是否得当，主要依赖于参与程序的各方当事人的行为是否得当。具体而言，职业许可程序运作得当，端赖职业许可机关决策行为得当，职业许可申请人参与行为得当。如前所述，程序运作得当与否，既关系到职业许可直接成本的高低，也关系到错误成本的大小，但就重要性而言，其对错误成本的影响更为显要。因此，以下本书着重分析决定程序运作质量的若干因素对错误成本高低的影响。

张卿博士提出"信息不对称、公务员能力不足（包括疏忽）或腐败"，是

---

❶ 这在日本法上称为"共管事务迅速处理原则"。参见［日］盐野宏：《行政法总论》，杨建顺译，北京大学出版社 2008 年版，第 197 页。

❷ 本项受惠于张卿博士大作的启发。参见其著《行政许可：法和经济学》，北京大学出版社 2013 年版，第 163 页。

❸ 参见张卿：《行政许可：法和经济学》，北京大学出版社 2013 年版，第 163 页。

导致行政许可错误出现的三项原因，并指出在这三项原因中，公务员能力方面的问题属于实体问题，仅仅靠优化程序难以取得防范效果。因此，程序优化能够产生作用的只是信息不对称或腐败问题。❶尽管其是针对一般许可而言的，但对职业许可这一特殊领域，显然也是适用的。据此，本书认为，为保障职业许可程序的运作得当，一是要缓解职业许可机关和职业许可申请人之间的信息不对称，二是要防范行政许可机关及其工作人员的腐败。

1. 信息不对称之缓解

如本书第二章所论，职业许可本身即是一种缓解信息不对称的制度措施。但是，职业许可在实施过程中，在职业许可机关与职业许可申请人之间也存在着信息不对称的情形。简单地说，职业许可申请人只有依靠职业许可机关事先颁布的职业许可标准等信息，才能决定是否启动申请程序；而职业许可机关亦只能依靠职业申请人提供的个人信息，乃能判断其是否符合职业许可标准；另外，职业许可申请人在被拒绝时也需要职业许可机关说明理由或者举行听证，等等。

效率目标要求职业许可程序中信息提供的社会成本最小化。因此，第一要考察的，是信息的有用性。即所搜寻或者提供的信息必须与职业许可直接相关、有助于许可机关正确决策。第二，是决定信息提供的义务人。即将这一义务分配给信息获取成本最低的那一方。不言而喻，信息不对称之缓解需要信息从优势一方向弱势一方流动。但究竟将提供此类信息的义务课加给哪一方，还取决于哪一方获取此类信息的成本更低。

首先，职业许可机关应当将职业许可的有关信息事先告知利益相关者。此处所谓利益相关者包括了所有的职业许可的潜在申请人。当他们中间有人启动了职业许可申请程序时，该申请人才成为职业行政许可行为的行政相对人。职业许可的有关信息包括但不限于：职业许可的标准、程序、时限、救济等各类信息。如日本学者盐野宏认为，为了使职业许可申请人从起始就能适时、确切地作出是否申请的判断，事先公布审查基准是理想的。❷

其次，职业许可申请人有义务将自身的有关信息提供给职业许可机关。例如职业许可申请人的身份信息、符合职业许可标准的证明材料，等等。但职业许可申请人的信息也可能由职业许可机关提供更有效率。例如，在律师执业许

---

❶　参见张卿：《行政许可：法和经济学》，北京大学出版社 2013 年版，第 156 页。

❷　参见［日］盐野宏：《行政法总论》，杨建顺译，北京大学出版社 2008 年版，第 195 页。

可中，申请人有无犯罪记录，如果司法行政机关和公安机关信息共享，那么或许由司法行政机关直接获取该信息的成本比每一位申请人单独去公安机关索取，更节省成本。❶ 另外，我国《行政许可法》规定，许可机关应当当场或者在 5 日内一次性告知申请人需要补正的全部内容。无疑这也会减小信息获取成本。

再次，当职业许可机关作出拒绝职业许可申请时，应当向职业许可申请人说明理由。即职业许可机关如果从内容上对职业许可申请人予以拒绝，必须向申请人告知拒绝的理由。❷ 根据日本行政程序法的规定，对申请进行拒绝时，原则上必须告知申请人理由。这是为了给行政决定的公正、透明化和不服申诉提供便利。❸ 这种程序规定有助于防止出现第二类错误，即"应许可的未予许可"，因为它降低了无依据批准的可能性，同时也就降低了行政复议或者行政诉讼的成本。

最后，为防止第二类错误许可（应许可的未予许可）发生，还应设置不予许可的听证制度。❹ 这在法国行政法上体现为行政相对人的防卫权原则。即，当事人对于行政机关作出对自己不利决定之时，有权提出反对意见。对行政程序最低限度的要求是必须使当事人有了解对方观点和提出自己意见的可能。❺ 通过职业许可听证制度，可以打破信息屏障，畅通职业许可申请人参与行政决定的渠道，可以一定程度上弥补职业许可申请人天然的信息劣势，减弱了信息不对称的状况，以最大限度地降低第二类错误许可的发生率。

另外，为了减少第一类错误（不应许可的许可了）的成本，还可以设置职业许可公示制度，即职业许可机关主动将许可的信息向社会公布，接受举报监督。

2. 腐败行为之防范

尽管本书在第三章已经指出，政府及其职员并非大公无私、全知全能，但是上面对职业许可程序的若干讨论，仍然是把执法者简化为了一个以最大化社

---

❶ 参见张卿：《行政许可：法和经济学》，北京大学出版社 2013 年版，第 156 页。

❷ 参见［日］盐野宏：《行政法总论》，杨建顺译，北京大学出版社 2008 年版，第 198 页。

❸ 参见［日］南博方：《行政法》（第六版），杨建顺译，中国人民大学出版社 2009 年版，第 100 页。

❹ 一般而言，由于职业许可对利害关系人的妨碍不明显，因此职业许可关系之外的第三人申请听证的情况极少，因此听证更多地存在于申请人被拒绝给予许可之时。即使如我国公证员执业许可，虽然有数量限制，但从情理上判断，利害关系人提请听证也是发生在自身申请被拒绝之时。

❺ 参见王名扬：《法国行政法》，中国政法大学出版社 1988 年版，第 160 页。

会福利函数为目标的个体。原因在于，这个简单的假设可以把"政府失灵"这个"恼人"的问题先去掉，并由此集中讨论职业许可程序制度安排的经济学逻辑。❶ 然而，政府及其职员的腐败又是不得不面对的一个严肃话题。

简而言之，腐败就是"以权谋私"。腐败现象在职业许可的设定和实施阶段都可能发生，前者可归为"立法腐败"，后者可称为"执法腐败"。本处所论腐败，是指发生在职业许可实施阶段，更为确切地说，是指发生在职业许可程序中的腐败。

张卿博士从公共选择理论的角度，对行政许可程序中的腐败问题进行了精彩的描述。根据其观点可以认为，有些职业许可程序，可能完全是官僚为了创造更多的腐败机会而设置的，强加给申请人的许可程序越多，申请所需花费的时间就越长，官僚攫取租金的机会就越多。另外，如果一些许可程序本身构成独立的许可条件，那么官僚的自由裁量权不仅会造成拖延成本的增加，更会涉及一些实质性的决策。总之，许可程序的增加可能使官僚获得更多的寻租机会。❷ 另一种可能是，职业许可程序是职业在位者为了减少竞争而游说政治家设置的。因此，他们可能"给申请人施加更多义务的许可程序（除给申请人的行为设定时限外），要么通过提高拖延成本，要么通过建立更多相关的许可规定直接增加进入成本。"❸

很明显，职业许可过程中产生的腐败也可能产生上述两类错误许可，即不适格的申请人通过贿赂许可官员，获得了不应获得的许可；而适格的申请人却因拒绝支付贿赂，而无法获得本应获得的许可。❹ 腐败的后果是公共利益和行政秩序受损，法律的权威性和政府的公信力受损。既然职业许可是通过贿赂职业许可机关及其职员就可办到的事情，那么，就不会有人在接近职业许可设置的条件上真正下工夫了。其结果就是，获得职业许可的都是不适格的人选，而适格的人选都被拒绝了。

不过，令人欣慰的是，从实践来看，行政程序的优化可以一定程度上挤压行政腐败的空间。❺ 发生在职业许可程序中的腐败，也是可以通过程序优化予以一定程度避免的。例如课以职业许可机关事先公布职业许可的事实依据、法

---

❶ 参见戴治勇：《执法经济学——一个文献综述》，载《管理世界》2008 年第 6 期。

❷ 参见张卿：《行政许可：法和经济学》，北京大学出版社 2013 年版，第 165 页。

❸ 张卿：《行政许可：法和经济学》，北京大学出版社 2013 年版，第 166 页。

❹ 参见张卿：《行政许可：法和经济学》，北京大学出版社 2013 年版，第 157 页。

❺ 参见蒋建湘：《论预防腐败的行政程序法治之路》，载《政治与法律》2014 年第 12 期。

律依据和裁量依据（审查基准）之义务，是防止职业许可自由裁量权专横行使的有效机制。再如，职业许可程序中的行政回避制度、许可期限制度、说明理由制度、许可公示制度等，都可以提高职业许可实施的透明度，预防职业许可权力的滥用，从而增强职业许可规则的确定性和可预期性。鉴于通过程序预防腐败，已有诸多专门研究在先，本书不再赘述。

四、结语

职业许可程序的作用，就是尽量使职业许可申请、审查、决定的整个过程做到公正、透明，并且快速化，❶ 即实现"阻碍和浪费最小化、效果和支持最大化"。❷ 如上所论，最理想的职业许可程序，是让其行政成本和错误成本相加之后，总成本最小的程序。因此，永远值得追问的两个问题是：是否职业许可程序中的每一步骤都可以使错误成本的减少量大于其所造成的行政成本？如果是，这些步骤是否还可以重新调整或安排，以使其行政成本与错误成本之和进一步减小？

当然，对职业许可程序的法经济学分析也存在一定局限性，这种局限性就是无法关注职业许可程序的技术性细节。因为法经济学关注的是，一个职业许可程序是否有效，是否能够或已经达到了它意欲达到的目标。但无论如何说，"经济分析方法起码指出了评价法律程序时应予以考虑的一个重要因素。没有充分理由，谁也不能增加经济成本。"❸

第三节　职业许可实施制度的重构
——以中国问题为中心

作为一种制度的职业许可，其所涉及的方面可谓极其广泛。因此，其实施

---

❶　美国学者迈克尔·D. 贝勒斯称："及时是草率和拖拉两个极端的折衷。"参见［美］迈克尔·D. 贝勒斯：《法律的原则——一个规范的分析》，张文显等译，中国大百科全书出版社 1996 年版，第 36 页。

❷　季卫东：《法治秩序的建构》，中国政法大学出版社 1999 年版，第 25 页。

❸　［美］迈克尔·D. 贝勒斯：《法律的原则——一个规范的分析》，张文显等译，中国大百科全书出版社 1996 年版，第 26 页。

的改革与完善也是一项十分浩繁的系统性工程，洵非易事。以下，本书仅针对职业许可标准和程序方面的几个问题，对我国职业许可实施制度的再造，作一简要分析。

一、职业许可标准的改革与完善

职业许可标准的改革与完善，主要应从提高设置职业许可标准的合法化和科学化程度以及优化职业资格考试内容等方面着手。

（一）合法设置职业许可标准

1. 职业许可标准形式的合法化

正如王太高教授之见，行政许可本质上是一种"资格审"。作为这种"资格审"的条件，只有事先加以规定，才能避免行政机关的恣意，并保护许可申请人的正当预期。[1]《行政许可法》第 18 条规定："设定行政许可，应当规定行政许可的实施机关、条件、程序、期限。"但在实践中，如前所述，条件与标准往往并不具体、不明确。事实上，条件与标准，很多是通过部门规章，甚至是通过政府有关部门的不具法源地位的其他规范性文件界定的，行政机关作为实施部门享有很大的自由裁量权。因此规范职业许可的标准，首要地，是要规范"条件"的载体，即要求职业许可标准的设置必须形式合法。

虽然我国《行政许可法》第 16 条第 3 款授权规章可以在上位法设定的行政许可事项范围内，对实施该行政许可作出具体规定。但同时也在第 4 款明确规定，法规、规章对行政许可条件作出的具体规定，不得增设违反上位法的其他条件。据此，笔者主张：

第一，职业许可标准的设置应遵循有限法律保留原则。[2] 法律保留原则的基本含义是指，"凡是涉及特别法规干涉个人权利方面的问题，都需要有立法的授权。"[3] 即是说，法律保留原则强调的是，只有根据民意代表机关的立法

---

[1] 参见王太高：《行政许可条件研究》，载《行政法学研究》2007 年第 2 期。

[2] 杨建顺教授指出，基于行政事务的庞杂性和多样性，不应一概否定低层级规范的许可设定权，而将法律保留论彻底贯彻于所有行政许可的设定领域。参见杨建顺：《行政规制与权利保障》，中国人民大学出版社 2007 年版，第 360 页。

[3] ［印］M·P. 赛夫：《德国行政法——普通法的分析》，周伟译，山东人民出版社 2006 年版，第 39 页。

而不是行政机关自己的立法，才能对公民权利与自由施以限制。例如委内瑞拉宪法（1961 年）第 82 条规定："需要学位的教职，和从事这一职务所必须具备的条件，应当由法律来规定。"但是事实上，绝对的法律保留事项较为少见。各国的法治实践中，一般都允许通过法律授权以行政立法的形式对公民权利进行限制。根据我国《立法法》第 9 条之规定，全国人民代表大会及其常务委员会有权作出决定，授权国务院可以根据实际需要，对除有关犯罪和刑罚、对公民政治权利的剥夺和限制人身自由的强制措施和处罚、司法制度等以外的事项先制定行政法规。德国联邦宪法法院亦曾在一则判例中指出："选择任何职业或者专业的权利，必须服从法律的控制。但是，立法机关或者必须制定出这种法律，或者是应当使用明确的术语授权制定该法律。"❶ 根据以上对法律保留原则的讨论，职业许可标准的设定，原则上应当以狭义上的"法律"为之；例外情况下，至少应由国务院在全国人民代表大会或其常务委员会授权的基础上以行政法规的形式加以规定，地方性法规、行政规章以及其他行政规范性文件或非规范性文件都无权置喙。

这也就是说，法律、行政法规应尽力明确职业许可的标准；退一步讲，即使需要行政规章具体规定，其亦不得增设条件；特别来说，法律、行政法规应为委任立法设定基本的"框架"，不应进行一般性的"白纸委任"。法律、行政法规只有尽力明确规定职业许可的标准，才能最大限度地免除行政机关的随意、杜绝低阶行政规范越权之机会。

第二，全面废除国务院决定形式设定的职业许可及其标准。《行政许可法》之所以授权国务院以决定形式设定行政许可，是因为由于取消了国务院部门规章的行政许可设定权，而原由部门规章设定的行政许可量比较大，不可能马上都上升为行政法规，可以通过国务院决定的方式，对需要保留的部门规章设定的行政许可作一揽子规定；二是考虑加入 WTO 后，可由国务院决定应付一些紧急情况。❷ 然而，在《行政许可法》业已施行十余年后的今天，第一条理由已经难以解释国务院决定设定行政许可（当然包括职业许可及其标准）的正当性了。此外，对一项特定的职业实施许可，往往都要经过一个相对漫长的论证周期，因此职业许可基本不出现所谓必须由国务院决定应付的"紧急情况"。而且，国务院决定设置职业许可，其本身即是一种临时性措施。根据

---

❶ ［印］M·P. 赛夫：《德国行政法——普通法的分析》，周伟译，山东人民出版社 2006 年版，第 56 页。

❷ 参见李飞主编：《中华人民共和国行政许可法释解》，群众出版社 2003 年版，第 74 页。

《行政许可法》第 14 条第 2 款之规定，除临时性行政许可事项外，国务院应当及时❶提请全国人民代表大会及其常务委员会制定法律，或者自行制定行政法规。总之，只有全面废除国务院决定形式设定的职业许可及其标准，才可能遏止国务院行政部门设定职业许可标准的冲动。

2. 职业许可标准内容的合法化

职业许可的限制条件（标准），是指法律、行政法规规定的，申请人取得职业许可必须达到的最低要求。❷ 如前所述，对于某些专业性特别强的职业，除有一定专业知识与能力作基础，否则不可能胜任，因此立法者可将这些职业上的特别要求加以体系化、形式化，并使申请人预先知悉。这种职业上的特别要求，即职业许可的标准。

把握职业许可标准的合法性，主要是避免"条件"蜕化为"歧视"。首先，限制条件应与职位本身密切相关。例如我国《行政许可法》第 15 条第 2 款规定："地方性法规和省、自治区、直辖市人民政府规章，不得设定应当由国家统一确定的公民、法人或者其他组织的资格、资质的行政许可；……其设定的行政许可，不得限制其他地区的个人或者企业到本地区从事生产经营和提供服务，……。"据此，公民取得职业许可可能会有国籍要求，但不能额外附加户籍要求。也就是说，不能仅仅因为某一个人"生活在公路的另一侧"，❸就剥夺他们在某地执业的权利。相似地，如果对药剂师申请人提出信仰方面的要求，似乎也偏离了职业本身的要求。❹ 再如，很多国家都规定职业许可不授予有犯罪记录的申请者，有人称之为对前科人员就业的歧视。而在本书看来，这种规定，不能说完全没有正当性。正如美国学者的观点，一个人如果被指控贩卖海洛因，而其如果事后又申请成为一名医生，那么，他可能就恰当地被认

---

❶　当然何谓"及时"，似乎只能任由国务院作出判断了。

❷　王太高教授称行政许可条件为"最高限制性要求"，认为条件既定之后，不得随意抬高这一"门槛"。参见王太高：《行政许可条件研究》，载《行政法学研究》2007 年第 2 期。其实"最低条件"和"最高限制性要求"并无矛盾，一个是从许可立法角度出发，一个是从许可实施的角度出发；一个是从行政相对人角度出发，一个是从行政机关的角度出发。"条件"一经立法通过，对行政机关来说不得再行抬高，因此将其理解为行政相对人的"最高条件"，未尝不可。

❸　美国的沃尔特·盖尔霍恩在提到许多职业许可中把地方居民的祖先作为获得许可的前提时批评道："这是计算着保护地方利益以反对那些不是因为缺少资质，而仅仅是因为他们生活在公路的另一侧而不被许可的人们的竞争。"Walter Gellhorn, *Individual Freedom and Governmental Restrain*, Louisiana State University Press, 1956, p. 122.

❹　1952 年，美国德克萨斯州曾要求药剂师执照申请人不得是共产党员或与其有联系。Walter Gellhorn, *Individual Freedom and Governmental Restrain*, Louisiana State University Press, 1956, p. 129.

为是存在危险的。因为医生的才能使他更容易地接近毒品。❶ 当然，并非针对有犯罪前科者的所有限制都具合法性，而必须考察这种限制与"前科"之间是否密切相关。❷

其次，一般来说，职业许可的标准应限于对申请人社会属性的限制。原因在于，对职业申请人自然属性的限制往往是申请人通过自身努力所难能达到的，例如种族、肤色、性别、民族血统、家庭出身以及年龄、身高、血型、某些特殊疾病（如乙肝病毒携带者）、宗教信仰、财产多少、政治见解，❸ 等等。而对职业申请人社会属性的限制则是通过申请人的主观努力有机会成就的，例如学历、阅历、能力等。其中年龄虽然属于对申请人自然属性的限制，但它却是申请人可以一定程度上掌握的。简言之，申请人可以在年龄适当时成就这一条件，因此它一定程度上能够被容忍。当然如果限制条件本身过于严苛，使得绝大多数申请人难以达到甚至丧失尝试的勇气，也可能被视为歧视。❹

最后，职业许可标准应对所有申请人平等适用。任何标准的设置，都有择优选拔的功能。但如果标准并不能得到平等地适用，那么这种限制就构成对平等权的侵犯，即使这种标准本身并无不妥。因此，一般而言，职业许可标准应对所有申请人无差别地适用。也就是说，这种限制应该是以一般人为对象的普遍限制，如某些法定的职业资格许可条件，而非针对部分人群的特定限制。❺

（二）科学设置职业许可标准

职业许可标准的科学化，主要是讲职业许可标准，不能任由行政机关自

---

❶ Walter Gellhorn, *Individual Freedom and Governmental Restrain*, Louisiana State University Press, 1956, p. 128.

❷ 还有其他学者也指出，法律、法规可以规定有劣迹的人不得从事某种职业。参见应松年主编：《当代中国行政法》（上卷），中国方正出版社 2005 年版，第 739 页。

❸ 宗教信仰、财产多少、政治见解虽然与个人的主观努力有关，但由于这三者与职位无关，因此以宗教信仰、财产多少、政治见解为名义的限制应被认为构成歧视。

❹ 例如英美法院通常采取五分之四规则，即只要特定群体超过 80% 的人无法满足，就可以认定为歧视。参见饶志静：《英国反就业歧视制度及实践研究》，载《河北法学》2008 年第 11 期。

❺ 事实上，针对特定人群的限制屡见不鲜。据报道，2009 年甘肃省张掖市在农业局等 14 个部门所属的 24 个事业单位公开招考（聘）专业技术人员时，限定企业报考人员仅指本市辖区内对地方财政贡献大、生产经营正常、内部管理规范、按规定缴纳人才教育培训经费、重视人才管理和使用的规模以上工业企业和限额以上商贸流通企业、资质以上建筑运输企业（以统计部门公布的企业名录和建设交通部门审定的结果为准）http://wenda.so.com/q/1362459196067030? src＝110。2013 年 3 月 26 日访问。另据报道，2010 年江西九江武宁县一些事业单位招考时仅允许本县科级干部子女或家属报考，参见 http://news.xinhuanet.com/politics/2010-06/19/c_ 12236156.htm。2013 年 3 月 26 日访问。

定。职业许可标准的落脚点应是用人的标准。因此应该与行业、企业及其他用人单位的实际需要紧密结合，这样才能为劳动者就业和用人单位用人提供科学、可行和权威的依据。❶ 从目前我国很多法律、行政法规的规定来看，可以说有些许可条件仍然较为混乱，缺少科学的标准，往往令人难以捉摸。仅以年龄限制来说，报关员要求是 18 周岁，公证员要求是 25 周岁，❷ 原来证券从业人员要求是 21 周岁，等等。这里看不出什么科学的依据，或许可以称其为立法者的想当然。

另外，还有一些职业许可标准模糊、隐晦。如很多许可条件中都包括了一个"法律、法规规定的其他要求"的"兜底"条款。"行政行为要求、许可或禁止人们实施何种行为以及该安排所决定或者宣布的事项必须清楚。必须根据行政行为的内容客观地判断行政行为的明确性，而不应当按照作出该行为的人的主观想法的标准来决定。"❸ 对职业许可来说，只有标准明确、具体、可操作，才能增强职业许可的透明性，从而增强被申请人预见申请结果的可能性。

（三）优化职业许可的考试内容

作为一种甄别性社会活动的规范系统，考试是绝大多数职业许可的典型程序环节。❹ 职业许可可以视为行政机关对公共利益的分配，既然不可能将公共利益授予所有的申请者，因此公正的做法就是采用优选方法。例如考试分高者得。因此，一般而言，考试成绩即是公民取得特定职业资格的法定条件。根据《行政许可法》第 54 条的规定，除法律、行政法规另有规定外，赋予公民特定资格，依法应当举行国家考试的，行政机关根据考试成绩和其他法定条件作出行政许可的决定。这在学理上被称为"特别许可程序"。根据我国对 WTO 的承诺，"如果专业人员需要通过考试才能获得某种许可，那么此种考试的举行应当有合理的时间间隔。"❺ 如前所述，职业资格考试（成绩），是多数法定职业获得许可的必要条件。它反映的是行政机关作出许可与否时所依据的

159

---

❶　参见周光明：《职业资格许可制度研究》，湘潭大学 2004 年硕士学位论文，第 39 页。

❷　而且公证员还有一个年龄的上限为 65 周岁，这更令人匪夷所思了：如果是考虑到劳动者的退休问题，那么为什么不是 60 周岁而是 65 周岁？还是另有其他什么特殊考虑？

❸　[印] M·P. 赛夫：《德国行政法——普通法的分析》，周伟译，山东人民出版社 2006 年版，第 149 页。

❹　在日本行政法上，考试系对人的检查检定。参见杨建顺：《日本行政法通论》，中国法制出版社 1998 年版，第 419 页。

❺　参见应松年主编：《当代中国行政法》（上卷），中国方正出版社 2005 年版，第 741 页。

"条件优越标准"。❶

应当承认，除个别例外，❷ 考试仍然是职业许可不得不采用的主要形式。因为，尽管考试存在若干弊病，但相比其他形式，考试还是最公正的一种选拔人才的手段。因此，废除考试是不现实的，惟有革新。首先，应当考虑适当减少笔试，相应增加实践技能考察的权重。能够通过考试实施职业准入的职业都是具有较强通用性和实践性的职业。❸ 考试的关键，是考察应考人员的知识、技能和判断力。❹ 笔试成绩只能说明一个人具有了该职业的基本知识，但实践技能更为重要。很难想象一位律师只凭对法条的熟记办理法律事务。增加实践考察的内容与权重，可在一定程度上改变笔试分数决定职业准入、"高分低能"的不合理现状。其次，必须科学设置理论考试的内容。职业许可的考试不能仅以传统的学术性、知识性内容为目标，而应结合产业界需要，以完全结合生产和技术实际的职业资格标准为目标。❺ 例如美国有的州认为，教学知识和教学方法不足以测量教学的有效性，因此探索在教师职业许可中加入养育知识的考察。❻ 另外，职业道德对许可类职业资格的重要性是不言而喻的，因此其考核内容所占资格要求的比重应深入地研究并加以量化。❼ 总之，应当对考试内容进行评估，以使这种考试能够提供达到职业许可的目的所必要的信息。

二、职业许可程序的改革与完善

如前所述，职业许可程序涉及人、时、空等要素的结合。因此，职业许可程序的改革与完善，就可简约为对程序之中人、时、空等要素及其结合的

---

❶ 参见应松年主编：《当代中国行政法》（上卷），中国方正出版社 2005 年版，第 740 页。

❷ 如《律师法》第 8 条规定："具有高等院校本科以上学历，在法律服务人员紧缺领域从事专业工作满 15 年，具有高级职称或者同等专业水平并具有相应的专业法律知识的人员，申请专职律师执业的，经国务院司法行政部门考核合格，准予执业。具体办法由国务院规定。"

❸ 这一命题的逆反命题就是，如果一种职业缺少通用性、不具实践性，那么其就是不须通过许可加以管制的。

❹ Michael T. Kane, Validating interpretive Arguments for Licensure and Certification Examinations, *Evaluation and the Health Professions*, 1994 （June）, p. 157.

❺ 参见周光明：《职业资格许可制度研究》，载《湖南社会科学》2006 年第 2 期，第 62 页。

❻ H. Del Schalock and David V. Myton, A New Paradigm for Teacher Licensure: Oregon's Demand for Evidence of Success in Fostering Learning, *Jounal of teacher Eudcation*, 1988 （November-December）, pp. 8-16.

❼ 参见吕忠民编著：《职业资格制度概论》，中国人事出版社 2011 年版，第 58 页。

优化。

（一）　建立权威、独立的职业规制机构

目前，我国实行的是由国务院人力资源行政部门综合管理，各有关专业行政部门具体负责的职业许可管理体制。国务院人力资源管理部门会同有关行业主管部门研究和确定职业许可的范围、职业（专业、工种）分类、职业许可标准以及学历认定、资格考试、专家评定和技能鉴定的办法。在实施职业许可的程序上，一般是在职业许可立法施行之后，由国务院有关业务主管部门提出建立职业许可的申请，经人力资源管理部门审核批准后，共同拟定具体实施方案并颁布实施。对那些需要通过资格考试实施的职业许可，国务院有关业务主管部门负责组织执业资格考试大纲的拟定、培训教材的编写和命题工作，并组织考前培训和对取得执业资格人员的注册管理工作。人力资源管理部门负责审定考试科目、考试大纲和审定命题；确定合格标准；会同有关部门组织实施执业资格考试的有关工作。国务院有关业务主管部门为执业资格的注册管理机构。

由此可见，目前我国职业许可的规制机构体系大体是分兵作战情形的，即人力资源管理部门负责一部分职业许可，各专业行政部门负责一部分职业许可，极少数职业协会负责一部分职业许可。虽然理论上人力资源管理部门负责总体的管理与协调，但基本上说，人力资源管理部门对各专业部门的职业许可不起实际作用，例如人力资源管理部门对由司法部主导的国家司法考试实际上没有话语权。因此，有必要设立一个中立、持平的总的协调管理机构。为了在实践操作中较为切实可行，也可以重组现有的人力资源管理部门，作为综合协调机构。

但是，这个综合协调机构决不应是现有人力资源管理部门的翻版。借用美国学者布雷耶对有关风险规制政府机构的期望，这个综合协调机构"应是任务导向型的；并努力使得在高度技术性的领域里，决定能具有某种程度的一致性和理性；能拥有广泛的职权，具有一定的独立性，并具有相当的威望。"这一机构所应具备的专业知识必须"至少足以和真正的专家来交流，并确证出谁是更好的专家"。[1] 布雷耶认为，一个集中化的行政组织是具有一定的制度优势的，即"能更好地在不同规制机构间进行比较，确定规制的优先次序，

¹⁶¹

---

[1]　［美］史蒂芬·布雷耶：《打破恶性循环——政府如何有效规制风险》，宋华琳译，法律出版社2009年版，第80、82页。

实现资源在不同机构间的转移，能更好地汲取多学科专长，能进一步起到绝缘于地方政治的作用，它也许会更大地激励你去成功地将任务理性化。"❶ 不过，综合协调机构与行业管理机构之间仍应有明确分工，前者负责整个国家的职业许可制度建设，而后者负责具体资格的设定以及过程管理。另外，"管制的自我管制"，是今天行政法的重要议题。❷ 因此，也需要加强对许可机构的全方位监督，即必须规制规制者。美国对规制委员会的结构再造，❸ 可作前车之鉴。

（二）在职业许可程序中适当引入公众参与

长期以来，一种错误的观点认为，职业许可仅是有关国家机关的职权，与公众无关，也无需公众参与。在我国职业许可实践中，亦极为缺少公众参与的实践。虽然《行政许可法》规定了公民参与职业许可的权利，❹ 但就目前而言，职业许可的设定机关，还缺少倾听公众意见、证明自己立法合法性的制度习惯。职业许可机关往往给人一种擅权专横的印象。在公众参与职业许可的条件、方式、程序和程度等方面亦还缺少具体的法律规定。职业许可中公众参与的价值有待被重新认识。

首先，公众参与是职业许可设定中参与失衡的基本矫正机制。作为一种对公民择业自由的事先限制机制，职业许可关系应是以公共利益为本位的社会关系。因此，只有为了公共安全、公众健康等，国家才可以通过法律规定公民申请从事某一职业所必要的限制条件或程序。然而，事实却是，职业许可的设定

---

❶ ［美］史蒂芬·布雷耶：《打破恶性循环——政府如何有效规制风险》，宋华琳译，法律出版社2009年版，第90页。

❷ 参见［德］施密特·阿斯曼：《秩序理念下的行政法体系建构》，林明锵等译，北京大学出版社2012年版，第81页。

❸ 所谓职业规制委员会的结构再造，一是在规制委员会中掺入公众成员（非职业在位者），一是将规制权力集于一个行政主体。有研究表明，前者有助于消费者权益的维护，后者之效果并不明显。Elizabeth Graddy and Michael B. Nichol, Structural Reforms and Licensing Board Performance, *American Politics Research*, 1990, pp. 376-400. 当然也有研究指出，规制委员会中的"门外汉"（公众成员）是否起实质性作用，还要看公众成员的具体身份和背景。Edward J. Miller, Public Members on Professional Regulatory Boards: The Case of Lawyers in Wisconsin, *Administration & Society*, 1988（November），pp. 369-390.

❹ 《行政许可法》第19条规定："……拟设定行政许可的，起草单位应当采取听证会、论证会等形式听取意见，并向制定机关说明设定该行政许可的必要性、对经济和社会可能产生的影响以及听取和采纳意见的情况。"第47条规定："行政许可直接涉及申请人与他人之间重大利益关系的，行政机关在作出行政许可决定前，应当告知申请人、利害关系人享有要求听证的权利。"

过程中，职业自治组织往往会积极地参与立法过程（有时干脆是受到法律起草部门的邀请），试图实质性地影响立法内容，突出地表现为说服政府有关部门承认自己的职业的重要性似乎超越一切其他职业。而普通公众则往往难有机会影响职业许可的立法。因此，现有职业许可制度最大的问题，在于广大公众的利益诉求没有被纳入职业许可立法的制度结构。而公众参与则有助于界定职业许可中公共利益的受益对象；有助于识别职业许可中公共利益的具体内容；有助于避免职业许可过程中的"管制俘获"。总之，现代民主立法的实质，是一个利益分配、整合、妥协的交涉过程。因此，"谁控制了立法权，谁就控制了对利益进行再分配的权力。"❶ 在职业许可程序中引入必要的公众参与，使公众成为职业许可的共同形成者，方能使公众利益被充分代表并有效表达。

其次，公众参与体现了职业许可过程中的民主理念。职业许可立法中，立法机关往往通过各种形式征询特定领域职业专家的意见和建议。特别是，由于进入许可机关视野的特定职业往往具备了"专业性强""公共性高"的特点，因此使得职业许可立法更加具有了专家立法的意味。"公众"虽然多是缺少法律知识的业余人士，但公众参与的价值，恰恰在于以公众理性对专家（包括行政专家和技术专家）理性予以适度平衡。至少"在价值判断和立法建议上，专家不会比普通大众具有更权威的智识。"❷ 例如职业许可标准的建立、条件的设置等都应该有广泛的社会基础，因此尤其需要普通公众、用人单位、有关行业组织或职业组织、政府相关管理部门以及教育培训机构的人士共同参与形成。具体地说，应该按照《行政许可法》的有关规定，对涉及职业许可的法律、行政法规以及国务院决定，在出台之前应向社会公布，广泛征求社会各界的意见，提高职业许可的透明度和公众的参与度。从而"让是否设置职业资格的意见分歧得到充分的暴露，让职业资格证书设置的必要性、可行性得以凸显。"❸ 惟其如此，才能改变职业许可立法由专家"闭门造车"，而社会公众不太"买账"的现实局面。在操作层面，可以采取有关学者的建议，将草案印发各有关部门和单位，书面征求意见，或者将草案在报纸或者其他媒体尤其在互联网上刊登，向全社会征求意见，借此集思广益。❹

---

　　❶ 卢群星：《隐性立法者：中国立法工作者的作用及其正当性难题》，载《浙江大学学报》（人文社会科学版）2013 年第 2 期。

　　❷ 包万超：《行政法与社会科学》，商务印书馆 2011 年版，第 13 页。

　　❸ 朱勇：《职业资格证书设置制度的法理分析——以〈行政许可法〉为视角》，载《安徽警官职业学院学报》2012 年第 1 期。

　　❹ 同上书。

当然，也应当看到，职业许可中公众参与机制的有效重构与运行也有赖于公众参与意识与参与能力的极大提高。因此，要促进职业许可中许可机关有动力启动公众参与，并保证公众的意见能得到应有的尊重，还需要更为深层次的制度建设。

（三）再造职业许可的实施流程

在现代社会，由于行政事务的广泛性和复杂性都空前提高，因此对行政权力事前的立法控制和事后的司法控制都不够充分，而精细的行政程序则是对行政权力的最好的事中控制机制。

一个职业许可的程序大概包括申请、受理、（考试）、审查与决定、监督、救济等环节。我国的《行政许可法》对行政许可的实施程序进行了较为详细的规定，作为资格许可的职业许可，当然必须遵循这些法定程序。但是，《行政许可法》的一般性规定未必完全适合于职业许可的各种具体情况。为了保障职业许可申请人的程序权利，在保障职业许可公正的前提下，提高职业许可的效率，同时也是为约束职业许可机关，有必要对现有的职业许可实施流程进行必要的改革与完善。具体地说，应着力于以下几个方面：

第一，再造职业许可的办事流程。所谓职业许可的程序，其实就是规定职业许可参与人在何时、何地、办理何事的流程。首先，程序本身即须公正、客观，能够担当服务公共利益之责并有效抵制私人利益的不当影响。❶ 其次，程序的重置往往可以节约资源；不同的时空安排，办事的效率往往会大有不同。例如周光明提出，按照《行政许可法》第 31 条之规定"申请人申请行政许可，应当如实向行政机关提交有关材料和反映真实情况，并对其申请材料实质内容的真实性负责。"因此，如果仅仅为了防止申请人申请材料造假，那么可以将资格审查放至颁发职业资格证书之前而非考试之前。❷ 这一建议极具实践价值。因为，倘若只对通过考试的申请人进行资格审查，那么可以大幅度地节约行政成本。

第二，完善职业许可的救济程序。虽然《行政许可法》第 38 条规定："行政机关依法作出不予行政许可的书面决定的，应当说明理由，并告知申请人享有依法申请行政复议或者提起行政诉讼的权利。"但是目前现有的职业许

---

❶ 参见［英］安东尼·奥格斯：《规制：法律形式与经济学理论》，骆梅英译，中国人民大学出版社 2008 年版，第 114 页。

❷ 参见周光明：《职业资格许可制度研究》，湘潭大学 2004 年硕士学位论文，第 37 页。

可法律规范对职业许可的救济程序大多未予规定。为了保障职业许可申请人的权益，对于申请人提出的许可申请，行政机关无论拒绝还是许可都应当作出相应的答复。如果行政机关决定给予申请人以许可，一般都会以许可证的形式予以答复，因此不必多言。需要注意的是，许可须在法定期限内作出，过分迟延则可能构成国家赔偿责任。❶ 较为重要的是，当行政机关拒绝申请时，应当对申请人解释原因。行政法治的一般要求是，"任何决定均须是经过深思熟虑且具有一定的理由"。❷ 中国政府对 WTO 作出的承诺是："如行政许可申请未获批准，政府主管机关应当立即书面告知申请人未予批准的原因，申请人有权自行决定是否重新提出申请"。根据这一承诺，应该给予被拒绝的职业许可申请人（行政相对人）表达其对于拒绝决定相反意见的机会。

三、加强对被许可人的执业监管

在《行政许可法》施行以前，行政许可实践中存在的一个普遍现象是，实施行政许可的机关往往比较重视对申请者条件的审查，而对被许可人获得许可证后的活动是否合法，却疏于监督和管理。正如有学者指出的，那里的审批机关的特点是审批职能强、人员多、权力大，而监督职能弱、权力小、人员少。❸ 有的行政机关虽然以年审的方式对许可证进行监督，但情况往往是，只要被许可人缴纳了相应的费用，就完全可以过关。❹ 有鉴于此，我国《行政许可法》第 61 条规定："行政机关应当建立健全监督制度，通过核查反映被许可人从事行政许可事项活动情况的有关材料，履行监督责任。"《行政许可法》第 64 条还规定："被许可人在作出行政许可决定的行政机关管辖区域外违法从事行政许可事项活动的，违法行为发生地的行政机关应当依法将被许可人的违法事实、处理结果抄告作出行政许可决定的行政机关。" 如爱尔兰 Colin Scott

---

❶ 在德国的一个案例中，原告尽管通过了资格考试，并且提醒当局迟延批准发给驾驶执照对他的生意造成损失，但是，仍被不合理地拖延达一年左右。为此，原告成功地从国家获得了损害赔偿。联邦法院认为，如果行政机关在合理的时间之内未处理申请，则应承担损害赔偿之责任。德国职业许可法治化的程度，由此可窥其一斑。参见 [印] M·P. 赛夫：《德国行政法——普通法的分析》，周伟译，山东人民出版社 2006 年版，第 254 页。

❷ [英] L. 赖维乐·布朗、约翰·S. 贝尔：《法国行政法》（第五版），高秦伟、王锴译，中国人民大学出版社 2006 年版，第 104 页。

❸ 参见宋功德：《行政法的均衡之约》，北京大学出版社 2004 年版，第 317 页。

❹ 参见杨海坤、章志远：《中国行政法基本理论研究》，北京大学出版社 2004 年版，第 322 页。以笔者每年参加的律师执业年检而言，上述学者的观点，并非偏见。

教授指出的，由于许可被视为政府担保行为，因此，当后续监管薄弱时，政府担保反而会造成一种错位的信任机制，从而导致规制失灵。❶这就是说，职业许可，不仅意味着对公民职业自由严厉的限制，还意味着政府的监管责任。

根据《行政许可法》第 69 条的规定，通过监管，如发现被许可人有与职业许可直接相关的违法行为，监管机关应该根据违法情节的轻重，区分不同情况予以不同处罚。对违法行为较轻的，可由监管机构把劣质被许可人的信息公布出来，市场的信誉机制一定程度上可以自动发挥作用。对违法行为较重的，作出行政许可决定的行政机关或者其上级行政机关，可以依法撤销许可，令违法被许可人永久退出该职业市场。❷ 由于获得职业许可代价不菲，因此对被许可人来说，吊销或者撤销职业执照往往就是一种不得不在乎的威慑。对某些严重违反职业许可、严重危害社会的行为，还有必要增设剥夺其从事特定职业资格的刑种，以令其对不法执业有所疑惧。如拉丁美洲刑法典第 54 条规定："如果通过滥用合法职业或活动而实施犯罪的，法院应在前条所确定的期限内处以丧失或停止从事该种职业或活动的权利。"又如巴西刑法典第 69 条规定"暂时不能从事依靠特种技艺或经公共权力机关许可或授权才能进行的职业或活动"作为剥夺权利的内容之一。其他如瑞士刑法典、韩国刑法典等，亦有此种资格刑。❸ 相比而言，我国刑罚体系中尚缺少资格刑这一刑种。

四、结语

当代中国职业许可制度从"全面管制时代"，发展到"初步的法制化时代"，最后迈向了"全面的法治化时代"。如今，一个"个人依照职业标准择业、单位规范使用职业人才、政府依法管理监督、社会分享公益安全"的和谐局面"，❹ 已经初步形成。这一历史演进过程深刻地反映了当代中国政治、

---

❶ ［爱尔兰］Colin Scoot：《作为规制与治理工具的行政许可》，载《法学研究》2014 年第 2 期。

❷ 2013 年 8 月，陕西省富平县产科医生涉嫌贩卖婴儿案暴后，中国医师协会正式启动两年一次的医师考核工作，因医德医风问题未通过考核的医生将被列入"黑名单"。一旦"黑名单"制度建立，200 多万执业医师的信息将全部"留底备案"。若有医德医风问题的医师到中国不同地区执业，当地卫生部门和医疗机构只要登录相关信息网站，就能掌握该医生是否是问题医师。中国医师协会还建议，对医德医风问题严重的医生，在《执业医师法》中应增加"终身禁医"法条，也就是把有严重问题医生列入黑名单，让其不再被聘用。参见 http://www.zaobao.com/news/china/story20130812 - 239746，2013 年 8 月 12 日访问。

❸ 参见周光明：《职业资格许可制度研究》，湘潭大学 2004 年硕士学位论文，第 32 页。

❹ 吕忠民编著：《职业资格制度概论》，中国人事出版社 2011 年版，第 47 页。

经济、社会、文化、生态等各个方面的历史变迁并且其本身亦业已成为历史变迁的重要组成部分。当然，在看到中国职业许可制度取得重大成就的同时，亦不应对这一制度本身及其实施（例如标准与程序）存在的若干问题熟视无睹。

本章小结

张建伟教授认为，法经济学的公共政策含义在于，可将其用于立法前的论证和法律实施后对现存法律的缺陷展开实证性的讨论和评估，以便对现行法律进行回应现实的修正，走向回应型法制。[1] 在本章，我们站在法经济学的立场，对职业许可的标准与程序分别进行了极为初步的讨论。目的在于，将效率观念导入职业许可的标准和程序的设定与实施过程中，并以效率"所体现和蕴含的理性价值反衬实存法律制度的某些缺陷。"[2] 对职业许可标准和程序的法经济学分析及在此基础上得出的某些结论，或许片面，但或许正因为其片面，才可能深刻。

167

---

[1] 参见张建伟：《转型、变法与比较法律经济学——本土化语境中法律经济学理论思维空间的拓展》，北京大学出版社 2004 年版，第 168 页。

[2] 参见顾培东：《效益：当代法律的一个基本价值目标——兼评西方法律经济学》，载《中国法学》1992 年第 3 期。

第六章

结　　论

一个法律制度之所以成功，乃是因为它成功地在专断权力之一端与受限权力之另一端间达到了平衡并维持了这种平衡。

——罗斯科·庞德[*]

最后，我们根据本书的主要内容，提其要者陈列如下，形成几点结论。总的说，本书认为，看待职业许可这一职业管制措施，应秉持历史观念、市场观念、成本观念和法治观念。

第一，职业许可并非可有可无。从历史发展来看，人类社会已经走出简单社会进入了一个万分繁复的现代社会。可谓"现代"迥异于"往昔"。"在现代社会，没有一个政府把自己限制在偶尔有人描述的'个人主义的最小政府'的活动范围内"，[❶] 而是大为扩展了自己的职能。就人类社会各种职业的发展来说，一些特定职业具有高度的专业性，形成了特定的"专业槽"，不掌握特定的知识便不可能从事。因此，这些特定职业需要通过国家设定并实施许可的方式，限制无资格人员从事，以普遍地提高从业人员的执业水平。同时，还有另外一些特定职业具有高度的公共性，如果没有任何门槛，便不能避免执业行为可能对社会公共利益造成的极端危害。因此，单纯地赞美或者单纯地谴责职业许可都是片面的。不得不承认，在现代社会中，职业许可并非"有"和"无"的问题，而是"多"和"少""好"和"差"的问题。因此，我们能够讨论的仅仅是，职业许可对职业自由的限制程度问题以及特定情境下职业许可与其他替代性措施的比较选择问题。

---

[*] 转引自［美］E. 博登海默：《法理学：法律哲学与法律方法》，邓正来译，中国政法大学出版社1999年版，第149页。

[❶] ［英］弗雷德里希·奥古斯特·哈耶克：《自由宪章》，杨玉生等译，中国社会科学出版社1999年版，第402页。

第二，职业许可虽然不可能"全无"，但也不是必须"全有"。威廉姆森曾提出，"在文明的开始，就有市场"。❶ 即是说，从发生学上讲，职业市场是先于职业许可产生的。因此，职业许可的设定与实施应在对市场的作用充分认识和尊重的前提下进行。不能让职业许可沦为"应对多数问题的粗糙的不加区分的武器"。❷ 从而将本已糟糕的事情变得更糟。具体而言，应该恪守《行政许可法》第 13 条之规定，即通过下列方式能够予以规范的，可以不设职业许可：①公民、法人或者其他组织能够自主决定的；②市场竞争机制能够有效调节的；③行业组织或者中介机构能够自律管理的；④行政机关采用事后监督等其他行政管理方式能够解决的。也就是说，国家公权应在最后出场和发声。国家公权之行使，不能无远弗届。"怎样区别、协调、规划准入类资格与水平评价类资格关系；着力点应放置何处，都是非常值得研究与探讨的问题。"❸ 不过，国家必须履行的职能是，加强职业市场的宏观调控和监督管理。换言之，政府与市场并非非此即彼之对峙关系，随着公共问题的日益滋生，"政府不再简单地被视为与社会相对立的一种制度安排"，因为"一个满意的安全水平仅仅通过市场的努力是不能达到的。"❹

第三，职业许可的设定与实施都是需要成本的，因此，"收"不抵"支"或者远超预算的职业许可不值得赞同。而且，职业许可仅仅是职业管制措施之一种，职业认证、侵权诉讼、矫正税、职业责任保险甚至市场机制等，都是职业许可的替代性选择。职业许可的"存"与"废"，不应简单地取决于决策者的价值偏好，还需要对职业许可与其替代性选择进行净收益的比较，以选择净收益最大的那个。即是说，相比其他替代性选择，职业许可是否具有成本上的比较优势，应是决定其"存"与"废"的基本尺度。相似地，职业许可标准与程序的选择，亦须接受成本的考量。

第四，职业许可的设定与实施必须遵循法治原则。职业许可的法律本质，是对公民职业自由的限制。职业许可直接决定了作为个体的自然人是否能够从事他自己志愿选择的某种职业；间接决定了用人单位是否能够自由雇佣候选劳动者。前者是职业许可权与公民职业选择自由权之间的关系；后者是职业许可

---

❶ ［美］斯蒂文·G. 米德玛编：《科斯经济学——法与经济学和新制度经济学》，罗君丽等译，格致出版社、上海三联书店、上海人民出版社 2010 年版，第 59 页。

❷ ［英］安东尼·奥格斯：《规制：法律形式与经济学理论》，骆梅英译，中国人民大学出版社 2008 年版，第 232 页。

❸ 吕忠民编著：《职业资格制度概论》，中国人事出版社 2011 年版，第 28 页。

❹ 潘伟杰：《制度、制度变迁与政府规制研究》，上海三联书店 2005 年版，第 5、7 页。

权与用人单位用人自主权之间的关系。即是说，选择在多大范围、多深程度、以何种方式设定与实施职业许可，本质上是一个公权和私权的关系问题，同时也是一个公益和私益的比较衡量问题。因此，职业许可的设定与实施都应符合行政法治的基本要求。具体而言，职业许可必须遵循法律保留、法律优先、信赖保护以及比例原则等各项法治原则。

参考文献

一、马列经典著作与工具书

[1] 《家庭、私有制和国家的起源》，人民出版社 1999 年版。

[2] 夏登峻主编：《英汉法律词典》（第三版），法律出版社 2008 年版。

[3] 姜士林等主编：《世界宪法全书》，青岛出版社 1997 年版。

[4] 《现代汉语词典》，商务印书馆 1996 年 7 月修订第 3 版。

二、中文著作

[1] 包万超：《行政法与社会科学》，商务印书馆 2011 年版。

[2] 蔡志扬：《建筑结构安全与国家管制义务》，台湾元照出版有限公司 2007 年版。

[3] 陈富良：《放松规制与强化规制》，上海三联书店 2001 年版。

[4] 陈新民：《法治国公法学原理与实践》（上册），中国政法大学出版社 2007 年版。

[5] 董茂云：《比较法律文化：法典法与判例法》，中国人民公安大学出版社 2000 年版。

[6] 董茂云等：《行政法学》，上海人民出版社 2005 年版。

[7] 方福前：《公共选择理论——政治的经济学》，中国人民大学出版社 2000 年版。

[8] 费孝通：《乡土中国·生育制度》，北京大学出版社 1998 年版。

[9] 关保英：《行政法的价值定位——效率、程序及其和谐》，中国政法大学出版社 1997 年版。

[10] 龚祥瑞：《比较宪法与比较行政法》，法律出版社 2003 年版。

[11] 郭春镇：《法律父爱主义及其对基本权利的限制》，法律出版社 2010 年版。

[12] 胡志民编著：《法律基础与 HR》，华东理工大学出版社 2010 年版。

[13] 季卫东：《法治秩序的建构》，中国政法大学出版社 1999 年版。

[14] 姜明安主编：《行政法与行政诉讼法》（第五版），北京大学出版社、高等教育出版社 2011 年版。

[15] 李飞主编：《中华人民共和国行政许可法释解》，群众出版社 2003 年版。

[16] 李强：《自由主义》，吉林出版集团有限责任公司 2007 年版。

[17] 凌斌：《法治的代价——法律经济学原理批判》，法律出版社 2012 年版。

［18］刘艾玉：《劳动社会学教程》，北京大学出版社 2004 年 5 月第 2 版，2006 年 6 月重排本。

［19］吕忠民编著：《职业资格制度概论》，中国人事出版社 2011 年版。

［20］潘伟杰：《制度、制度变迁与政府规制研究》，上海三联书店 2005 年版。

［21］桑本谦：《理论法学的迷雾：以轰动案例为素材》，法律出版社 2015 年版。

［22］宋功德：《论经济行政法的制度结构——交易费用的视角》，北京大学出版社 2003 年版。

［23］宋功德：《行政法的均衡之约》，北京大学出版社 2004 年版。

［24］苏力：《也许正在发生》，法律出版社 2004 年版。

［25］王彬：《就业中的前科歧视研究》，中国政法大学出版社 2009 年版。

［26］王俊豪：《政府管制经济学导论——基本理论及其在政府管制实践中的应用》，商务印书馆 2001 年版。

［27］王名扬：《美国行政法》（下册），中国法制出版社 1995 年版。

［28］王万华：《行政程序法研究》，中国法制出版社 2000 年版。

［29］王雅利、毕东强：《公共规制经济学》（第 3 版），清华大学出版社 2011 年版。

［30］魏建：《法经济学：分析基础与分析范式》，人民出版社 2007 年版。

［31］翁岳生主编：《行政法》（下册），中国法制出版社 2002 年版。

［32］伍谦光编著：《语义学导论》，湖南教育出版社 1988 年版。

［33］肖海军：《营业准入制度研究》，法律出版社 2008 年版。

［34］谢地主编：《政府规制经济学》，高等教育出版社 2003 年版。

［35］谢晖：《法律哲学》，湖南人民出版社 2009 年版。

［36］熊秉元：《正义的成本：当法律遇上经济学》，东方出版社 2014 年版。

［37］熊秉元：《解释的工具：生活中的经济学原理》，东方出版社 2014 年版。

［38］许崇正：《伦理经济学再论——经济选择与人的发展》，中国财政经济出版社 2001 年版。

［39］许育典：《宪法》，台湾元照出版公司 2006 年版。

［40］杨春学：《经济人与社会秩序分析》，上海三联书店、上海人民出版社 1998 年版。

［41］杨海坤、章志远：《中国行政法基本理论研究》，北京大学出版社 2004 年版。

［42］杨建顺：《日本行政法通论》，中国法制出版社 1998 年版。

［43］杨建顺：《行政规制与权利保障》，中国人民大学出版社 2007 年版。

［44］杨日然：《法理学》，台湾三民书局股份有限公司 2005 年版。

［45］杨智杰：《千万别来念法律》，中国政法大学出版社 2010 年版。

[46] 应松年主编：《当代中国行政法》（上卷），中国方正出版社 2005 年版。

[47] 应松年主编：《当代中国行政法》（下卷），中国方正出版社 2005 年版。

[48] 于安编著：《德国行政法》，清华大学出版社 1999 年版。

[49] 余凌云：《行政法讲义》，清华大学出版社 2010 年版。

[50] 张建伟：《法律、经济学与国家治理——法律经济学的治理范式与新经济法理学的崛起》，法律出版社 2008 年版。

[51] 张静：《法团主义》，中国社会科学出版社 2005 年 5 月第 2 版。

[52] 张千帆：《西方宪政体系》（上册·美国宪法），中国政法大学出版社 2000 年版。

[53] 张千帆：《西方宪政体系》（下册·欧洲宪法），中国政法大学出版社 2001 年版。

[54] 张千帆：《宪法学导论——原理与应用》，法律出版社 2008 年 8 月第 2 版。

[55] 张千帆等：《宪政、法治与经济发展》，北京大学出版社 2004 年版。

[56] 张卿：《行政许可：法和经济学》，北京大学出版社 2013 年版。

[57] 张五常著：《中国的经济制度》，中信出版社 2009 年版。

[58] 张五常：《科学说需求》（神州增订版），中信出版社 2010 年版。

[59] 张五常：《受价与觅价》（神州增订版），中信出版社 2012 年版。

[60] 张兴祥：《中国行政许可法的理论与实务》，北京大学出版社 2003 年版。

[61] 章剑生：《现代行政法总论》，法律出版社 2014 年版。

[62] 周叶中主编：《宪法》，高等教育出版社、北京大学出版社 2000 年版。

[63] 周佑勇：《行政法基本原则研究》，武汉大学出版社 2005 年版。

三、中文论文

[1] 曹国利：《信息不对称：政府规制的经济理由》，载《财经研究》1998 年第 6 期。

[2] 陈斌：《布坎南：破除对权力的浪漫想象》，载《南方周末》2013 年 1 月 17 日，第 F29 版。

[3] 陈端洪："行政许可与个人自由"，载《法学研究》2004 年第 5 期。

[4] 陈海萍："对文化职业设定资格许可的质疑——基于行政许可设定的法规范分析"，载《法治论丛》2007 年第 6 期。

[5] 陈桂生：《行政许可法的经济分析——以交易成本为视角》，载《安徽教育学院学报》2006 年第 5 期。

[6] 戴治勇：《执法经济学——一个文献综述》，载《管理世界》2008 年第 6 期。

[7] 董志超："就业两道槛：职业许可与职业认证"，载《人力资源》2008 年

6 月（上）。

[8] 丁建峰：《后果评估与程序公正——一个基于扩展偏好的法经济学分析》，载《财经问题研究》2013 年第 5 期。

[9] 樊纲：《作为公共机构的政府职能》，载刘军宁、王焱、贺卫方编：《市场逻辑与国家观念》，生活·读书·新知三联书店 1995 年版。

[10] 冯卫东、罗梅：《英国特许公认会计师公会执业监管制度及其启示》，载《会计研究》2004 年第 5 期。

[11] 高景芳：《职业自由限制中的法律家长主义：表现、成因与局限》，载《山西师大学报》（社会科学版）2012 年第 6 期。

[12] 高景芳：《教师资格证之"非"—由萧瀚被停课一事说开去》，载《杂文报》2010 年 4 月 13 日，第 6 版。

[13] 郭道晖：《对行政许可是"赋权"行为的质疑——关于享有与行使权利的一点法理思考》，载《法学》1997 年第 11 期。

[14] 郭德忠：《试论职业资格证书立法的问题及对策》，载《教育与职业》2007 年第 14 期。

[15] 葛洪义：《法律职业准入制度的含义、意义与构架》，载《法学》2001 年第 9 期。

[16] 顾爱平：《论行政许可的设定》，载《学海》2003 年第 5 期。

[17] 韩俊华：《政府规制成本与收益法的理论研究》，载《价格理论与实践》2011 年第 11 期。

[18] 何丽杭："从德国职业自由权的宪法保护看中国职业资格制度"，载《美中法律评论》2008 年第 7 期。

[19] 何立胜、樊慧玲：《政府社会性规制的成本与收益分析》，载《中州学刊》2007 年第 5 期。

[20] 何俊：《西学映照下的宋明哲学与思想史研究——20 世纪中国学术史的几帧剪影》，载《杭州师范大学学报》（社会科学版）2012 年第 5 期。

[21] 黄珺仪、孙炳娜：《社会性管制绩效的成本与收益分析》，载《东北财经大学学报》2007 年第 6 期。

[22] 黄文艺："作为一种法律干预模式的家长主义"，载《法学研究》2010 年第 5 期。

[23] 黄新华：《论政府社会性规制职能的完善》，载《政治学研究》2007 年第 2 期。

[24] 贾若君：《我国执业资格考试制度的评价与完善——以行政许可为视角》，载《行政与法》2009 年第 5 期。

[25] 蒋红珍："把握好限制公民平等就业权的合理的度——从〈娱乐场所管理条例〉第 5 条招致质疑说开去"，载《法学》2006 年第 9 期。

[26] 蒋红珍：《政府规制政策评价中的成本收益分析》，载《浙江学刊》2011 年第 6 期。

[27] 蒋建湘：《论预防腐败的行政程序法治之路》，载《政治与法律》2014 年第 12 期。

[28] 蒋满元：《经济立法中的地方部门利益倾向问题分析——公共选择与制度变迁的视角》，载《经济体制改革》2006 年第 4 期。

[29] 柯华庆：《科斯方法论与社会连续性理论》，载黄少安主编：《制度经济学研究》，经济科学出版社 2012 年版。

[30] 劳动保障部培训就业司："国外的职业资格证书与就业准入"，载《劳动保障通讯》2002 年第 9 期。

[31] 李大庆："职业自由与竞业禁止关系初探"，载《科技资讯》2005 年第 25 期。

[32] 李宏图：《概念史与历史的选择》，载《史学理论研究》2012 年第 1 期。

[33] 李锦辉：《我国职业资格考试的行政许可规制问题探析》，载《行政与法》2011 年第 4 期。

[34] 李强："宪政自由主义与国家构建"，载王焱编：《宪政主义与现代国家》，生活·读书·新知三联书店 2003 年版。

[35] 李石新：《〈社会成本问题〉：经济分析方法的变革》，载《生产力研究》2005 年第 12 期。

[36] 李先锋：《公共选择理论视角下政府干预经济效能的再思考》，载《内蒙古大学学报》（哲学社会科学版）2008 年第 6 期。

[37] 林海："对于表达自由的合理限制——评香港特别行政区诉吴恭劭、利建润案"，载《法治研究》2009 年第 9 期。

[38] 凌斌：《规则选择的效率比较：以环保制度为例》，载《法学研究》2013 年第 3 期。

[39] 刘东亮：《无害性审查：行政许可性质新说》，载《行政法学研究》2005 年第 2 期。

[40] 刘建宏：《论人民职业自由之保障——德国基本法第十二条第一项之研究》，台湾辅仁大学法律学研究所 1991 年 6 月硕士论文。

[41] 刘诗能：《关于职业与职业研究的几点思考》，载《职教论坛》2008 年 6 月（上）。

[42] 刘杨：《法治的概念策略》，载《法学研究》2012 年第 6 期。

［43］刘俊等：《行政审批改革先行先试 广东放权：忍痛"割自己的肉"》，载《南方周末》2012 年 9 月 13 日 B9—B10 版。

［44］卢群星：《隐性立法者：中国立法工作者的作用及其正当性难题》，载《浙江大学学报》（人文社会科学版）2013 年第 2 期。

［45］罗豪才：《社会转型中的我国行政法制》，载《国家行政学院学报》2003 年第 1 期。

［46］马宇：《证书经济实质是权力经济》，载《南方周末》2010 年 8 月 12 日，第 C15 版。。

［47］莫晓宇："我国刑法中设立职业（技能）资格刑初探"，载《广西社会科学》2004 年第 4 期。

［48］彭正穗：《民事法对市场信息不对称的防范》，载《中南财经大学学报》2000 年第 4 期。

［49］皮纯协、余凌云：《制定法规规章程序——法律经济学的透视》，载《行政法学研究》1994 年第 4 期。

［50］钱建荣：《终身不得考领驾驶执照合宪性之检讨——兼论释字第五三一号解释》，载台湾《月旦法学杂志》2006 年第 1 期。

［51］饶志静：《英国反就业歧视制度及实践研究》，载《河北法学》2008 年第 11 期。

［52］阮守武：《公共选择理论的方法与研究框架》，载《经济问题探索》2009 年第 11 期。

［53］桑本谦：《法理学主题的经济学重述》，载《法商研究》2011 年第 2 期。

［54］申屠莉、夏远永：《解读公共选择理论中的"经济人"范式》，载《浙江学刊》2010 年第 5 期。

［55］盛洪：《跳出部门立法，建立立法回避制度》，载 http：//www. infzm. com/content/32183，2013 年 8 月 7 日访问。

［56］沈福俊：《国务院决定行政许可设定权：问题与规制》，载《社会科学》2012 年第 5 期。

［57］沈宏亮：《中国社会性规制失灵的原因探究——规制权利纵向配置的视角》，载《经济问题探索》2010 年第 12 期。

［58］沈启帆、徐向华：《论立法多数决制——一个公共选择理论的视角》，载《法学》2005 年第 12 期。

［59］石涛：《政府规制的"成本—收益分析"：作用、内涵及其规制的效应评估》，载《上海行政学院学报》2010 年第 1 期。

［60］史艺农、滕勇：《西方发达国家职业资格证书制度探析》，载《教育与职业》

2007 年第 20 期。

[61] 宋华琳：《论行政规则对司法的规范效应——以技术标准为中心的初步观察》，载《中国法学》2006 年第 6 期。

[62] 宋世明：《公共选择理论视野中的规则变革》，载《中国行政管理》2004 年第 8 期。

[63] 孙笑侠：《法律人思维的二元论》，载《中外法学》2013 年第 6 期。。

[64] 孙笑侠：《论行业法》，载《中国法学》2013 年第 1 期。

[65] 汤向玲："职业资格与执业资格——两种资格的历史变迁与概念辨析"，载《天津职业大学学报》2006 年第 1 期。

[66] 田大洲：《我国职业资格证书制度研究》，首都经济贸易大学 2004 年硕士学位论文。

[67] 王丹丹：《执业医师准入制度的法经济学分析》，中国医科大学 2008 年硕士学位论文。

[68] 王怀勇、刘中杰：《转型期社会性管制模式的变革与创新——基于食品安全的法学分析》，载《北京工业大学学报》（社会科学版）2010 年第 4 期。

[69] 王太高：《行政许可条件研究》，载《行政法学研究》2007 年第 2 期。

[70] 王太高：《论行政许可标准》，载《南京大学学报：哲学·人文科学·社会科学》2008 年第 6 期。

[71] 王媛："试论英国律师公会在英国法律职业资格准入过程中的作用"，载《法制与经济》2008 年第 12 期。

[72] 王锡锌、章永乐：《专家、大众与知识的运用》，载《中国社会科学》2003 年第 3 期。

[73] 王学辉：《行政程序法律的成本与收益分析》，载《现代法学》2000 年第 1 期。

[74] 魏崇辉、王岩：《公共选择学派的个人主义：一个多重视角的考量》，载《贵州社会科学》2010 年第 3 期。

[75] 吴平："增设剥夺从事特定职业资格的刑种刍议"，载《律师世界》2003 年第 1 期。

[76] 吴庆：《公共选择还是利益分析——两种公共管理研究途径的比较》，载《北京师范大学学报》（社会科学版）2007 年第 5 期。

[77] 吴元元：《信息能力与压力型立法》，载《中国社会科学》2010 年第 1 期。

[78] 席涛：《美国的成本—收益分析管制体制及对中国的启示》，载《经济理论与经济管理》2004 年第 6 期。

[79] 席涛：《美国政府管制成本与收益分析的制度演变》，载《中国社会科学院

研究生院学报》2003 年第 1 期。

[80] 肖林："规制理论视角下的职业资格制度研究"，载《中国人力资源开发》2008 年第 2 期。

[81] 谢冰："我国专门人才评价与职业准入问题研究评述"，载《湖北社会科学》2004 年第 8 期。

[82] 谢地、孙志国：《监管博弈与监管制度有效性——产品质量监管的法经济学视角》，载《学习与探索》2010 年第 2 期。

[83] 徐开金：《试析程序公正的法经济学意义——以民事诉讼程序为分析对象》，载《扬州教育学院学报》2005 年第 1 期。

[84] 徐晓松：《管制与法律的互动：经济法理论研究的起点和路径》，载《政法论坛》2006 年第 3 期。

[85] 杨春学：《经济人的"再生"：对一种新综合的探讨与辩护》，载《经济研究》2005 年第 11 期。

[86] 杨芳等："乙肝歧视与我国未来的反歧视立法"，载《河北法学》2005 年第 3 期。

[87] 占飞燕：《社会性规制理论综述》，载《湖北行政学院学报》2007 年第 3 期。

[88] 张国庆、王华：《动态平衡：新时期中国政府管制的双重选择》，载《湖南社会科学》2004 年第 1 期。

[89] 张迎春："国际标准职业分类的更新及其对中国的启示"，载《中国行政管理》2009 年第 1 期。

[90] 张迎秀："结婚登记制度之重构"，载《法学杂志》2010 年第 3 期。

[91] 张哲源："律师工作权（职业自由）之限制——法律扶助工作为律师之义务抑或权利?"，载《东海大学法学研究》2004 年 6 月第 20 期。

[92] 张茂聪、李拉：《教师职业准入制度研究》，载《山东师范大学学报》（人文社会科学版）2008 年第 1 期。

[93] 张笑滔：《浅论行政许可设定的评价——以政府规制的经济分析为视角》，载《研究生法学》2008 年第 5 期。

[94] 郑成良、李学尧："论法学教育与司法考试的衔接——法律职业准入控制的一种视角"，载《法制与社会发展》2010 年第 1 期。

[95] 郑慧：《社会性规制述评》，载《生产力研究》2009 年第 9 期。

[96] 周光明："职业资格许可制度研究"，载《湖南社会科学》2006 年第 2 期。

[97] 周光明：《职业资格许可制度研究》，湘潭大学 2004 年硕士学位论文。

[98] 朱勇：《职业资格证书设置制度的法理分析——以〈行政许可法〉为视角》，

载《安徽警官职业学院学报》2012 年第 1 期。

四、中文译著

[1] [奥] 尤根·埃利希:《法律社会学基本原理》,叶名怡、袁震译,中国社会科学出版社 2009 年版。

[2] [澳] 罗伯特·E. 古丁:《保护弱势——社会责任的再分析》,李茂森译,中国人民大学出版社 2008 年版。

[3] [德] 罗尔夫·施托贝尔:《经济宪法与经济行政法》,谢立斌译,商务印书馆 2008 年版。

[4] [德] 柯武刚、史漫飞:《制度经济学——社会秩序与公共政策》,韩朝华译,商务印书馆 2000 年版。

[5] [德] 马克斯·韦伯:《经济与社会》(上卷),林荣远译,商务印书馆 1997 年版。

[6] [德] 施密特·阿斯曼:《秩序理念下的行政法体系建构》,林明锵等译,北京大学出版社 2012 年版。

[7] [德] 乌茨·施利斯基:《经济公法》,喻文光译,法律出版社 2006 年版。

[8] [法] 埃米尔·涂尔干:《社会分工论》,渠东译,生活·读书·新知三联书店 2000 年版。

[9] [法] E. 迪尔凯姆:《社会学方法的准则》,商务印书馆 1995 年版。

[10] [法] 卢梭:《社会契约论》,何兆武译,商务印书馆 1980 年 2 月修订第 2 版。

[11] [法] 孟德斯鸠:《论法的精神》(上册),张雁深译,商务印书馆 1961 年版。

[12] [法] 泰格、利维:《法律与资本主义的兴起》,纪琨译,学林出版社 1996 年版。

[13] [美] 埃里克·弗鲁博顿、[德] 鲁道夫·芮切特:《新制度经济学——一个交易费用分析范式》,姜建强、罗长远译,上海三联书店、上海人民出版社 2006 年版。

[14] [美] 保罗·萨缪尔森、威廉·诺德豪斯:《经济学》(第 18 版),萧琛主译,北京:人民邮电出版社 2008 年版。

[15] [美] 丹尼尔·贝尔:《资本主义文化矛盾》,赵一凡等译,生活·读书·新知三联书店 1989 年版。

[16] [美] 丹尼尔·F. 史普博:《管制与市场》,余晖等译,上海三联书店、上海人民出版社 1999 年版。

[17] [美] 道格拉斯·C. 诺思:《经济史上的结构和变革》,厉以平译,商务印

书馆 1992 年版。

[18] [美] E·博登海默：《法理学：法律哲学与法律方法》，邓正来译，中国政法大学出版社 1999 年版。

[19] [美] 弗兰克·J. 古德诺：《政治与行政——一个对政府的研究》，王元译，复旦大学出版社 2011 年版。

[20] [美] 弗里德曼：《选择的共和国：法律、权威与文化》，高鸿钧等译，清华大学出版社 2005 年版。

[21] [美] 哈尔·R. 范里安：《微观经济学：现代观点》，费方域等译，上海三联书店、上海人民出版社 2006 年版。

[22] [美] 哈罗德·J. 伯尔曼：《法律与革命——西方法律传统的形成》，贺卫方等译，中国大百科全书出版社 1993 年版。

[23] [美] Ian R. 麦克尼尔：《新社会契约论》，雷喜宁、潘勤译，中国政法大学出版社 2004 年 1 月修订版。

[24] [美] 加里·S. 贝克尔：《人类行为的经济分析》，王业宇、陈琪译，上海三联书店、上海人民出版社 1995 年版。

[25] [美] 劳伦斯·M. 弗里德曼：《美国法律史》，苏彦新等译，中国社会科学出版社 2007 年版。

[26] [美] 凯斯·R. 桑斯坦：《权利革命之后：重塑规制国》，钟瑞华译，中国人民大学出版社 2008 年版。

[27] [美] 库尔特·勒布、托马斯·盖尔·穆尔编：《施蒂格勒论文精粹》，吴珠华译，商务印书馆 2010 年版。

[28] [美] L. E. 戴维斯、D. C. 诺斯：《制度变迁的理论：概念与原因》，载[美] R. 科斯、A. 阿尔钦、D. 诺斯：《财产权利与制度变迁——产权学派与新制度学派译文集》，上海三联书店、上海人民出版社 1994 年 11 月新 1 版。

[29] [美] 理查德·A. 波斯纳：《法律的经济分析》（上），蒋兆康译，中国大百科全书出版社 1997 年版。

[30] [美] 理查德·A. 波斯纳：《法律的经济分析》（下），蒋兆康译，中国大百科全书出版社 1997 年版。

[31] [美] 理查德·B. 斯图尔特：《美国行政法的重构》，商务印书馆 2002 年版。

[32] [美] 理查德·L. 埃贝尔：《美国律师》，张元元、张国峰译，中国政法大学出版社 2009 年版。

[33] [美] 迈克尔·D. 贝勒斯：《法律的原则——一个规范的分析》，张文显等

译，中国大百科全书出版社 1996 年版。

［34］［美］曼昆：《经济学原理：微观经济学分册》（第 5 版），梁小民、梁硕译，北京大学出版社 2009 年版。

［35］［美］穆雷·罗斯巴德：《权力与市场》，刘云鹏等译，新星出版社 2007 年版。

［36］［美］约翰·肯尼思·加尔布雷思：《权力的分析》，陶远华、苏世军译，河北人民出版社 1988 年版。

［37］［美］罗纳德·哈里·科斯：《企业、市场与法律》，盛洪、陈郁译校，格致出版社、上海三联书店、上海人民出版社 2009 年版。

［38］［美］罗纳德·H. 科斯：《论经济学和经济学家》，罗君丽、茹玉骢译，格致出版社、上海三联书店、上海人民出版社 2010 年版。

［39］［美］罗斯科·庞德：《通过法律的社会控制》，沈宗灵译，商务印书馆 2010 年版。

［40］［美］米尔顿·弗里德曼：《资本主义与自由》，张瑞玉译，商务印书馆 2004 年 7 月第 2 版。

［41］［美］米尔顿·弗里德曼、罗丝·弗里德曼：《自由选择》，张琦译，机械工业出版社 2008 年版。

［42］［美］W. 基普·维斯库斯等：《反垄断与管制经济学》，陈甫军译，中国人民大学出版社 2010 年版。

［43］［美］史蒂芬·布雷耶：《打破恶性循环——政府如何有效规制风险》，宋华琳译，法律出版社 2009 年版。

［44］［美］斯蒂夫·G. 梅德玛：《捆住市场的手——如何驯服利己主义》，启蒙编译所译，中央编译出版社 2014 年版。

［45］［美］斯蒂文·G. 米德玛编：《科斯经济学——法与经济学和新制度经济学》，罗君丽等译，格致出版社、上海三联书店、上海人民出版社 2010 年版。

［46］［美］斯蒂文·萨维尔：《法律的经济分析》，柯华庆译，中国政法大学出版社 2009 年版。

［47］斯蒂文·沙维尔：《法律经济分析的基础理论》，赵海怡等译，中国人民大学出版社 2013 年版。

［48］［美］小贾尔斯·伯吉斯：《管制和反垄断经济学》，冯金华译，上海财经大学出版社 2003 年版。

［49］［美］约拉姆·巴泽尔：《国家理论——经济权利、法律权利与国家范围》，

钱勇、曾咏梅译，上海财经大学出版社 2006 年版。

[50] ［美］约瑟夫·E. 斯蒂格利茨等：《政府为什么干预经济—政府在市场经济中的角色》，郑秉中译，中国物资出版社 1998 年版。

[51] ［美］詹姆斯·M. 布坎南：《宪法秩序的经济学与伦理学》，朱泱等译，商务印书馆 2008 年版。

[52] ［美］朱迪·弗里曼：《合作治理与新行政法》，毕洪海、陈标冲译，商务印书馆 2010 年版。

[53] ［日］阿部照哉等编著：《宪法——基本人权篇》，周宗宪译，中国政法大学出版社 2006 年版。

[54] ［日］金泽良雄：《经济法概论》，满达人译，中国法制出版社 2005 年版。

[55] ［日］南博方：《行政法》（第六版），杨建顺译，中国人民大学出版社 2009 年版。

[56] ［日］盐野宏：《行政法总论》，杨建顺译，北京大学出版社 2008 年版。

[57] ［日］植草益：《微观规制经济学》，朱绍文等译，中国发展出版社 1992 年版。

[58] ［日］猪木武德：《经济思想》，金洪云、洪振义译，生活·读书·新知三联书店 2005 年版。

[59] ［印］阿马蒂亚·森：《以自由看待发展》，任赜、于真译，中国人民大学出版社 2002 年版。

[60] ［印］M·P. 赛夫：《德国行政法——普通法的分析》，周伟译，山东人民出版社 2006 年版。

[61] ［英］A. C. 庇古：《福利经济学》（上卷），朱泱等译，商务印书馆 2006 年版。

[62] ［英］安东尼·奥格斯：《规制：法律形式与经济学理论》，骆梅英译，中国人民大学出版社 2008 年版。

[63] ［英］彼得·莱兰、戈登·安东尼：《英国行政法教科书》，杨伟东译，北京大学出版社 2007 年版。

[64] ［英］边沁：《政府片论》，沈叔平等译，商务印书馆 1995 年版。

[65] ［英］丹尼斯·C. 缪勒：《公共选择理论》（第 3 版），韩旭、杨春学等译，中国社会科学出版社 2010 年版。

[66] ［英］霍布豪斯：《自由主义》，朱曾汶译，商务印书馆 1996 年版。

[67] ［英］霍布斯：《利维坦》，黎思复等译，商务印书馆 1985 年版。

[68] ［英］弗雷德里希·奥古斯特·哈耶克：《自由宪章》，杨玉生等译，中国社

会科学出版社 1999 年版。

［69］［英］弗里德利希·冯·哈耶克：《法律、立法与自由》（第二、三卷），邓正来等译，中国大百科全书出版社 2000 年版。

［70］［英］J. R. 沙克尔顿、G. 洛克斯利编著：《当代十二位经济学家》，陶海粟、潘慕平等译，商务印书馆 1992 年版。

［71］［英］L. 赖维乐·布朗、约翰·S. 贝尔：《法国行政法》（第五版），高秦伟、王锴译，中国人民大学出版社 2006 年版。

［72］［英］L. T. 霍布豪斯：《形而上学的国家论》，汪淑钧译，商务印书馆 1997 年版。

［73］［英］拉尔夫·达仁道夫：《现代社会冲突——自由政治随感》，林荣远译，中国社会科学出版社 2000 年版。

［74］［英］洛克：《政府论》（下篇），叶启芳、瞿菊农译，商务印书馆 1964 年版。

［75］［英］梅因：《古代法》，沈景一译，商务印书馆 1959 年版。

［76］［英］亚当·斯密：《国民财富的性质和原因的研究》（下卷），郭大力、王亚南译，商务印书馆 1974 年版，。

［77］［英］约翰·密尔：《论自由》，许宝骙译，商务印书馆 1959 年版。

［78］［英］约翰·希克斯：《经济史理论》，厉以平译，商务印书馆 1987 年版。

［79］［爱尔兰］Colin Scoot：《作为规制与治理工具的行政许可》，载《法学研究》2014 年第 2 期。

五、英文原著

［1］ Alex Maurizi, Occupation Licensing and the Public Interest, *The Journal of Political Economy*, Vol. 82, No. 2, Part 1 (Mar. –Apr., 1974).

［2］ B. Peter Pashigian, Occupational Licensing and the Interstate Mobility of Professionals, *Journal of Law and Economics*, Vol. 22, No. 1 (Apr., 1979).

［3］ Chyi-Lu Jang, Occupational Licensing in the New Health Care Environment: an Intergrated Framework and Empirical Analysis, a dissertation presented to the faculty of the graduate school University of southern california in partial fulfillment of the requirements for the degree doctor of philosophy, August 2000.

［4］ Edward J. Miller, Public Members on Professional Regulatory Boards: The Case of Lawyers in Wisconsin, *Administration & Society*, 1988 (November).

［5］ Elizabeth Graddy and Michael B. Nichol, Structural Reforms and Licensing Board

Performance, *American Politics Research*, 1990, pp. 376-400.

[6] H. Del Schalock and David V. Myton, A New Paradigm for Teacher Licensure: Oregon's Demand for Evidence of Success in Fostering Learning, *Jounal of teacher Eudcation*, 1988 (November-December), pp. 8-16.

[7] Jacqueline Lewis and Eleanor Maticka-Tyndale, Licensing Sex Work: Public Policy and Women' Lives, *Canadian public policy/Analyse de Politiques*, Vol. 26, No. 4 (Dec., 2000).

[8] Jason Fertig, Gerald Zeitz, Gary Blau, Building Internal Motivation for Worker Competency Certifications: A Critique and Proposal, Human Resouce Development Review, 2009 (June), pp. 197-222.

[9] Lawrence Shepard, Licensing Restrictions and the Cost of Dental Care, *Journal of Law and Economics*, Vol. 21, No. 1 (Apr., 1978).

[10] Michael T. Kane, Validating interpretive Arguments for Licensure and Certification Examinations, *Evaluation and the Health Professions*, 1994 (June), p. 157.

[11] Morris · M. Kleiner, Occupational Licensing, *The Journal of Economic Perspectives*, Vol. 14, No. 4 (Autumn, 2000).

[12] Morris · M. Kleiner, A License for Protection, *Regulation*, Vol. 29, No. 3, Fall, 2006.

[13] Morris M. Kleiner and Alan B. Krueger, Analyzing the Extent and Influence of Occupational Licensing on the Labor Market, http://www. nber. org/papers/w14979. 2014 年 3 月 16。

[14] R. H. Coase, "The Nature of the Firm", *Economica*, n. s. 4 (Nov., 1937), pp. 386-405.

[15] R. H. Coase, "The Problem of Social Cost", *Journal of Law and Economics*, Vol. 3 (Oct., 1960), pp. 1-44.

[16] Robert. Hollings and Christal Pike-nase, *Professional and Occupational Licensure in the United States*, Greenwood Press, 1997.

[17] Saundra K. Schneider, Influences on State Professional Licensure Policy, *Public Administration Review*, vol. 47, No. 6 (Nov. -Dec., 1987).

[18] Shirley Svorny, "Licensing, Market Entry Regulation", in B. Bouckaert and G. De Geest (eds.), *Encyclopaedia of Law and Economics*, Vol. Ⅲ, (Edward Elgar, 2000), pp. 302-309.

[19] Sidney · L. Carroll, Robert · J. Gaston, Occupation Restrictions and the Quality of

Service Received: Some Evidence, *Southern Economic Journal*, Vol. 47, No. 4 (Apr., 1981).

[20] Steven Shavell, Liability for Harm versus Regulation of Safety, 载 http://www. nber. org/papers/w1218, 2013 年 5 月 19 日访问。

[21] Steven Shavell A Model of the Optimal Use of Liability and Safety Regulation, 载 http://www. nber. org/papers/w1220, 2013 年 5 月 19 日。

[22] Stuart Dorsey, The Occupation Llicensing Queue, *the Journal of Human Resources*, Vol. 15, No. 3 (Summer, 1980).

[23] Stuart Lister, Philip Hadfield, Dick, Accounting for Bouncers: Occupational Licensing as a Mechanism for Regulation, Criminology and Criminal Justice, 2001, (1) 4: 363–384.

[24] Timothy R. Muzondo and Bohumir Pazderka, Occupational Licensing and Professional Incomes in Canada, *The Canadian Journal of Economics*, Vol. 13, No. 4 (Nov., 1980).

[25] Walter Gellhorn, *Individual Freedom and Governmental Restrain*, Louisiana State University Press, 1956.

后　记

　　自 2009 年起，职业自由与职业许可问题便成为我最用力的研究领域。在撰写博士论文（《职业自由论——一个宪法学的视角》）时，不可避免地触及了职业许可问题，因为职业许可是对职业自由最为严厉的一种限制方式。因此，研究公民职业自由的保障，如何约束国家的职业许可权力就成为问题的关键点之一。2012 年 7 月，我进入复旦大学法学院从事博士后研究工作，研究选题自然延伸到了"职业许可"。2014 年 7 月，我的博士后出站报告（《职业许可：理念与制度》）顺利通过出站答辩。之后，我用了半年多的时间对博士后出站报告进行了较大幅度的修改。如今，以《职业许可论——一个法经济学的视角》为名出版，与我此前出版的《职业自由论——一个宪法学的视角》一书形成姊妹篇，也算形式上为自己近几年的研究计划画上了一个句号。

　　与此前的博士后出站报告相比，本书作出的重要修改体现在以下三个方面。其一是借法经济学分析方法对报告进行了"系统性改造"；其二是增加了"职业许可的实施"一章（应该说明的是，增加该章得益于张卿博士《行政许可：法和经济学》一书的启发）；其三是删除了原报告的第五章"职业许可的制度重构"。删除的这部分内容原有五万余字的篇幅。我在其中详细地梳理了中国职业许可制度的历史与现状，并深度探讨了其问题与改革。之所以最后决定删除，是因为我觉得中国职业许可制度的改革，只有进行时，没有完成时，对改革现状的描述很快就会显得过时。事实上，中央政府主动废除的职业许可目录越来越长，原有资料已经有些过时了。❶ 因此，将更多的笔触放到对职业

----

❶ 中央电视台《新闻联播》最新的消息是，2015 年 7 月 15 日，国务院总理李克强主持召开国务院常务会议，会议决定，在去年以来已取消 149 项职业资格的基础上，再取消网络广告经纪人、注册电子贸易师、全国外贸业务员、港口装卸工等 62 项职业资格。会议要求，要进一步加大工作力度，继续集中取消职业资格许可和认定事项。对国务院部门设置实施的没有法律法规依据的准入类职业资格，以及国务院行业部门和全国性行业协会、学会自行设置的水平评价类职业资格一律取消；有法律法规依据，但与国家安全、公共安全、公民人身财产安全关系不密切或不宜采取职业资格方式管理的，按程序提请修订法律法规后予以取消。要抓紧建立国家职业资格管理长效机制，向社会公布国家职业资格目录清单。一方面，在目录之外不得开展职业资格许可和认定工作；另一方面，通过建立科学的国家职业资格体系，促进各类人才脱颖而出，提升更多产业、岗位的劳动和工作品质，推动大众创业、万众创新，让广大劳动者更好施展创业创新才能。

许可原理的探讨上，可能是更好的选择。

应该说，"职业许可"这一论题的理论价值与实践意义不言而喻。因为，在现代社会，职业许可已经成为国家规制公民职业选择行为的一个十分重要的手段。但对这一规制工具的全面、系统的分析，尚付阙如。我在本书中的努力，即旨从理念与制度两个层面全面、系统地考察职业许可这一重要的经济社会现象。在理念层面，我主要尝试用法经济学的方法解释"职业许可悖论"，意欲申明的立场是：职业许可在解决一些问题的同时，或许也制造了新的问题。因此说，职业许可或许不是绝对的糟，但也不是绝对的好。对特定职业是否实施许可的关键在于，许可相比其他替代性选择是否享有比较优势。在制度层面，我主要针对中国职业许可制度中的一些具体问题（如标准和程序）提出了自己的思考。这些思考是否具有某些价值，留待实践检验，并请读者诸君评鉴。

感谢博士后合作导师董茂云教授接纳我入门研修。感谢复旦大学法学院博士后流动站先后两任站长孙南申教授和孙笑侠教授在我进站、开题、中期考核、答辩等各个环节提出的指导意见和给予的帮助。感谢河北科技大学文法学院院长高国忠教授对我从事博士后研究的鼎力支持。感谢家人对我一如既往的理解与宽容。

另外，本书对他人成果，多有采撷。尽管我对学术规矩恪守不逾，已在正文之中"一步一个脚印"地添加了注释，但仍担心存在极个别疏漏，因此仍有必要专门说出：这本小书得以形成，绝非偶然；毫无疑义，应该感谢既有研究的启发；引注如有阙漏，欢迎批评。

如今，我转至教学科研岗位已十年有余。然而，岁月蹉跎，无甚建树。原本试图勤搜厚积，追步先学。但现在已悟出，他人的学问之道，非吾辈所能真正继踵。所谓做"学问"，除了需要野心之外，还需要天分，更需要平常心。坦白地说，这三者我自己均不具备。唯一可以有的平常心，由于接二连三的功利目标，也未曾庶几近之。为着毕业、考核、评审、结项，很多自认为较好的课题都做得浅尝辄止。本书的色泽和饱满度也是我自己尚不满意的。但囿于目前的能力，我已无力做得更好。在修订书稿期间，我每日睡前读着《路遥传》，传记中几次出现路遥生前多次引用的德国作家托马斯·曼的一段话："终于完成了，它可能不好，但是完成了。只要能完成，它也就是好的。"这，也是我此刻的心境。

是为后记。

高景芳谨识

2015 年 7 月 15 日于石门·奈何斋